RENLI ZIBEN YU
ZHONGGUO QUYU JINGJI CHAYI

# 人力资本与
# 中国区域经济差异

彭朝晖　杨开忠·著

吉林出版集团股份有限公司

**图书在版编目（CIP）数据**

人力资本与中国区域经济差异 / 彭朝晖，杨开忠著
. -- 长春：吉林出版集团股份有限公司，2015.12（2024.10重印）
ISBN 978-7-5534-9796-9

Ⅰ. ①人… Ⅱ. ①彭… ②杨… Ⅲ. ①人力资本—影
响—区域经济发展—区域差异—研究—中国 Ⅳ. ①F127

中国版本图书馆 CIP 数据核字（2016）第 006862 号

## 人力资本与中国区域经济差异

RENLI ZIBEN YU ZHONGGUO QUYU JINGJI CHAYI

| | |
|---|---|
| 著　者 | 彭朝晖　杨开忠 |
| 责任编辑 | 矫黎晗 |
| 封面设计 | 韩枫工作室 |
| 出　版 | 吉林出版集团股份有限公司 |
| 发　行 | 吉林出版集团社科图书有限公司 |
| 电　话 | 0431-86012746 |
| 印　刷 | 三河市佳星印装有限公司 |
| 开　本 | 710mm×1000mm　　1/16 |
| 字　数 | 209 千字 |
| 印　张 | 12 |
| 版　次 | 2016 年 4 月第 1 版 |
| 印　次 | 2024 年 10 月第 3 次印刷 |
| 书　号 | ISBN 978-7-5534-9796-9 |
| 定　价 | 62.00 元 |

**如发现印装质量问题，影响阅读，请与印刷厂联系调换。**

# 目 录

# 第1章 导 论

## 1.1 问题的提出

在主流经济学领域，对于区域差异的研究是与增长研究和贸易理论研究相伴随的。新古典增长理论的一个重要结论是所谓的"收敛定理"，即在长期内各国经济增长速度将趋于一致。根据新古典增长理论，各国的长期经济增长率等于技术进步率，而技术进步率作为一种外生变量，各国获得的机会是同等的，因此，各国经济增长率最终将趋于一致。由于新古典理论无法解释经济增长在各国间长期存在的差异性，使得寻求对于差异性的解释成为新增长理论产生的一个重要突破口。贸易理论的发展与之相似。在李嘉图的比较成本理论基础上，瑞典经济学家赫克歇尔（Ely Hecksher）和俄林（Ohlin）认为只有在一定的假设条件下，即不同区域的"资源禀赋"或"要素比例"不同时，比较成本的不同才能存在。这种不同会被反映为相对要素价格的不同，而贸易的效果一定会使两国的相对要素价格变得更加接近。萨缪尔森后来在其著名的"要素价格均等化理论"中将该理论进一步推进，证明在对生产函数做出一定的假设之后，自由贸易的后果一定是参与贸易的不同地区要素价格均等化。赫克歇尔—俄林—萨缪尔森（Heckscher-Ohlin-Samuelson）的贸易模型在超过四分之一世纪的漫长时间里占据着国际贸易理论的正统地位。而后来，也正是对该理论的广泛质疑（如"里昂惕夫之谜"的提出）导致了新贸易理论的诞生。在这个人们逐渐摆脱新古典假设束缚的过程中，关于不同国家的人均收入是否会趋向收敛的问题逐渐成为许多理论和经验经济学家所关注的问题，而在一国以内不同层级的区域之间人均收入的收敛问题也一度成为学者和政策分析家们争论的焦点。

以罗默和卢卡斯为代表的新增长理论产生于20世纪80年代中期。新增长理论在假定实物资本和人力资本二者的规模报酬递减的条件下讨论收敛问题时，认为产量中用于实物资本和人力资本积累的比例及人口增长率的水平不同的国家，其每个工人平均产量的平衡增长路径值也不同，因此国家间收入差别的一部分将随时间的增长持续下去。但是，如果国家间的差别是由各国在其平衡增长路径上的初始点不同造成的，那么随着各国向那些平衡增长路径收敛，这些差别将逐渐消失。因此，新增长理论预言，经济对于平衡增长路径上收入的决定因素而言是有收敛性的，或称之为条件收敛。放松实物资本和人力资本二者的规模报酬递减的假定，则增长率将成为内生的，且可能将不断增加。资本的规模报酬递增为世界经济增长在知识积累以外又提供了一个可能的解释，但规模报酬递增无法为国家间收入差别提供更多的解释。显然，要使规模报酬递增成为整体经济增长的驱动力，它就必须至少出现于整个经济的规模上，而且没有理由受到政治边界的限制。于是，一种可能的解释是，规模报酬递增潜在地是世界性的，但各种经济在利用这些规模报酬递增方面的能力是不同的。如果是这样（正如认为各种经济在利用世界知识方面成就不一的观点一样），那么国家间收入差别之源就不是规模报酬递增，而是决定各国在利用世界知识方面成就不一的那些因素。

国家内部的区域差异问题在新古典经济学家看来是不存在的。新古典理论的前提假设是充分就业，完全竞争条件下的产品市场，生产要素自由流动，各地区的单位要素价格相同，地区间的运费为零。根据新古典经济学，要素报酬的地区差异可以通过要素的流动来达到平衡，因而区域差异仅仅是均衡机制失灵的表现，这种失衡主要产生于市场的不完善以及妨碍要素自由流动的制度性瓶颈。随着统一市场的形成和经济一体化，区域差异将自行消失。然而，对于现实的关注使得一批经济学者不得不思考现实中确实长期存在的区域差异问题。增长极理论、区域二元经济结构理论、缪尔达尔—赫希曼假说等理论的出现，动摇了市场均衡机制能自动减小区域差异的传统观念，并引起了一场关于经济增长中经济趋同与趋异的大论战。在同一时期，学者们也开始关注城乡差异问题。从刘易斯到费景汉、拉尼斯，再到托达罗等提出的二元经济理论，都是从城乡差距的现实出发提出理论模型，并寻求缩小城乡差距的对策，引起了社会的广泛关注和一些政府政策措施的出台。然而，正如保罗·克鲁格曼所言，20世纪40年代崭露头角的发展经济学以及几乎同时出现的经济地理学未能成功地汇入主流经济学的原因在于，它们的缔造者没有用一种适于当时已有的建模技术的方法表达他们的思想。发展经济学和经济地理学的致命问题是该领域的先驱没有准确说明市场结构，即在他们所描述的假想经济中的竞争状况。也如保罗·克鲁格曼所言，"对准确性和逻辑性的要求提高后，人们对一些事物的理解会大有改观，但在一段时间里也可能使人们不愿意研究那些信息质量达不到新技术要求的领域。一些以前有许多人研究的领域——不管多么不完善——因而很少有人涉足。只有经历了相当长的一段时期之后，才会逐渐有人重新研究这些被遗忘的领域"[①]。

20 世纪 90 年代以来，以克鲁格曼（Paul R. Krugman）、藤田（Masahisa Fujita）、维纳布尔斯（AnthonyVenables）为代表的新经济地理理论（新地理经济学），基于规模经济和不完全竞争假定，将 Dixit-Stiglitz 垄断竞争模型和冰山交易模型应用于解释人口和经济活动的空间集聚现象。同时，新经济地理理论将其用于城市和区域研究的方法运用于国家之间，并用模拟分析得出了国家间区域差异演变的生动图景。新经济地理理论在模型中引入中间商品、产业联系和贸易成本后，不仅能看到制造业在国家间不均匀分布的可能性，而且能看到工资率和生活水平不均等同时出现的可能性。该理论提供了一个启示，即不平衡发展可能是世界一体化的可预见的后果。有趣的是，同样的分析表明近年来发达国家和（一些）发展中国家之间收入差距的缩小可能部分地归因于一体化趋势的继续：贸易成本的下降首先产生，然后融化全球国家间的不均等。

杨小凯和赖斯在 1994 年建立了能解释城市出现和城乡差别的全部均衡模型。[②] 模型从城市与农村交易效率存在差别的假定出发，证明了在分工和城市发展的过程中，全部均衡从自给自足演进到完全分工的过程中会经过一些不平衡的分工结构，称为"自然的过渡性二元经济结构"。随着交易效率不断提高，分工不断朝完全专业化方向发展，这种自然过渡性二元经济结构就会消失。模型中交易效率从高到低依次为工业品之间、工业品与农产品之间、农产品之间。从节省交易费用的角度而言，若工业中的分工非常发达，则不同专家之间的交易次数很多，所以工业专家集中在城市可以节省交易费用。而农业由于对土地的依赖必须分散布局。所以，当交易效率不高时，所有人自给自足，没有工、农业之间的区分。当交易效率稍有提高时，只存在农业与一种工业品生产之间的分工，其他的工业品都是自给自足的。这种低分工模式不会产生城市和

---

① ［美］保罗·克鲁格曼，《发展、地理学与经济理论》，北京：北京大学出版社、中国人民大学出版社，2000年，第 3、6 页。

② Yang, X. and Rice, R., "An Equilibrium Model Endogenizing the Emergence of a Dual Structure between the Urban and Rural Sectors", *Journal of Urban Economics*, 25 (1994), pp. 346~368.

城乡差别。当交易效率进一步上升时，不同工业专业之间的分工变得有利可图，而为了节省这些专业之间的交易费用，所有工业都集中在城市，于是城市出现，城乡差别也出现。该模型是首次从理论上证明城市的起源和城乡差别出现的全部均衡模型。

在我国，地理学界和经济学界在 20 世纪 80 年代中期提出了基于中国经济实际的"梯度推移理论"，认为由于不同地区的经济基础存在差异，客观上出现先进技术地带、中间技术地带和传统技术地带，形成不同的梯度，不同梯度间有技术和经济的转移关系。该理论影响了国家"七五"计划的宏观经济政策的制定。另一个对我国区域经济政策颇有影响的理论是"雁行理论"，认为处在不同经济发展阶段的国家和地区，通过国际贸易、技术转移、资金流通，形成类似大雁飞行的追踪形态。"梯度推移理论"和"雁行理论"对中国经济的深远影响，对应于发展经济学在 20 世纪五六十年代对国际经济的巨大影响。

在实证研究方面，中国的地理学者和经济学者们进行了大量卓有成效的工作。从 20 世纪 80 年代后期以来，学者们就我国不同尺度区域间人均收入差距的演变轨迹进行了深入的研究。而关于区域差异的形成原因，区域差异的经济社会影响，区域差异的趋势预测及解决办法等则仍然吸引着一批学者继续探索。中国是一个发展中大国，在经济发展方面具有独特的经验，区域差异问题尤其突出，从经验和理论上探讨区域差异的演化与发展机制是关心中国发展和中国经济学发展的学人努力的一个方向。

正像区域差异问题与中国经济的快速增长相伴随，伴随着中国教育的发展和教育改革的推进，一些贫困家庭不堪重负，使得教育投资的差异将拉大区域和个人间的贫富差距的问题不容忽视。因此，从中国经济发展的实际出发，从理论上探求人力资本投资形成在区域差异的演化与发展中的影响，构建包含交易成本、迁移成本、人力资本在内的区域经济差异模型是本书的努力方向，模型的引申含义也是本书需要重点讨论的。

最后，笔者认为，模型中讨论的区域差异仍然是一个平均的概念，是对区域差异的不充分描述，它掩盖了区域内个体之间的真实差异。事实上，我们更应该尊重事实观察，对区域差异的关注不应使我们忽视组成区域整体的单个个体的贫困状态，我们更应该关注每一个的贫困家庭和个体，以及这种贫困的代际传递。

## 1.2　概念框架

人力资本积累既是经济增长的来源，也是收入不均等演化的基础。许多经济学家将人力资本看作经济增长的"发动机"，或者至少是经济增长的重要贡献因素。从空间经济分析的角度来看，内生的人力资本变量是如何影响区域经济差异的演化的呢？本书认为，从微观的角度来看，父母通过人力资本投资影响孩子的收入形成潜力，从而实现家庭收入的代际演化。从宏观或者中观的角度来看，所有的父母通过衡量包括孩子的人力资本形成在内的综合效用水平来选择区域，从而形成区域平均收入水平的差异。区域差异的存在一方面由于人的不完全流动性以及个人目标效用函数的综合性，使得在不同区域拥有相同人力资本的个人获得的收入会不一样；另一方面，不同区域拥有的人力资本存量不同也导致平均收入会存在差异。

通常的核心—边缘模型中，或者人不可移动，或者产业的集聚导致区域工资差异从而通过人的移动直至工资相等时才达到均衡状态。此时，人的移动是一种被动的移动，适应产业结构的变化。本书中，由于人的不完全流动性，以及工资不是人们迁移时考虑的唯一因素，人的选择不是跟随产业变化的被动反应，而更多的是一种权衡了综合效用的主动选择，均衡状态时仍然存在区域收入差异。本书中的模型和传统的增长和差异模型的一个最大区别是，模型中由于人的不完全流动性以及消费者的效用函数中还包括下一代的人力资本形成，因此，不会简单得出区域之间工资均等化的结论，而是会存在区域工资收入差异。而且，即使具有同样人力资本的人工资收入相同，也会由于区域人力资本结构不同而出现区域人均收入差异，而传统模型多未考虑人力资本因素，所有的劳动者都是同一的。

### 1.2.1　基本假定

（1）迁移成本和交易成本不可忽略。商品的区域间流动需要交易成本，劳动者的产业间流动和区域间流动都需要迁移成本，也即劳动者存在不完全流动性。伴随着劳动者的产业间和区域间流动，通常涉及信息搜寻成本、交通成本、基本的培训费用、适应新环境的成本以及制度障碍等（尤其是对于产业间流动来说，只有克服了上述成本，劳动者才能获得"干中学"的机会，在"干中学"中不断积累人力资本）。在本模型中，这些成本被广义地定义为迁移成本。同时，引入商品移动的冰山交易技术，将流动者的工资乘以一个参数 $\tau$，$0 < \tau < 1$，定义为迁移成本系数，当系数 $\tau$ 趋近于 1 时，表示劳动者流动的环境好，流动便利，迁移成本低；当 $\tau$ 趋近于零时，表示人力资本极不易实现流动，或者说迁移成本高（由于技术的关系，使得迁移成本系数与迁移成本本身大小正好有相反的含义）。而交易成本则不仅包含商品运输成本，同时，交易方式、讨价还价、监督等表征交易效率的因素，同样不可忽略。

（2）商品流动和人力资本流动有一定的替代性。商品的自由移动是要素流动的替代。当人力资本只能实现不完全流动时，可以通过商品的流动来达到平衡。当人才流动的好处超过商品流动的好处时，就会出现人才流动。均衡的实现取决于人才流动成本 $\tau$ 和商品交易成本 T 各自改善的情况，在社会发展的不同阶段，两种成本改善的难易程度各不相同，因此，两种成本决定均衡时的人才与商品的流动与分布情况。

（3）影响人们迁移的不再仅仅是现有的包含迁移成本的工资差距，引入下一代的人力资本投资并使其内生化，成为影响人们迁移的重要因素。未成年人在人力资本形成的过程中受到来自父辈以及周围环境的正向影响。父辈以及周围人的人力资本水平越高，未成年人受到的正向影响越大。

（4）均衡时各种水平的人力资本投资的收益率近似相等。社会对不同产品的消费需求影响着产品的供给，同时产品的供给又对具有一定人力资本的劳动者产生需求，产品的供需以及具有一定人力资本的劳动者的供需共同决定着劳动者的价格即工资水平。个人是这种价格的接受者，因此，对于由父辈决定的下一代的人力资本投资行为（即将来的人力资本供给）受预期价格或者预期的投资收益率影响。假设预期价格与投资收益率近似于现有价格关系和投资收益率，若现在由于高人力资本劳动者缺少而表现为高人力资本劳动者价格高，从而投资收益率高，则由预期导致的人力资本投资会纠正现有的状况，人们会倾向于更多地投资于下一代的人力资本。因为在均衡的时候，各种水平的人力资本投资的收益率近似相等。因此，对于下一代来说，均衡时同一区域内人们的收入与人力资本水平正相关。

### 1.2.2　逻辑

基于上述基本假定，本书主要围绕人力资本形成、交易成本、迁移成本和区域收入差距的关系，构建基于中国的空间均衡模型。人力资本是如何形成的？人力资本形成又是通过什么样的机制影响区域经济差异的？能否找到人力资本发生作用的内生的分析与解释框架？本书的基本逻辑如下。

（1）区域经济差异的来源是什么？通过回顾区域经济差异问题被主流经济学关注的历史，比较系统地评述增长理论、贸易理论、发展经济学、新经济地理学、新兴古典经济学等流派关于区域经济差异的观点，为模型的构建提供理论准备。

（2）人力资本在经济发展与区域经济差异形成中的地位如何？回顾人力资本理论被引入主流经济学和经济学理论模型的历史，为本模型中将人力资本作为影响区域经济差异的重要变量提供理论支持。

（3）中国经济发展和区域经济差异演变中有哪些重要的经验事实？引用中国学者对中国区域经济差异问题的经验研究和经典结论，同时，关注中国区域经济差距的经验事实，为模型的建立和参数的选取提供经验依据。

（4）基于中国经验事实的区域经济差异演变机制是什么？构建以交易成本、迁移成本、人力资本为基本构架的基于中国的空间均衡模型，从理论上探索区域经济差异的演变机制。

（5）在模型的框架下，中国落后地区（以西部地区为例）落后的真正原因是什么？西部地区如何发展自己，缩小与东部地区的区域差距？针对模型的理想化假设，寻找西部地区与假设一致的地方以及与假设的偏差，探索西部地区人力资本依托型的发展路径。

因此，本书遵循了这样一条区域经济理论研究的基本路径，即理论评述—经验事实描述—模型构建—模型引申含义—模型引申含义的经验应用。本书中，人力资本是贯穿全文的线索和灵魂。

### 1.2.3　篇章结构

本书共分 6 章。

第 1 章　导论。主要包括问题、概念框架与方法。

第 2 章　文献评论。对区域经济差异研究进行梳理和评论，界定和回顾了区域经济差异研究的理论源流。

第3章　人力资本及其经济含义。从人力资本理论研究的基本框架探讨人力资本的基本经济含义。

第4章　中国学者对区域差异问题的重要经验研究。对中国学者关于区域差异问题的重要经验研究进行了回顾，列出了关于中国区域经济差距的经验事实，为模型参数提供了经验依据。

第5章　建立了基于中国经验事实的两区域两部门模型——交易成本、迁移成本、人力资本形成和区域经济差异的空间均衡模型。

第6章　落后地区人力资本依托型的发展路径。以中国西部地区为例，提出了一个适合落后地区的人力资本依托型的发展框架。

## 1.3　研究方法

区域经济学是一门日渐成熟的交叉学科，这使得它可以直接引用和借鉴相关学科相对成熟的研究方法。首先，地理学的空间分析方法是本书贯穿始终的方法；其次，从经济学的角度来看，理论经济学中宏观经济学和微观经济学的建模思想与方法是本书采用的基本研究方法，同时，唐·埃思里奇[①]对于应用经济学研究过程及各个阶段的基本方法所进行的"典型化描述"也是本书借鉴的基本方法；再次，由于模型涉及规模经济和不完全竞争的市场结构，使得模型的求解需要采用数值分析的方法，因此，数值分析方法和 Matlab 工具的应用是本书受益于计算机技术和数学方法的一个例子，也是本书的重要方法和工具；最后，管理学中人力资源管理的思想和方法是本书进行模型引申含义的经验应用和探索落后地区发展路径时所遵循的思想和方法。

总之，本书在研究过程中融会了经济学、地理学、数学、管理学等多学科的研究方法。

## 1.4　困难与条件

在北京大学中国区域经济研究中心，本书的立题有许多有利条件。

条件一：区域经济差异问题是笔者的导师杨开忠教授长期研究与关注的

---

① [美] 唐·埃思里奇，《应用经济学研究方法论》，北京：经济科学出版社，1998 年。

问题。同时，在杨开忠教授开设的高级区域经济学课程中，对克鲁格曼、藤田、维纳布尔斯等为代表的新经济地理学进行了全面的介绍与评论，使笔者对空间的数学化有了良好的认识。其间，藤田教授的讲学，还有芝加哥大学经济系陶然博士的授课与答疑，都使笔者受益匪浅，为本书的立题提供了重要的支持。

条件二：北京大学宽松的学习环境使得笔者能够听到杨小凯、黄有光教授的讲学，学习到新兴古典经济学的精髓；也能听到经济学院刘文忻老师讲授的高级微观经济学和张延老师讲授的高级宏观经济学课程，打下良好的理论经济学基础；还能听到光华管理学院陈良焜教授的多元统计分析课程、孔繁敏老师的战略人力资源管理课程等，使我受益良多。

条件三：北京大学图书馆收录的多种全文电子期刊使得笔者能够检索到大部分的外文文献。

条件四：博士生学习期间，笔者参加了多个研究与实践课题，包括：国民经济可持续发展问题综合研究；青岛市科技发展规划；浏阳市旅游发展总体规划；郴州市旅游发展总体规划；江苏省旅游发展总体规划。课题中与老师和同学们的讨论与交流从整体上提高了笔者分析问题与解决问题的能力，同时，课题直接为本书的写作提供了素材，也激发了我探讨区域经济差异问题的灵感与热情。

最后，北京大学区域经济学专业小组是杨开忠教授领导下的一个学习型组织，在这个组织里的思想交流是本书写作的重要灵感源泉。

然而，本书的写作还存在一些困难。最大的困难在于数据收集。首先，由于我国的统计体系存在一个变化发展的过程，一些数据缺乏连贯性。其次，由于现有的国民经济核算体系中较少考虑到人力资本指标，使得对于人力资本的定量表达很困难，而模型的理论探讨性质也使得目前无法进行直接针对本模型的实证研究。

## 1.5 理论与实践意义

在理论上，以中国区域经济差异的经验事实为基础，尝试将人力资本形成引入区域经济差异研究，建立了基于人力资本形成的区域经济差异模型。笔者期望本书能够成为区域经济学对于区域经济差异理论研究的有益探索。在实践中，本书的研究结论将有助于我国制定有效的教育政策和人力资本投资政策，也为区域经济差异的协调提供了建设性的政策建议。对落后地区发展路径进行了有益的探索，提出了落后地区人力资本依托型的发展框架，对落后地区的发展模式选择有一定的指导意义。最后，认为在反贫困的纵深阶段，相对于区域来说更应当关注贫困的家庭与个体，帮助贫困者提高自身发展的能力，希望能为目前的反贫困计划提供新的思路。

# 第2章　关于区域经济差异的理论研究综述

　　区域是一个多侧面、多层次而且相对性很强的概念，我们可以按照各种不同的标准对区域进行定义与划分，通常有自然、经济、行政、历史等方面的标准。但"所有的定义都把区域概括为一个整体的地理范畴，因而可以从整体上对其进行分析"[①]。作为整体的地理范畴，即区域内某些事物具有同类性或联系性，而在区域间构成差异性。区域的划分标准可以是单一的，也可以是交叉复合的，取决于区域划分的目的性。根据区域所属范围具有某些共性，将区域分为均质区域，如农业区域、矿业区域、低收入区域等；区域所属范围被某种形式的流动联系在一起，从有内聚力的区域的空间组织形式上看，区域性质可以将区域划分为极化区域，如经济区；由于区域所属范围均被置于同一计划权威或行政权威之下，因此可以将区域划分为计划区域，典型的如行政区域。1964年，美国区域经济学家贝恩提出关于区域的比较完整的概念，他认为，区域赖以存在的基础表现在三方面：

　　人类的生产与生活都要占据一定的空间，资源和市场不可能定位在没有长度和宽度的虚构空间上；

　　资源及生产和消费在空间只是不均衡分布和完全滚动的，而且随时间变化；

　　人类活动的结局很多，但获取的资源有限，并存在各种用途，即存在着资源的空间配置和增长的结果问题。

　　可见，区域概念与空间紧密相关，同时又与空间上人类的经济活动紧密相关。在大多数区域经济学者的视野中，区域的尺度是可大可小的，但学者们在进行区域研究尤其是区域发展研究时常用的尺度是国家内部的区域。如杨开忠教授认为，区域发展研究的兴起是与资本主义国家干预、社会主义计划经济的

---

　　① E. M. Hoover，F. Giarratam，*An Introduction to Regional Econimics*，1984，转引自：韦伟，《中国经济发展中的区域差异与区域协调》，合肥：安徽人民出版社，1995年，第19～20页。

出现以及发展经济学的兴起密不可分的，发展经济学于 20 世纪 40 年代末期在研究发展中国家如何从欠发达向发达状态转变的过程中迅速兴起，它"虽然是研究一个国家的经济发展的，但其有关经济发展的一些基本思想和原理同样适用于区域发展"。区域发展理论传统上也被认为是第二次世界大战以后，随着发展经济学的兴起，空间经济学和经济地理学从微观分析向宏观分析转变的产物。正如杨开忠教授所言，"研究人类活动空间组织的空间经济学随着一般经济学的产生而产生"，空间经济学自其开山鼻祖冯·杜能发表《孤立国》以来，经过古典阶段、近代阶段，二战后进入现代阶段，"这一阶段，空间经济学发展的基本特征，就是由微观经济分析扩展到结构经济分析和宏观经济分析，从而使区域发展研究迅速兴起，成为空间经济学的主要内容"[①]。另外一些学者，如陆大道、苗长虹、赵媛等，都对区域发展理论的源流作了类似的阐述（图 2-1）。

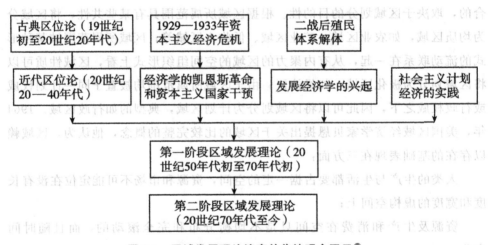

**图 2-1 区域发展理论演变的传统观念图示[②]**

20 世纪 80 年代后期以来，各国经济发展实践的新形势和对发展经济学先驱理论的再发现，促使很多学者对区域发展理论的演进作了更为全面的审视。在这种审视的基础上，沈体雁在其博士论文中，对区域发展理论演变历史进行了再划分。

从区域经济差异研究的角度来看，研究的视野可以比区域发展研究更加宽广，理论来源也更加丰富。区域经济差异研究的重要理论来源是地理学、经济

① 杨开忠，《中国区域发展研究》，北京：海洋出版社，1989 年，第 1～16 页。
② 沈体雁，"基于知识的区域发展"，北京大学博士学位论文，2000 年，第 14～15 页。

学关于增长、贸易的研究以及关于发展经济学的研究，同时，由于自 20 世纪 80 年代末期以来，人力资源开发位居关于发展问题的大论争的中心，因此，关于人力资本理论和人力资源开发与管理的研究也成为本书视野中的重要理论源泉。

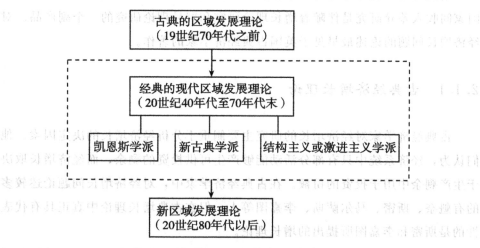

**图 2-2　区域发展理论演变历史之再划分**①

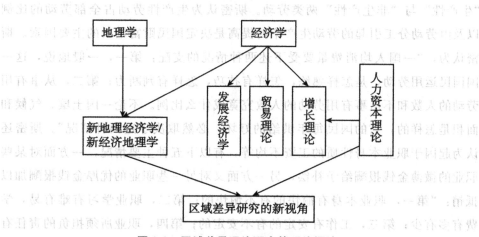

**图 2-3　区域差异理论研究的理论源流**

　　为了研究的方便，本书综合行政区、经济区的划分，重点考虑区域的尺度问题，综述中将涉及国家之间、国家内区域之间和区域内城乡之间三种不同尺度的区域经济差异研究。

---

① 沈体雁，"基于知识的区域发展"，北京大学博士学位论文，2000 年，第 14~15 页。

## 2.1 增长理论及其对区域差异的研究

增长理论和贸易理论对区域差异的研究都主要侧重于国家间的收入差异，国家间收入差异研究是伴随着增长理论研究和贸易理论研究的一个副产品。对经济增长问题的论述最早见于英国古典经济学家的著作。

### 2.1.1 古典经济增长理论

古典经济学家对经济增长的研究主要侧重于分析经济增长的决定因素。他们认为，经济系统中只有部分活动能够产生可供投资的剩余，而经济增长取决于生产剩余中用于投资的份额。在古典经济学家中，对经济增长问题论述较多的有魁奈、斯密、马尔萨斯、李嘉图等人，但在古典增长理论中真正具有代表性的是斯密和李嘉图所提出的增长理论。

亚当·斯密的增长理论有两个特点：一是引入了劳动分工；二是区分了"生产性"与"非生产性"两类劳动。斯密认为生产性劳动占全部劳动的比例以及由劳动分工引起的劳动生产率的提高是决定国民财富增长的主要因素。斯密认为，"一国人均消费量要受下述两种情况的支配：第一，一般地说，这一国国民运用劳动，是怎样熟练，怎样有技巧，怎样有判断力；第二，从事有用劳动的人数和不从事有用劳动的人数究竟成什么比例。不论一国土壤、气候和面积是怎样的，它的国民每年供给的好坏，必然取决于这两种情况"。斯密还认为起因于职业本身性质的工资不均等，有以下五种主要情况，一方面对某些职业的微薄金钱报酬给予补偿，另一方面又对另一些职业的优厚金钱报酬加以抵销："第一，职业本身有愉快的有不愉快的；第二，职业学习有难有易，学费有多有少；第三，工作有安定的有不安定的；第四，职业所须担负的责任有重有轻；第五，成功的可能性有大有小。"上述五种情况，使劳动工资与资本利润在很大程度上不均等。另外，欧洲政策依以下三种方式促成不均等："第一，限制某些职业中的竞争人数，使其少于原来愿意加入这些职业的人数；第二，增加另一些职业上的竞争，使其超越自然的限度；第三，不让劳动和资本自由活动，使他们不能由一职业转移到其他职业，不能由一地方转移到其他地方。"斯密已经充分认识到了教育的重要性，他为公共支出在教育经费上过于吝啬而深感痛心，认为"只需要用很少一点费用，公众就可以促进、鼓励甚至强制几乎所有的人获得最基本的教育"①。处在 18 世纪的亚当·斯密已经如此透彻地从微观和宏观的层面分析了导致个人收入不均等的原因，不能不令人叹服。他对于教育的敏锐洞察力也同样令人惊叹。亚当·斯密的思想是一个重大的宝库，本书得以完成在一定程度上正是得益于这个宝库的养分和激励。

李嘉图对增长理论的贡献主要有两点：一是他指出，经济增长最终将趋于停止，即达到所谓的"停滞状态"；二是他将收入分配与经济增长联系在一起，说明了国民收入分配在经济增长中的重要性。另外，李嘉图还认为"不同质量的劳动者获得不同的报酬"，"在实践中，不同质量的劳动会通过市场得到足够精确的估价，其估价在很大程度上取决于劳动者的相对熟练程度和表现出来的劳动强度"。② 可以说，李嘉图同样认识到了个人劳动报酬的不均等现象，但在这一点上，他甚至还没有达到斯密的高度。

总体来说，古典经济增长理论认为，投资和积累过程是经济增长的核心。古典经济学家把经济增长的根源归于物质生产领域，并试图从生产过程和生产组织的改变中发现推动经济增长的因素，这一思路为以后的增长理论研究指明了正确方向。但是，古典经济学家所分析的经济增长过程遵循着收益递减规律，经济增长过程从长期来看将趋于停止。但自那以后的 200 余年时间里，经济发展并未像古典增长理论所预言的那样出现停滞的迹象。古典经济学之后，关于经济增长的研究在相当长的时期内出现空白，直到 20 世纪 30 年代凯恩斯经济学出现才有了转机。

另外，自斯密和李嘉图时代就已充分认识到的关于个体的差异性及其导致个人收入不均等的事实却长久地被经济学家们忽略了。在迄今为止的大量经济学文献中，人们都简单地遵从着资本同质性假定和人的同质性假定，在涉及人口流动的模型中，均衡的条件常常是工资相等的状态。

## 2.1.2　凯恩斯主义经济增长理论

20 世纪以来，新古典经济学还在强调资本主义的自动调节作用和私人利

① Adam Smith, *An inquiry into the nature and causes of the wealth of nations*, general editors R. H. Campbell and A. S. Skinner, textual editor W. B. Todd, Oxford: Clarendon Press; New York: Oxford University Press, 1976.

② David Ricardo, *On The Principles of Political Economy and Taxation* (1817), Cambridge: At the University Press, 1953.

益与社会利益的一致性，脱离西方各国的实际经济情况。第一次世界大战以后，英国陷入经济危机而不能自拔，面对着接踵而来的 1929 年的世界经济危机，新古典经济学本身也陷入了危机之中，它无法解释当时资本主义世界持续存在的大量失业现象与巨大通胀共存现象，这就是琼·罗宾逊所说的西方经济学的"第一次危机"。1926 年凯恩斯发表《自由放任主义的终结》一文，开始否定传统西方经济学的基本命题，即私人利益与社会利益一致性的说法，认为此说并无根据。因此主张，对于一国经济活动，应规定哪些归政府管理，哪些归个人自决。凯恩斯的这种主张并不想损害私营企业的利益。他认定那些个人已经在进行，已经有了成效的，政府就不必过问，政府应该过问的是那些在个人活动范围以外的事业。凯恩斯后来出版《就业、利息和货币通论》，表明他倾向于由国家来调节经济，企图通过政府的力量解决资本主义内在的矛盾，满足了这一时代经济革新的要求，因此，在第二次世界大战结束以后，凯恩斯主义成为西方经济学的主流，为区域经济非均衡增长理论的产生和发展奠定了基础。

英国经济学家哈罗德（R. F. Harrod）和美国经济学家多马（E. D. Domar）在 20 世纪三四十年代关于经济增长的研究，是现代经济增长理论的开端。1948 年，哈罗德发表了《动态经济学导论》一书，系统论述了经济增长理论和经济增长模型。[①] 同年，多马发表了《资本扩张、增长率和就业》《扩张和就业》两篇论文，提出了与哈罗德基本相同的理论。虽然他们研究的出发点不同，但基本内容一致，故被称为哈罗德—多马模型。[②] 他们的研究是在凯恩斯宏观经济模型的基础上进行的，但在理论和方法上对凯恩斯理论作了一些修补，主要表现在：在方法上，把时间因素引入凯恩斯关于储蓄—投资的分析中，用按增长率分析的方法代替凯恩斯的按水平分析的方法，即将凯恩斯的静态分析方法动态化；在理论上，认为凯恩斯理论的缺陷之一，是它只反映了投资对收入的水平效应，忽视了收入的增长将导致投资更迅猛地增长，他们从"加速原理"出发，着重强调：投资的变动主要取决于收入变化率的"引致"作用，而不取决于收入变化的绝对水平；认为凯恩斯理论的另一个缺陷是只看到投资行为有扩大产品需求、缓和销售困难的作用，却忽视了投资行为还扩大生产从而扩大产品的供给和加剧销售困难（即多马的"投资的二重性"）。

---

① 哈罗德，《动态经济学》，北京：商务印书馆，1999 年。
② 多马，《经济增长理论》，北京：商务印书馆，1983 年。

哈罗德—多马模型假设只有一种产品 Y（t），生产要素包括资本 K（t）和劳动 L（t）。假设生产技术系数是固定的，资本和劳动之间没有替代性，假定生产一单位产出需要 α 单位的资本和 β 单位的劳动。生产函数的形式可表达为：

$$Y(t) = F(K(t), L(t)) = \min[K(t)/\alpha, L(t)/\beta]$$

假定总储蓄为总产出的一个固定份额，即：

$$S(t) = sY(t)$$

其中，s 为常数，被称作边际储蓄倾向。经济达到均衡的条件是储蓄等于投资，即：

$$S(t) = I(t)$$

假设劳动力以固定的速度 n 增长，即：

$$\dot{L}(t) = nL(t)$$

假设不存在资本折旧，资本存量的变动等于新增投资，即：

$$\dot{K}(t) = I(t)$$

假设资本被充分利用，则：

$$Y(t) = K(t)/\alpha$$

对上式两边对数变换并求导得：

$$\dot{Y}(t)/Y(t) = \dot{K}(t)/K(t)$$

因此，资本被充分利用的必要条件是产出与资本的增长速率相同。根据假设，有：

$$\dot{K}(t) = I(t) = S(t) = sY(t) = sK(t)/\alpha$$

于是，$\dot{K}(t)/K(t) = s/\alpha$

所以，要达到均衡状态下资本的充分利用，产出与资本的增长率为 s/α，哈罗德称之为有保证的增长率。

其次，假设劳动力达到充分就业，则同理可得：

$$\dot{Y}(t)/Y(t) = \dot{L}(t)/L(t) = n$$

即保持劳动力充分就业的必要条件是，产出与劳动力的增长速度一致。均衡增长率是劳动力与资本都得到充分利用时的经济增长率。即：

$$s/\alpha = n$$

但由于上述三个参数分别由其他因素决定，除非是巧合，上述均衡增长条件很难实现。因此，哈罗德分析了均衡经济增长的不稳定性和有保证的增长率本身的不稳定性。

哈罗德—多马模型的一个重要结论是：经济增长的根本动力在于积累，积累得越多，增长速度就越快，储蓄率成为决定经济增长的唯一因素。

哈罗德—多马模型的主要缺陷在于，它采用了固定技术系数的生产函数，该生产函数一般只在短期内具有现实性，因为长期中生产技术和工艺等都可以调整，劳动和资本常常可以相互替代。因此，它是用通常的短期分析工具来研究长期问题，从而造成了有保证的增长率与自然增长率之间的根本对立。如果关于要素投入比例和储蓄率的严格假设被抛弃，所谓不稳定的均衡增长问题就不存在了。另外，外生的储蓄率差异显然难以解释现实中经济增长存在的差异性。

### 2.1.3 新古典增长理论

以索洛、斯旺、米德和萨缪尔森等为代表的新古典增长理论是对哈罗德—多马增长理论中缺陷的修正，其共同特点是，认为哈罗德—多马模型"刀锋"式的增长路径是可以避免的，充分就业的稳定增长可以通过市场机制调整生产中的劳动与资本的比例来实现。

索洛于 20 世纪 50 年代末建立的索洛增长模型几乎是所有增长问题研究的出发点，其主要结论是实物资本的积累既不能解释人均产量随时间的大幅度增长，也不能解释人均产量在不同国家与地区的巨大差异。[①] 索洛模型以资本的差异为基础，解释收入的较大差别所需要的资本差别太大。索洛模型生产函数密集形式为：

$$y = k^{\alpha}$$

其中 y 为每单位有效劳动平均产量，k 为每单位有效劳动平均资本，$\alpha$ 为产出的资本存量弹性。考虑每工人平均产量相差 10 倍的情形，$\alpha$ 取值为 1/3 时，要求每工人平均资本存在 $10^{1/\alpha}$ 即 1000 倍的差别，没有证据表明资本存量有如此大的差别。对于真实收入差别的其他可能来源，索洛模型要么将其看作外生的，从而在模型中不予解释（如技术进步）；要么根本不予考虑（如资本的正外部性）。显然，索洛模型没有很好地解释国与国之间差距的来源问题。

可以说，在新古典增长理论中，生产过程的性质决定了经济增长的性质。新古典增长理论中的生产函数具有以下的性质：首先，规模收益是不变的；其

---

① ［美］戴维·罗默著，苏剑、罗涛译，《高级宏观经济学》，北京：商务印书馆，1999 年，第 10 页。

次，生产要素的边际收益是递减的；最后，生产要素之间是可替代的。在规模收益不变的条件下，人均收入唯一地取决于资本—劳动比率，只有当这一比率不断上升时，人均收入才能持续增长。此外，资本的边际收益也唯一地取决于资本—劳动比率，由于要素边际收益递减规律的存在，资本的边际收益率将随着资本—劳动比率的增加而不断下降。当资本的边际收益趋近于零或低于某一贴现值时，资本积累的速度将不会超过劳动力投入的增加速度，即资本—劳动比率趋于稳定，这意味着人均收入趋于一个固定水平（总产出的增长率等于人口增长率），即从长期来看，人均收入的增长不是一个持续的过程。为了解释经济增长的长期持续性，索洛首先在生产函数中引入技术进步因素，假设技术是一种外生变量，并以固定的速率增长，这样，技术进步可以抵消资本边际收益随人均收入增加而递减的倾向，使其永远保持在零或某一贴现值之上，保证人均资本积累过程在长期内不会停下来，从而人均收入将保持持续增长的势头。新古典增长理论认为，由于资本报酬递减规律的存在，落后地区倾向于增长得更快，因而有一种趋同的趋势，即经过一段时期，地区间收入差距倾向于缩小。后来的国家之间发展实践，并没有证实这种绝对趋同倾向的存在，表现出来的现象是，在许多条件相同的国家之间或地区之间，有趋同现象发生；而在条件不同的国家或地区之间，增长率也好，人均收入水平也好，反而出现趋异的现象，形成所谓"趋同俱乐部"（Baumol，1986）。[①]

对于国家内的区域差异而言，新古典理论的前提假设是充分就业，完全竞争下的产品市场，生产要素自由流动，各地区的单位要素价格相同，地区间的运费为零。新古典经济学增长理论认为，区域长期增长取决于资本、劳动与技术进步三要素。由于在自由竞争条件下，劳动总是从低工资区域向高工资区域流动，资本则总是从高工资区域向低工资区域流动，即要素报酬的地区差异可以通过要素的流动来达到平衡。因此，区域增长是倾向均衡的。因而区域差异仅仅是均衡机制失灵的表现，这种失衡主要产生于市场的不完善以及妨碍要素自由流动的制度性瓶颈。随着统一市场的形成和经济一体化，区域差异将自行消失。也就是说，新古典经济学从理论上论证和否定了区域经济长期发展过程中区域差异的存在。

经济增长理论在新古典经济增长理论建立以后，进入了一个 20 多年的沉

---

① Baumol, William J., "Productivity Growth, Convergence, and Welfare: What the Long-Run Data Show", *American Economic Review*, Vol. 76, No. 5 (Dec., 1986), pp. 1072~1085.

寂时期。在 20 世纪 60 年代，除了卡斯和库普曼斯等人对新古典经济增长理论的逻辑结构和分析方法加以完善，推出最优增长理论之外，关于经济增长理论的研究几乎停顿下来。直到 20 世纪 80 年代中后期，随着以罗默和卢卡斯为代表人物的新增长理论的出现，经济增长理论才重新成为经济学研究中的热点问题。[①]

### 2.1.4 新增长理论

新增长理论起源于新古典增长理论的两大缺陷。首先，新古典理论无法解释经济增长在各国间长期存在的差异性。新古典增长理论的一个重要结论是所谓"收敛定理"，即在长期内各国经济增长速度将趋于一致。根据新古典增长理论，各国的长期经济增长率等于技术进步率，而技术进步率作为一种外生因素，各国获得的机会是同等的，因此，各国经济增长率最终将趋于一致。其次，新古典增长理论将长期经济增长的决定因素归结为外生的技术进步，没能说明技术进步来自何处。

新增长理论不像新古典增长理论那样有一个为多数经济学家共同接受的基本理论模型。实际上，新增长理论是一些持有相同或相似观点的经济学家所提出的多种增长模型所组成的一个松散集合体。这些模型包含的共同思想是：认为经济可以实现持续均衡增长；内生技术进步是经济增长的决定因素，技术进步又是追求利润最大化的厂商进行意愿投资的结果；技术（或知识）、人力资本具有溢出效应，溢出效应的存在是经济实现持续增长不可缺少的条件；在没有政府干预的情况下，经济均衡增长通常表现为一种社会次优，经济的均衡增长率通常低于最优增长率；经济政策很可能影响经济的长期增长率，一般情况下，政府向研究开发活动提供补助有助于经济增长。

最早尝试将技术进步内生化的是阿罗在 1962 年提出的"干中学"模型。[②]模型中技术或知识的进展是通过学习的过程获得的，而学习又来源于实践经验，即生产或投资活动。阿罗指出，知识在私人部门的经济活动中产生，而知识又是一种非竞争性产品，可为大家共享，因此，任何个人和企业的经济活动对其他人或企业都有好处，这就是所谓的外部经济性。外部经济性的存在，导

① 李坤望，《经济增长理论与经济增长的差异性》，太原：山西经济出版社，1998 年，第 18～20 页。

② Kenneth J. Arrow, "The Economic Implications of Learning by Doing", *The Review of Economic Studies*, Volume 29, Issue 3 (Jun. 1962a), pp. 155～173.

致总体经济活动表现为收益递增，这一思想后来被罗默等人吸收，成为新增长理论产生的萌芽。在阿罗的模型中，技术进步只是人类经济活动的一种"副产品"，是一种无意识行为的结果，这暗含了技术仍相当于公共品的假设。此外，阿罗在模型中讨论了收益递增的重要作用，但他将产出相对资本与知识的弹性限制在 1 以下，这意味着资本积累所引发的技术改进虽然可以部分抵消资本边际收益的下跌，但改变不了资本边际收益递减的趋势。从长期来看，人均收入水平将趋于稳定，总产出的增长速度完全取决于人口自然增长率。

1965 年，日本经济学者宇泽（Uzawa Hirofumi）在新古典增长模型的基础上引入教育部门，发展了一个包含教育部门的两部门模型。[①] 宇泽假定，除了生产部门之外，还存在一个生产人力资本的教育部门，教育部门通过提高生产部门的技术水平来增加产出。而劳动力一部分投入教育部门，一部分投入生产部门。该模型的核心是其技术进步方程：

$$\dot{A} = G(A \cdot L_E)$$

上式中，$\dot{A}$ 为技术进步变化率，它取决于现有技术水平 A 和教育部门的劳动力 $L_E$。在此基础上，宇泽给出的生产函数方程为：

$$Y = F(K, \dot{A} L_P)$$

其中，$L_P$ 是生产部门的劳动力。表明产出是有形要素和技术进步的函数。由于引入了教育部门，该模型被称为最早的人力资本增长模型。宇泽模型中，无须外在的"增长发动机"，仅由于人力资本的积累就能导致人均收入的持续增长，但人均产出的增长率最终取决于人口或劳动力的自然增长率，这使得它陷入与阿罗模型一样的结果。同时，宇泽模型虽然被称为最早的人力资本模型，但实际上，宇泽模型中的劳动力仍然是同质的，所谓的人力资本只是体现在技术进步中。

到了 20 世纪 80 年代中后期，罗默（1986）[②] 在阿罗模型的基础上，建立了内生技术进步的均衡模型。模型中，长期增长主要由具有前瞻性且追求利润最大化的经济主体的知识积累所驱动。不同于物质资本能够由先前的产品一个一个地生产出来，新知识被假定为由一个遵从规模报酬递减规律的研究部门生产出来。同时，投资于知识的行为具有外部性，即由于知识不能完全地获得专

① Uzawa Hirofumi, "Optimum Technical Change in an Aggregative Model of Economic Growth", *International Economic Review*, vol 6 (January 1965), pp. 18~31.

② Paul M. Romer, "Increasing Returns and Long-Run Growth", *Journal of Political Economy*, vol 94 (October 1986), pp. 1002~1037.

利权或保守秘密，一个厂商创造出来的新知识被假定对其他厂商的生产可能性具有正的外部效应。尤其重要的是，生产函数由知识存量和其他要素组成的消费品生产表现为递增报酬，更确切地说，知识具有递增的边际产出。与其他模型中资本表现为递减的边际生产率相比，该模型中知识将无限地增长。总之，外部性、产品生产的递增报酬和新知识生产的递减报酬这三大要素构成了该模型的主体。根据该模型，技术（知识）的外部性完全可以保证产出相对资本与技术的弹性大于1，因而资本的边际收益由递减变为递增，从而，人均收入的增长率随时间而递增，经济增长表现为发散的过程，长期来看，一国、一区域持续高速发展成为可能。因此，各国、各地区知识存量和知识积累水平的差异，将导致投资与资本收益率的差异，进而导致长期经济增长的差异难以消除。发达地区与发展中地区之间的差距将倾向于扩大，而不是缩小。又由于知识的外溢及其递增的边际产出，与传统的新古典认识相反，资本和智力（人才）将从发展中地区向发达地区"倒流"。同时，由于知识外部效应的存在，即知识的社会边际产出和私人边际产出不一致，如果缺乏政府干预，每一竞争性厂商都不会选择社会最优的知识积累率。因此，罗默模型有很强的政策含义。

作为新古典经济学中市场结构理论延续的产业组织理论在20世纪70年代获得了较大的发展，由迪克里特和斯蒂格利兹（1977）、埃塞尔（1982）等人发展起来的垄断竞争模型后来成为罗默第二代增长模型的理论基础。罗默第二代模型（1987、1990）解决了之前的模型在引入收益递增时均假设收益递增来自外部经济性的问题。原有假设的优点是不会破坏原有的完全竞争市场结构的假设，从而仍然可以利用新古典增长理论的模型框架，保证均衡技术进步率和经济增长率的存在。在第二代模型中，经济增长由技术进步所驱动，而这种技术进步则从追求利润最大化的经济主体的有意识的投资决策中产生。技术作为一个投入要素的显著特征在于它既不是常用品，也不是公共品，而是一种非竞争性的、部分排他的商品。因为非竞争品的非凸性，不可能出现"价格服从"的竞争市场，相反，均衡是一个垄断竞争的均衡。模型有三个基本的前提假设：技术进步是经济增长的核心；技术进步主要来源于人们受市场激励的有意识的行动；生产方法内在地不同于其他的经济品，创造出一套新的生产方法的成本付出之后，这套方法可以一再地使用而不需任何额外的成本，此即模型中定义的技术的特性。厂商将以高于其生产的不变成本的价格出售新产品来收回其投入于设计、研究与开发中的成本。由于可以自由进出，厂商获得零利润。

以上三个条件导致了一个垄断竞争的市场结构的出现。根据罗默模型，固定成本将从市场规模扩大中获益，因此，也将从不同国家间的贸易中获益。而且，市场规模的扩大不仅影响收入和福利，还影响经济增长率，更大的市场导致更多的研究和更快的增长。模型的主要结论是：人力资本存量决定经济增长率，而有大量的人口对导致经济增长是不够的，因为技术进步率主要取决于从事研究与开发的人力资本的数量；均衡时有太少的人力资本致力于研究活动；整合入世界市场将提高增长率。罗默在其著名的 1990 年论文的结论中说："本模型实质上是一个有技术进步的包含一个部门的新古典模型，其改进仅仅是对技术进步的来源给出了内生的解释。"[①] 事实上，罗默的第二代模型不仅对技术进步的来源给出了内生的解释，而且不管相对于新古典模型还是其自身的第一代模型，该模型都有了更丰富的含义。如该模型涉及市场规模的问题，认为贸易有助于福利的提高和获得更快的经济增长率。在其另一篇论文中，罗默认为物质资本积累率的提高对技术进步率没有影响，[②] 这与以前的内生技术进步依赖于物质资本积累中的"干中学"模型的结论形成对比，也与技术创新与物质资本积累是有益的补充以至物质资本积累率的提高必然导致技术进步率的提高的观点形成对比。

可以说，罗默模型代表了内生增长理论的一个方向，即认为经济增长的内生驱动力是知识积累。属于这一类的新增长模型，还有杨—博兰德模型（1991）、贝克尔—墨菲模型（1992）等。

卢卡斯在 1988 年以宇泽模型为基础，发展了一个以人力资本的外在效应为核心的内生增长模型，模型中技术进步是有目的的研究和教育的结果。[③] 卢卡斯模型认为，人力资本积累是经济增长的驱动力，成为新增长理论发展的另一个方向。卢卡斯认为，人力资本投资具有溢出效应，每一单位人力资本的增加除了引起产出的提高外，还同时引起社会平均人力资本水平的提高，而社会平均的人力资本水平决定社会平均的运作效率，总体效率的提高又使每个企业和个人从中受益，即人力资本的积累方式具有一定的外部性。卢卡斯的基本模型能够很好地解释平均的增长率，但不能解释国家间或者国家内部不同时期的

---

① Paul M. Romer, "Endogenous Technological Change", *Journal of Political Economy*, vol. 98, no. 5, pt. 2, 1990, pp. 71~102.

② Paul M. Romer, "Capital, Labor and Productivity", Brookings Papers on Economic Activity. Microeconomics, Volume 1990 (1990), pp. 337~367.

③ Lucas Robert E. Jr., "On the Mechanics of Economic Development", *Journal of Monetary Economics* 22 (July 1988), pp. 3~42.

差异性。因此，卢卡斯进一步构建了一个包含两种商品的扩展模型，模型中，不同的商品生产需要特定的人力资本积累，而人力资本是在工作中或者说是通过"干中学"获得的。如果说不同的商品对人力资本的增长有不同的潜力，则决定生产哪些商品的比较优势同时也会决定每一个国家的人力资本增长率。于是，该模型就能解释不同国家间经济增长率巨大而持续的差异。卢卡斯还推测说，由于任何特定商品的学习潜力会随着该商品生产的增多而下降，因此，对于与特定商品相关问题的更令人满意的处理方式将是建立不断引入新商品的模型。他的这一推测为后来的研究提供了重要的思想启迪。卢卡斯还认为，只要不同技能水平的人在高人力资本的环境中有更高的生产效率或者更高的边际产出，国际社会外来移民的巨大压力就会存在，而且也只有人的流动才能缓解这种压力。因此，卢卡斯模型可以很好地解释新古典经济理论所无法解释的国家间的要素流动。[①] 根据卢卡斯的增长理论，由于人力资本积累的外部性，即使发达国家与发展中国家的资本—劳动比率相同，发达国家由于人力资本水平高，其资本和劳动力的边际收益也均大于发展中国家，这样就导致了资本和劳动力向发达国家流动。

新增长理论中的人力资本和增长模型将人力资本引入模型，提高了投入资本积累中的资源的变化对产量的影响，正如索洛模型中实物资本的收入份额会提高储蓄率变化对产量的影响。这样使得模型能解释收入在国家间的大的差别。在此再以曼昆、罗默和韦尔1992年的模型为例进行更具体的分析。[②] 模型中，产量由 $Y(t)=K(t)^{\alpha}H(t)^{\beta}[A(t)L(t)]^{1-\alpha-\beta}$，$\alpha>0$，$\beta>0$，$\alpha+\beta<1$ 给定，其中 Y 为产出，K 为物质资本存量，H 为人力资本存量，$\alpha$ 和 $\beta$ 分别为物质资本和人力资本的产出弹性，A 为技术进步，L 为工人数，一个技术工人供给 1 单位的 L 和一定数量的 H。

K、L、A、H 的动态学分别为：

$$\dot{K}(t)=s_K Y(t)$$

$$\dot{L}(t)=nL(t)$$

$$\dot{A}(t)=gA(t)$$

$$\dot{H}(t)=s_H Y(t)$$

① Lucas Robert E. Jr., "Why Doesn't Capital Flow from Rich to Poor Countries?", *American Economic Review* 80 (May 1990a), pp. 92~96.

② 其他的人力资本与增长模型参见：卢卡斯（1988 年），阿札里亚蒂斯和德雷曾（1990 年），贝克尔、墨菲和塔穆拉（1990 年），雷贝洛（1991 年），克雷默和汤姆森（1994 年）等。

其中 $s_K$ 和 $s_H$ 分别为产量中用于实物资本和人力资本积累的比例，n 为人口增长率，g 为技术进步率（为了简单，假定技术进步率不变且为外生的，同时假定没有折旧）。

求解模型得：

$$\ln y^* = \frac{\alpha}{1-\alpha-\beta}\ln s_K + \frac{\beta}{1-\alpha-\beta}\ln s_H$$

$$-\frac{\alpha+\beta}{1-\alpha-\beta}\ln(n+g)$$

其中 $y^*$ 为均衡时单位有效劳动产出。考虑有相同的生产函数和技术的两个国家，假定 $\alpha=0.35$，$\beta=0.4$，假定国家 2 的 $s_K$ 和 $s_H$ 是国家 1 的 2 倍，且国家 2 的 n+g 比国家 1 小 20%，根据上式，这些差别导致的平衡增长路径上的每工人平均产量的对数的差别为：

$$\ln y_2^* - \ln y_1^* \approx 2.75$$

由于 $e^{2.75}\approx15.6$，所以国家 2 的每名工人平均产量几乎是国家 1 的 16 倍。这样，储蓄率和人口增长率的并不特别大的差别所导致的收入的巨大差别，与我们试图理解的那种巨大差别大致吻合。曼昆、罗默和韦尔进一步用统计方法估计了上述均衡增长路径上的方程，表明该模型与数据拟合得很好，所给出的实物资本和人力资本的收入份额是合理的，而且这一回归解释了每名工人平均产量占国家间差别的近 80%。

曼昆、罗默和韦尔进一步讨论收敛问题时，注意到该模型意味着，$s_K$、$s_H$ 和 n 的水平不同的国家，其每名工人平均产量的平衡增长路径值也不同，因此国家间收入差别的一部分将随时间持续下去。但是，如果国家间的差别是由各国在其平衡增长路径上的初始点不同造成的，那么随着各国向那些平衡增长路径收敛，这些差别将逐渐消失。因此，该模型预言，经济对于平衡增长路径上收入的决定因素而言是有收敛性的，或称为条件收敛。具体而言，可以证明，该模型意味着在平衡增长路径附近，y 以速率 $(1-\alpha-\beta)(n+g)$ 收敛于 $y^*$。

总体来说，证据表明，该模型对跨国数据提供了一个良好的初步近似，模型保持了资本报酬递减的假定，但资本的定义比传统的实物资本宽，从而意味着全部资本的收入份额更接近 1 而非 1/3，因此较好地解释了国家间收入差距问题。

放松实物资本和人力资本二者的规模报酬递减的假定，则增长率将成为内生的，且可能不断增加。资本的规模报酬递增为世界经济增长在知识积累以外又提供了一个可能的解释，但规模报酬递增无法为国家间收入差别提供更多的解释。显然，要使规模报酬递增成为整体经济增长的驱动力，它就必须至少出现于整个经济的规模上，而且没有理由受到政治边界的限制。一种可能的解释是，规模报酬递增潜在地是世界性的，但各个经济在利用这些规模报酬递增方面的能力是不同的。如果是这样（正如认为各经济在利用世界知识方面成就不一的观点一样），那么国家间收入差别之源就不是规模报酬递增，而是决定各国在利用世界知识方面成就不一的那些因素。因此，难以用资本的规模报酬递增来解释世界各地的收入差别。[①]

新增长模型根据基本假设的差别可以分成三大类型：[②] 第一类，是在收益递增和外部性的假设下考察经济增长。代表性模型有罗默知识溢出模型（1986）、卢卡斯人力资本溢出模型（1988）等。此类模型可以适用完全竞争的分析框架。这类模型认为，技术进步取决于知识资本和人力资本的积累和溢出，因而技术进步是内生的。内生的技术进步保证了经济均衡增长路径的存在。第二类，仍然是在完全竞争的假设下考察经济增长，但强调决定经济增长的关键因素是资本积累（包括物质资本和人力资本）而不是技术进步。代表性模型有琼斯—真野惠里模型（Larry E. Jones and Rodolfo Manuelli，1990）、雷贝洛模型（1991）等。该类模型否认知识或人力资本的溢出效应具有整个经济范围的重要性，强调通过资本的不断积累就足以保证经济持续增长。第三类，是垄断竞争框架下考察经济增长的一类模型。属于这种形式的增长模型主要有：罗默知识驱动模型（1990）、贝克尔模型（Gary Becker，1990，1992）、格罗斯曼—赫尔普曼模型（Gene M. Grossman and Elhaman Helpman，1991a，cha3、cha4）、杨小凯与博兰德模型（Jeff Borland，1991）、阿格亨—豪伊特模型（Philippe Aghion and Peter Howitt，1992）等。由于这类模型把原来一般均衡理论的框架拓展为可以容纳长期变量（如人口、技术进步、政府开支、人力资本积累和利率等）的内生决定，在较切合实际的假设条件下阐述了技术进步的各种类型及其对经济增长的影响，对经济增长事实有一定的解释力，因此，这类模型的提出标志着新增长理论进入了新的发展阶段。

关于经济增长的实证研究也非常丰富。Lucas 和 Verry 在 1989 年研究马来西亚的案例中，注意到人力资本积累可能推动一国的比较优势向人力资本密

---

① ［美］戴维·罗默著，苏剑、罗涛译，《高级宏观经济学》，北京：商务印书馆，1999 年，第 166～181 页。

② 朱勇，《新增长理论》，北京：商务印书馆，1999 年，第 29～31 页。

集型产品转移，正像物质资本积累可能推动一国的比较优势向物质资本密集型产品转移。因此，他们强调在人力资本投资和物质资本投资之间需要某种平衡，以使二者预期回报率相等。他们还认为，这种转移可能提高人力资本投资的回报率。

同时，增长经济学家尝试寻找并从统计上检验了大量根据经济理论可能导致条件收敛或者不同的经济具有不同的稳态增长率的因素。在一系列实证研究中，经济学家前后共使用了不下 50 个变量，且或多或少具有解释力。比较有代表性的是巴罗等的研究①（Barro and Sala-i-Martin，1995），使用了人力资本、投资率、政府干预程度、市场扭曲程度、政治稳定程度等变量。这些因素可能导致不同的经济处于不同的稳态，由于生产率因子的大小不同，使得不同水平的经济在生产函数的形状上存在差异。稳态增长率的差别是由于两个经济中决定稳态因素的"其他"条件决定的，如果不消除这些条件上的差别，增长率的差异也就会持续存在下去。巴罗等认为，能够持续影响经济增长绩效的初始条件，通常是起始期的人均收入水平和人力资本禀赋。巴罗在后来的研究中，选择并检验了人力资本、储蓄倾向、生育率、政治稳定和民主化程度等变量，得出了条件收敛的结论。也就是说，若各国或各地区之间在这些条件上没有差异，起点上人均收入水平较低的经济可以实现更快的增长速度。②

## 2.1.5　关于国家间收入差别的其他文献

关于国家间收入差别的文献很多。被认为对收入可能重要的因素包括政治稳定性（巴罗，1991）、设备投资（德朗和萨默斯，1991，1992）、金融体系（金和莱文，1993a，1993b；亚佩利和帕加诺，1994）、微观经济扭曲（伊斯特利，1993）、腐败（莫罗，1993）、通货膨胀（费希尔，1991，1993）、政策影响（恰里、科欧和麦格雷登，1997）。国家间差距的理论模型从现实世界中存在多重的均衡路径的实际出发，探求构建多重均衡的理论，在解释了差距的同时也推动了经济增长理论的发展。因为本书的侧重点在国家内的区域差异，因此，上述文献不在此一一评述。

---

①　Barro Robert J. and X. Sala-i-Martin, *Economic Growth*, New York: McGraw-Hill, 1995.

②　Barro Robert J., *Determinants of Economic Growth: A Cross-Country Empirical Study*, Cambridge, Massachusetts, London, England: The MIT Press, 1998.

## 2.2 贸易理论及其对区域差异的研究

### 2.2.1 李嘉图的比较成本理论

李嘉图的比较成本理论认为，即使一个国家在所有的产业都有更高的生产率，选择专业化于比较优势最大的产业而进口其他的产品将使其状况变好，同样的道理也适应于生产率低的国家。他举了英国和葡萄牙从交换布和酒彼此获益的著名例子来证明其理论。比较成本理论对后来的研究有着巨大的影响，成为国家贸易理论的基石。后来的米勒（J. S. Mill）、马歇尔以及赫克歇尔（Ely Hecksher）和俄林将比较成本理论推向新的发展阶段。

### 2.2.2 赫克歇尔—俄林—萨缪尔森的贸易模型

瑞典经济学家赫克歇尔和俄林认为只有在一定的假设条件下，即不同区域的"资源禀赋"或"要素比例"不同时，比较成本的不同才能存在。这种不同会被反映为相对要素价格的不同，而贸易的效果一定会使两国的相对要素价格变得更加接近。后来萨缪尔森在其著名的"要素价格均等化理论"中将该理论进一步推进，证明在对生产函数做出一定的假设之后，自由贸易的后果一定是参与贸易的不同地区要素价格均等化。

赫克歇尔—俄林—萨缪尔森的贸易模型在超过四分之一世纪的漫长时间里占据着国际贸易理论的正统地位，但同时该理论也受到了广泛的质疑。[①] 首先，这种质疑包括由里昂惕夫悖论及其引发的相当数量的文献，涉及真实的贸易方式和要素禀赋是否如该理论所预言的那样密切相关。质疑的第二个领域集中于这样的特征事实——第二次世界大战以来世界贸易中最大和增长最快的部分是工业化经济之间的制成品贸易，而赫克歇尔—俄林—萨缪尔森的贸易模型以及新古典理论都无法解释相似经济之间的贸易。

尼古拉斯·卡尔多认为，现实中这些理论的含意很难体现，因为如果它们

---

① Wilfred J. Ethier, "National and International Returns to Scale in the Modern Theory of International Trade", *The American Economic Review*, Volume 72, Issue 3 (Jun. , 1982), p. 389.

是真的，它们将显示出：商品的自由移动是要素移动的替代；因而贸易带来要素价格的均等化倾向（主要是工资和利率），这等同于除去移动的成本以后要素自由移动造成的结果；随后，贸易必然缩小不同贸易地区之间人均真实收入的差距，在一定的条件下甚至完全消灭差距。然而，所有这些结论依赖于以下的严格假设：在不同的国家，不同商品的生产函数是同一的，即技术和技术的利用效率在所有的地方都是一样的；所有地方都是完全竞争的市场结构；所有生产过程都是不变规模报酬的（同质的和线性的生产函数）。后两个密切相关的假设是上述理论的关键（完全竞争只有当不论规模大小单位生产成本都相同时才能实现）。只要允许可移动要素的报酬递减或者规模报酬递增，原有的结论将不再存在。[①]

递增报酬的问题在经济学领域长期被忽视，除了马歇尔（以及之前的 Cournot 和 Walras）的著名论断——递增报酬导致垄断是因为一些生产者超过竞争对手并获得累积优势从而将竞争者驱逐出去，因此递增报酬（或者下降的边际成本）不能在竞争市场中存在。当 20 世纪 30 年代涉及不完全竞争的新理论提出下降的成本和竞争不必共存时，经济学家们一般都回避探索这个问题。

### 2.2.3　以克鲁格曼为代表的新贸易理论

根据传统的以李嘉图的比较成本理论为基础的贸易理论，在完全竞争条件下，给定一种或多种生产要素相对不可移动，不同的国家将专业化于具有生产要素比较优势的那些产业。因此，不同国家的相对要素禀赋是国际贸易和专业化的主要原因。传统贸易理论不能解释近年来大多数世界贸易在具有相似资源禀赋的国家之间发生且交易的是相似的产品的现象。新贸易理论是试图对这一现象进行解释的有益尝试。新贸易理论承认国家间的差别是贸易的一个原因，但它在四个主要的方面与传统贸易理论不同。[②]

首先，新贸易理论认为，许多国家间的贸易尤其是相似国家间的产业内贸易，表现的是利用规模经济而不是要素禀赋差异导致的专业化。与支撑李嘉图比较成本理论的完全竞争和不变规模报酬假定相反，新贸易理论认为，不完全

---

① Nichalas Kaldar, *Further Essays on Economic Theory and Policy*, Gerald Duckworth &Co. Ltd, 1989, pp. 201～203.

② Ron Martin, Peter Sunley, "Paul Krugman 'Geographical Economics and It'Implications for Regional Development Theory: A Critical Assessment", *Economic Geography*, 72 (Jul., 1996), p. 270.

竞争和递增报酬是现代产业经济中的普遍特征。专业化和贸易是由递增报酬和规模经济而不是由比较优势所驱动，因为随着产出增长而来的生产成本的下降，来源于贸易的收益将增长。其次，专业化在某种程度上是由历史上的意外事件造成的。特定产业的分布区位在很大程度上是不确定的和历史依赖的，但不管由于什么原因，一种专业化模式一旦建立，将被来自贸易的累积获益"锁定"。因此，专业化和国家间的贸易模式有一种强烈的"路径依赖"趋势。再次，不完全竞争条件下生产要素的需求和报酬以及产业内贸易的模式取决于微观层面的生产技术条件。最后，在李嘉图模型中，自由贸易被认为是合理的贸易政策；而新贸易理论认为，不完全竞争和递增报酬的存在为从战略上利用贸易政策创造比较优势提供了可能。也就是说，战略贸易政策使一个国家能够实现在国际专业化中地位和模式的转变。克鲁格曼认为，"新贸易理论"的这些发展不仅必要而且推动了贸易理论和区位理论的融合。克鲁格曼的新地理经济学就是根源于他在新贸易理论中的贡献。

此外，新地理经济学将其用于城市和区域研究的方法运用于国家之间，并用模拟分析得出了国家间区域差异演变的生动图景。[①] 在模型中引入中间商品、产业联系和贸易成本后，不仅能看到制造业在国家间不均匀分布的可能性，而且能看到工资率和生活水平不均等同时出现的可能性。

在其国际专业化模型中，制造业作为中间商品的生产者和消费者的双重身份使与传统集聚有相近逻辑的国际专业化过程能够实现。拥有一个比较大的制造业部门的区域通常提供较多种类的中间商品，这意味着最终商品生产的较低成本，这就是前向联系。相反，一个巨大的制造业最终商品部门给地方中间商品提供巨大的市场，这就是后向联系。这些联系的结果不可能是人口在特定国家的集中，但它能导致制造业或特定产业在有限的几个国家里集聚的专业化过程。当贸易成本足够低时，制造业的地理集中变得可能；在贸易成本更低时，集中成为必然。如果对制造品的消费超过收入的半数，则制造业不可能在两国工资水平相同的条件下都集中在一个国家。如果世界经济尽量想集中制造业，则早期制造业集中的国家的工资将会被哄抬起来。而因为这种工资差距，一些制造业活动可能在其他经济中继续出现。制造业在国家 1 的集聚导致国家 1 真实工资有一个持续向上的攀升，而国家 2 则有一个回落。两种力量构成这些真

---

① Fujita M., Krugman P., Venables A. J., *The Spatial Economy: Cities, regions, and International Trade*, The MIT Press, 1999.

实收入变化的基础。首先，由制造业产生的对劳动力的需求提高了国家 1 由农产品相对衡量的工资。其次，有制造业的国家有更低的生活成本指数，因为它不需支付进口制造品的运输成本。这种影响放大了国家 1 的所得，也促使国家 2 的真实工资下降。两国的工资水平可能继续影响其贸易成本的差距。然而，工资差距最终将随着运输成本而下降；当这些成本达到极值零时，要素价格达到均等。

在高贸易成本条件下，决定区位的主导力量是接近最终消费市场的需要，这阻碍任何制造业在地理空间的高度集中。在低贸易成本条件下，区位的主导决定力量是工资成本，再一次使制造业分散以降低劳动成本。因此，导致集聚的产业联系的力量与以贸易成本的中间品价值形式出现的其他力量高度相关。因此，模型认为典型地存在贸易成本和产业地理集中的倒 "U" 型关系。想象运输成本有每隔一段时期发生一次下降的过程。从一个两国完全相同的位置出发，国际劳动分工通过一个非平衡发展过程自发地出现。假设国家 1 从这种劳动分工中获利，而国家 2 受前工业化的影响，一开始就遭受损失。于是世界经济必然有一个核心—边缘结构，制造业集中于国家 1；国家 2 的低工资因为缺乏足够的前后向联系不足以吸引制造业。然而，最终运输成本的进一步下降将使世界进入一个全球化阶段。当运输成本下降时，消费者和供应商接近的费用逐渐消失，因此，国家 1 和国家 2 之间可持续的工资差缩小；在完全无贸易成本的极限情况，实现要素价格均等。在这个全球化过程中，国家 1 的真实收入可能遭受和相对收入同样的下降。

在其产业扩散模型中，设想了一个世界经济模式，其中一些地区最初尽力想获得制造业的自我强化优势，这种优势允许它支付比其他国家更高的工资。然而，随着时间的流逝，世界对制造业产品的需求增长了。这增加了制造业区域的活跃水平，强化了集聚，也提高了工资。随着这种过程的继续，不同区域的工资差距会变得太大而不能维持。这时单个厂商在另一个区域建立制造业企业是有利可图的，这样的区域开始发展自我强化的优势因而促使工资猛增。过一段时间之后，第三个区域进入同样的过程，如此等等。这个故事不仅给出了第三世界迅速增长的一个可能的解释，而且给出了诸如为什么在任意给定的时间内某些发展中世界的区域会迅猛发展而另一些区域会发展滞后的一个线索。对模型的进一步具体化要考虑劳动密集度、投入—产出结构等都不相同的多种产业。观察发展的典型生命周期的形成可以发现，先进入工业化阶段的国家在最终发展成成熟的产业结构之前，是通过发展一些产业，特别是劳动密集型产业或与其他部门联系较弱的产业，来实现这个过程的。如日本的后工业化，中国和其他低工资的制造品出口国正在进行的工业化，其在走向完全成熟的过程中，都经历了不但为本地市场还为整个世界提供劳动密集型、弱产业关联度的商品的临时阶段。

在一个两部门经济中，由于模型所关心的是增长的空间含义而不是它的起源，因此在模型中加进一个作为经济变化驱动力的外生增长过程，即简单地假定技术进步使所有主要的要素稳定地增长。同时，假设对制造品需求增长比目前工业化国家的可能的供给更迅速。如果技术效率因素持续增长，则模拟分析表明，在技术效率较低的初期阶段，制造业在国家 1 集聚，国家 1 的工资高于国家 2 的工资（包括真实工资和以农业产出衡量的工资）。技术效率的增长提高了对制造品的需求，对国家 1 制造业的集聚产生压力，导致国家 1 农业的收缩和农业工资的增长。在这个阶段，可以看到国家间经济结构和收入水平分散的趋势。国家 2 的工业化发生在第二阶段，它开始于两个国家的工资差距足够大，使一些厂商即使放弃早前享受到的与其他厂商的产业联系利益，移出国家 1 仍然有利可图时。在第二阶段增加技术效率会缩小国家间的工资差距，这种缩小以一个递增的速率发生。原因是在国家 2 产业扩散时它建立了自己的产业联系，加速了收敛的进程。在这个过程中国家 1 的产业份额下降，每个工人的真实工资可能增加也可能减少，这取决于其他的就业机会、缘自更便宜的进口制造品的价格指数变化及技术进步的潜在速度。最后，当技术效率继续增加，将进入第三阶段即成熟阶段，在此经济实现完全收敛。

对于有多种产业和多个国家的情况，通过对五个国家和七种产业的模型的模拟分析，得出了一些重要的结论。假设国家在基本的偏好、技术和禀赋结构上是同一的，并从所有的产业都集中在一个单一的国家（称国家 1）的位置开始，追踪产业向其他经济扩散的过程。七种产业各具特点，并可能在递增报酬的程度、运输成本、产品需求的来源、投入的组成方面有所不同。为了分离出起作用的关键力量，集中注意力于产业投入—产出系数不同造成的影响，然后通过一系列不同的假想的投入—产出矩阵来追踪工业化过程。模拟结果表明，工业化过程在国家间不是同样的。相反，它通过一系列波的形式进行，不同国家相继以建立一个主导产业群的方式经历迅速的工业化过程。然而，成功的工业化使工资增长——假定我们对制造品的需求持续增长——因而最终为产业向另一个国家的扩散铺垫了道路。

在模型中，世界经济的工业化过程通过一系列戏剧性的发展来实现，一些国家在任一给定的时间经历生产和工资的迅猛上升，而另一些国家只是旁观者。经济增长没有采取世界经济中的所有国家平滑收敛的形式，而是有一群富国和一群穷国同时存在。发展使国家依次卷入从穷国向富国迅速转型的过程。当考察特征不同的多个产业时，还可得到一个关于发展的自然生命周期的启示性故事，其中，国家典型地通过生产某些产品，然后当放弃那些部门给后起的国家，并跃上新的阶段来获得发展。

新贸易理论和新地理经济学可能不是对国家贫富分化的唯一或者主要的解释，但它确实提供了这样一个有趣的启示，即不平衡发展可能是世界一体化的可预见的后果。甚至更有趣的是，同样的分析表明近年来发达国家和（一些）发展中国家之间收入差距的缩小可能部分地归因于一体化趋势的继续：贸易成本的下降首先产生，然后融化全球国家间的不均等。

## 2.3　发展经济学对区域差异的研究

发展经济学更多地关注国家内部的发展与差异性的问题，包括区域差异和城乡差异。在发展经济学之前，马克思主义经典作家认为，区域发展的不平衡是资本主义经济不平衡发展规律的空间形式，是资本主义剩余价值规律的必然反映；社会主义生产目的是不断满足人民不断增长的物质文化需要，能够有计划地均衡配置生产力，消灭区域差异。如马克思和恩格斯在共产党宣言中就指出："把农业同工业结合起来，促进城乡之间的差别逐步消灭。"[①] 另外，如前所述，新古典经济学认为，要素报酬的地区差异可以通过要素的流动来达到平衡，区域差异仅仅是均衡机制失灵的表现，这种失衡主要产生于市场的不完善以及妨碍要素自由流动的制度性瓶颈。随着统一市场的形成和经济一体化，区域差异将自行消失。即使给定一个不均衡的区域经济状态，只要存在完全竞争的市场，资本和劳动的逆向运动便可自动实现新的均衡发展。新古典假设与现实经济表现的偏离使学者们开始质疑新古典假设。

1955 年，法国经济学家佩鲁（Francois Perroux）首先提出了增长极概念。他认为，增长并非同时出现在所有地方，它以不同的强度首先出现在一些增长点或增长极，然后通过不同的渠道向外扩散，并对整个经济产生不同的作

---

① 马克思、恩格斯，《共产党宣言》，北京：人民出版社，1959 年，第 51 页。

用和影响。佩鲁提出增长极理论，最初基本上是部门增长极理论，认为各类产业本身的增长速度及对其他产业的带动能力是不相同的，有些产业的发展速度高于整体工业产值和国民生产总值的增长速度，对其他产业的带动能力强。这些产业通过前向、后向联系，带动一大批产业的发展。区域经济增长其实是一系列不平衡机制相互作用的过程，这种不平衡机制除了产业的推动能力以外还包括因规模、交易能力和经营性质的差别而导致的创新能力的不同。创新能力强的企业处于支配地位，创新能力弱的企业处于被支配地位，创新能力强的部门往往成为推进性部门。1966 年，法国经济学家布代维尔（R. Boudeville）将增长极概念加以引申。布代维尔把增长极定义为位于都市内的正在不断扩大的一组产业，它通过自身对周边的影响而诱导区域经济活动进一步发展。从此，以布代维尔为代表的一派区位理论把增长极理解为相关产业的空间集聚，使这一概念由最初的经济增长概念变成了地理空间术语。增长极概念被移植转化后，增长极理论就产生了。增长极理论实际上是一种合成理论，是指那些通过解释地区的发展过程，说明在增长中的都市中心确实诱使周围地区实现经济增长的各种假说。[1]

1957 年，冈纳·缪尔达尔提出循环累积因果理论。他指出："市场力量的作用通常倾向于增加而不是减少区际差异。"[2] 缪尔达尔认为，在发展中国家经济发展初期，地区间的发展水平是大致相等的，有些地区在外部因素的影响下，先行一步发展起来，这会打破地区发展的固有平衡。由于递增报酬使成功孕育更大的成功、失败导致更大的失败，因此缪尔达尔称之为"循环累积因果"理论。地区发展的不平衡在"循环累积因果关系"的作用下不断加强，较先进的地区进一步发展，而落后的地区更加落后，形成区域二元经济结构。缪尔达尔对新古典模型关于资本和劳动要素逆向流动的观点提出质疑，认为发展中国家生产要素流动的结果不同于新古典主义所假设的理想状况，在现实的经济生活中边际收益递减规律虽然会促使部分资本由发达区域流向欠发达区域，但发达区域的劳动力素质较高、市场机制发育成熟、经济法制较健全等优势会提高要素产出率，使发达地区仍然具有吸引资本的优势（前已述及，卢卡斯后来在其 1988 年的模型中正是用人力资本的外部效应和要素的边际产出解释了这种现象）。因此，相当长时期内，发达地区对落后地区的影响主要不是表现

---

[1] 王缉慈等，《创新的空间——产业集群与区域发展》，北京：北京大学出版社，2002 年，第 55 页。
[2] G. Myrdal, *Economic Theory and Underdeveloped Regions*, London: Duckworth, 1957, p. 26.

为"扩散效应"（扩散效应由从发达区域到不发达区域的投资活动流动构成，有助于缩小区域差异），而是表现为"回流效应"（回流效应由为了在发达区域获得更高报酬而流出不发达区域的劳动和资本构成，这将引起不发达区域经济活动的衰退），因此，地区间的发展不平衡不是缩小而是扩大了。因而如果没有政府干预，市场力量的作用通常是倾向增加而不是减小区域间的差异。在此基础上，缪尔达尔认为，为了避免"循环累积因果关系"的影响，防止区域发展中出现两极分化，不能消极地等待市场力量的作用，必须由政府制定相应的政策并采取措施，刺激和帮助落后地区快速发展。缪尔达尔的区域二元理论后来被用来分析发达国家与发展中国家之间在国家交往中的政治、经济关系，被发展为"国际二元结构理论"。[①] 1958 年，美国经济学家赫希曼（A. O. Hirshman）在《经济发展战略》一书中提出了类似的观点，称为"极化效应"（极化效应表现为发达区域借助落后区域提供的各种条件加速发展，从而使落后区域发展受到相应的抑制，对应于回流效应）和"涓滴效应"（涓滴效应表现为一定条件下落后区域经济发展可以从与发达区域相互交流中受益，从而加速落后区域的发展，对应于扩散效应）。赫希曼认为在经济发展初级阶段，极化效应处于主导地位，差异扩大，但从长期来看，有政府干预的涓滴效应将足以缩小区域差异。缪尔达尔和赫希曼的思想被称为缪尔达尔—赫希曼假说，该假说动摇了市场均衡机制能自动减小区域差异的传统观念，并引起了一场关于经济增长中经济趋同与趋异的大论战。但由于该理论只是停留在假说的层面，扩散效应和涓滴效应的发生机制难以进行理论与经验的论证，成为其致命的缺陷。1973 年，卡尔多（N. kaldor）进一步发展缪尔达尔—赫希曼的理论，提出相对效应工资的概念，用以具体阐述区域间经济不均衡增长过程。所谓相对效应工资是指货币工资（w）与生产力增长率（u）的比例（w/u）。w/u 可以决定一区域在全国市场中所占的份额，w/u 值越低，产出增长率愈高。卡尔多认为，由于制度原因，一个国家内部各个区域内的货币工资水平及其增长率是相同的。因此，在发达区域，由于集聚经济而产生规模报酬递增，故产出增长率高，生产增长率也随之提高，进而，相对效应工资下降，而这又进一步导致区域产出增长率提高。这种循环累积的作用将使快速成长区域更快成长。

1965 年，美国经济学家威廉逊（J. G. Williamson）以罗斯托（W. W. Rostow）的增长阶段理论为基础，试图调和新古典理论和缪尔达尔模型之间

---

① 陈宗胜主编，《发展经济学——从贫困走向富裕》，上海：复旦大学出版社，2000 年，第 81~82 页。

的冲突。他根据 24 个国家的国际横剖面数据和 10 个国家的时间序列数据，提出了区域差异的趋同假说，即随着经济增长，区域差异程度呈现为倒"U"型变化，该假说实际上是对缪尔达尔理论的一个经验验证。尽管威廉逊的证明为后来的经济学家们所怀疑，但他的实证分析方法具有开创性的意义。此后，关于区域经济均衡增长与非均衡增长的大论战发生了重大的变化，研究方法由依据不切实际的假设转向诉诸事实的实证分析，由对区域经济差异成因的分析转向更多地对其变化发展进行分析。威廉逊还对引起区域差异呈现倒"U"型变化的原因进行了分析，认为有如下几个原因导致了区域差异的变化[1]。

（1）在经济发展的起始阶段落后地区具有一定技能、企业家精神及教育程度的青年劳动力向相对发达地区转移，但随着发达地区人才相对饱和转而向落后地区回流。

（2）起始阶段资金由落后地区向投资环境好、回报率高的发达地区流动，但随着发达地区资金投资回报率的下降而原落后地区投资环境改善又出现回流。

（3）起始阶段国家往往更偏重效率，会更多地把有限的资金投向较发达地区，并往往伴随着对发达地区在贸易、关税等方面的各种倾斜政策。但后期随着经济发展，国家的投资将转向不发达地区以促进平等。

（4）起始阶段发达地区对不发达地区带动作用弱，但随着经济的发展，区域经济关联效用增强，发达地区将带动不发达地区共同发展。显然，威廉逊认为，要素是自由流动的，自由市场中要素的自由流动影响着区域差异的变化，同时，国家对于效率和平等的权衡也是重要的影响因素。继威廉逊之后，阿隆索（W. Alonso）将经济发展初期的社会不平等归结为"五种钟形曲线"[2]：区域间经济增长率差异增大，社会不公平扩大，区域间收入差异拉大，区域间城市化水平差距扩大，区域间人口增长率差异扩大。其后，经过一个特定的转折点，上述差异趋于收敛。

事实上，在西方发达国家，20 世纪 20—60 年代的区域空间结构都是中心—边缘关系的二元结构。60 年代初，J. 弗里德曼（John Friedman）等人提出了"核心与边缘区理论"，以模拟国家或区域经济发展动态。弗里德曼借用熊

---

① Williamson J. G. , "Regional Inequality and the Process of National Development：A Description of the Patterns", Economic Development and Cultural Change, vol113, Iss14, 1965.

② 韦伟，《中国经济发展中的区域差异与区域协调》，合肥：安徽人民出版社，1995 年，第 6 页。

彼特关于发展是由创新推动的观点，认为发展可以看作一种由基本创新群最终汇成大规模创新系统的不连续的过程，创新可以成功地把新事物所孕育的思想或人工制品引入特定的社会系统之中。从历史的角度看，特别有利于创新的条件一般存在于迅速发展的大城市系统中。创新变革的主要中心被称为"核心区"，特定空间系统内的其他地区则被称为"外围区"。核心区是具有较高创新变革能力的区域社会组织子系统，外围区是由核心区根据它们之间的依附关系而形成的地域社会子系统。核心区和外围区共同组成一个完整的空间系统。占支配地位的核心区通过其对外围区的支配效应，使空间系统一体化。核心区对外围区的支配地位是通过 6 种反馈机制来不断强化的。其一是支配效应。通过自然资源、资本资源和人力资源从外围区到核心区的净转移，不断削弱外围区经济。其二是信息效应。由于核心区人口、产量和收入增长而导致的内部潜在相互作用概率的增长，导致核心区创新速度的提高。其三是心理效应。核心区创新风险较低，创新的预期成功率高，有利于创新在核心区出现。其四是现代化效应。核心区通过社会制度、组织结构、思想观点、生活习惯等的转变，更加有利于创新的出现。其五是连锁效应。即一种创新的出现往往会导致另一种创新的出现。其六是生产效应。核心区内规模经济的出现，导致更多的创新性产业配置在核心区，有利于核心区创新的加速出现。对于核心区的作用，他认为，核心区通过供给系统、市场系统和行政区系统来组织自己的外围区，核心区系统地向外围区传播创新成果，核心区的成长带动相关空间系统的形成。[①]核心与边缘区理论将区域发展过程分为四个阶段：工业化过程以前的资源配置时期；核心边缘区阶段；经济活动向边缘部分地区扩散时期；空间一体化时期。弗里德曼的中心—边缘理论认为，随着政府干预、区际人口迁移、市场扩大、运输改善和城市等级扩散，中心和边缘的界限会逐渐消失，实现空间经济一体化。弗里德曼的理论成功解释了欧美发达国家区域经济的演进过程，特别是对新经济的发展起到了重要的指导作用。

斯多尔在 1994 年曾对传统的区域发展理论进行回顾和探讨。他认为，过去的区域发展理论主要受制于宿命论的构架，出现过三个思想流派：失败主义，认为现存区域经济差异十分顽固，只会重复发生而不可能改变；自动主义，建立在自动平衡倾向的新古典假说基础上，认为通过要素流动和企业家的自由选择，必定会使区域差异缩小，使各地区经济水平趋同而专业化结构不

---

① 李航星，"区域经济差异分析理论的发展对西部大开发的启示"，经济体制改革，2003.5，第 151～154 页。

同；结构主义，假定随着国际大范围的经济结构调整，产品生命周期会使得区域差异发生轮流更替。后来，美国学者斯科特和斯多波在分析了全球区域问题之后，提出了与传统的核心—边缘概念相悖的新思想，发展了以知识和技术为驱动力的"动态竞争均衡""马赛克"模式，把当代世界的区域经济格局看成全球"马赛克"。

增长极理论被介绍到中国以后，成为许多区域制定发展战略的理论依据。但事实表明，根据增长极理论制定战略的区域并未起到政府预期的缩小贫富差距的作用，反倒是极化中心不断吸引周围的人才与资金，造成更大的贫富分化问题。在我国，20 世纪 80 年代中期，地理学界和经济学界还提出了"梯度推移理论"，认为由于不同地区的经济基础存在差异，客观上出现先进技术地带、中间技术地带和传统技术地带，形成不同的梯度，不同梯度间有技术和经济的转移关系。该理论影响了国家"七五"计划的宏观经济政策的制定。另一个对我国区域经济政策颇有影响的理论是雁行理论，认为处在不同经济发展阶段的国家和地区，通过国际贸易、技术转移、资金流通，形成类似大雁飞行的追踪形态。对于梯度理论和雁行理论，我国也有一些批评和反思，如胡兆量认为，雁行理论和梯度推移理论把一个国家和一个区域看成均质的，而实际上每个区域都有内部差异。费洪平也指出，要"熨平政策梯度，实施中性区域政策"[①]。

多国的经验证明，传统的区域发展政策只能在短期内部分地缓解落后地区问题。因此，挖掘内在的区域发展潜力问题在全世界受到越来越多的重视，对落后地区的政策由消极的扶持改为积极鼓励自力更生。各国区域发展政策的一个重要转折是重新重视市场力的作用，将地方的发展和全球的经济过程结合起来，而不像 20 世纪 60—70 年代强调国家和政府规划的力量。

在关注区域差异问题的同时，发展经济学还关注城乡差异问题。二元经济的概念最早也是源自对城乡差异的研究。二元经济的思想始于亚当·斯密，斯密把工业部门在农业社会中产生、成长的过程看作经济发展的本质，但这种思想一直被后来的古典经济学和新古典经济学家所忽视。直到 1954 年，美国经济学家威廉·阿瑟·刘易斯（W. A. Lewis）在其《劳动力无限供给条件下的经济发展》一文中，全面分析了发展中国家二元经济的内涵，提出了在劳动力无限供给条件下，以两部门劳动力转移为核心的发展中国家经济增长模型，试

---

① 王辑慈等，《创新的空间——产业集群与区域发展》，北京：北京大学出版社，2002 年，第 316～318 页。

图寻求劳动力过剩的发展中国家走出经济困境的发展机制。[①] 刘易斯指出，二元经济是在发展中国家发展过程中出现的现代"资本主义部门"和传统的"非资本主义部门"并存的经济现象。传统部门规模庞大、在生产中不使用再生产性资本、实行制度工资、存在劳动力隐蔽失业，且其劳动力边际生产率很低，甚至为零或负数。隐蔽失业的存在是指劳动力相对于资本和土地过于丰富，以至把一部分劳动力转移出农业，农业产量不会减少。传统部门中，工资水平不是由农民的边际生产率决定的，而是取决于制度的安排，即劳动者平均分享农业产量。现代部门劳动力工资水平取决于工业劳动者的边际生产率和农业部门的工资水平，即传统农业部门的工资水平决定资本主义部门工资的下限。由于资本主义部门较高的生活费用、农民转移到城市所付出的心理成本，以及工会的影响，资本主义部门的工资水平通常比传统农业部门的平均收入高 30%。受利润最大化驱动，资本家总是不断地将经济剩余投入下一轮生产中，并因此吸引更多人从传统部门到现代部门就业。随着现代部门生产规模不断扩大，传统部门劳动力源源不断地流向现代部门，直到传统部门的剩余劳动力全部被吸纳为止，二元经济结构也由此发生转变。因此，刘易斯劳动力转移模型的实质内容就是在劳动力无限供给条件下，资本主义部门的扩大和传统农业部门的缩小。[②] 在刘易斯看来，任何提高传统农业部门劳动生产率的做法都会造成资本主义部门实际工资的提高，从而造成资本家剩余的减少和资本积累率的降低。可见，在刘易斯模型中，农业对于经济发展是不能做出贡献的，充其量只能为工业的发展提供廉价的劳动力，因而传统农业的改造受到忽视。

费景汉、拉尼斯在 1964 年出版了《劳动力剩余经济的发展》一书，对刘易斯二元经济模型进行了补充和发展。费景汉、拉尼斯认为，农业劳动生产率的提高是农业劳动力向非农产业转移的重要条件。模型假定农业部门土地数量基本不变，劳动力在报酬递减规律作用下存在剩余，工业部门的某一时期的资本存量由初始资本存量、工业利润和农业部门中被吸收到工业部门的资本组成。随着工业利润转化为资本和生产规模的扩大，农业部门中边际生产率为零的劳动力首先向工业部门转移，这时，农业部门开始出现剩余，劳动生产率也可能提高，工业部门由于生产规模扩大和生产率提高使得利润进一步增加。结

---

① ［美］W. A. 刘易斯著，施炜等译，《二元经济论》，北京：北京经济学院出版社，1989 年，第 10 页。

② 蔡昉，《中国的二元经济与劳动力转移——理论分析与政策建议》，北京：中国人民大学出版社，1990 年，第 4 页。

果，工业部门会持续扩张，所能容纳的劳动力越来越多，这一阶段农业部门中那些边际生产率大于零低于制度工资的劳动力移向工业部门。大量剩余劳动力的移出将使农业剩余继续增多，可提供给工业部门的资金也继续增加，工业部门将继续扩张。在这一阶段，农业边际生产率已在农业部门的制度工资之上，但农业部门相对于工业部门仍是落后的，城乡差别仍未消失，劳动力转移的内在动力依然存在，因此，农业劳动力继续向工业部门转移，直到两部门劳动边际生产率趋于相等，二元经济宣告结束。费景汉、拉尼斯认为，传统的农业部门对经济发展的贡献不仅在于为工业部门提供剩余劳动力，还为现代非农业部门的扩张提供农业剩余，因此，他们提出，发展中国家二元经济的发展应该是两部门的平衡发展，这是其对刘易斯模式发展做出的重要贡献。同时，费景汉、拉尼斯认为，在劳动力转移过程中，随着农业部门边际生产率为零的劳动力的逐渐消失，劳动力进一步转移将会使农业总产出减少，要避免出现农产品短缺现象，最好的办法就是提高农业部门的劳动生产率，其中资本积累和技术进步是劳动生产率提高的关键。不同于刘易斯的将技术进步包含于资本积累之中，费景汉、拉尼斯认识到现实的经济生活中，有些技术只需要增加劳动而不需要增加资本，或只需要增加很少的资本。如农业生产率的提高可以通过增加劳动获得，如轮作、套种、深耕和良种等。因此，他们强调发展中国家技术进步的劳动偏向，认为发展中国家在选择和引进外国先进技术时一定要考虑本国劳动力丰富的特点。

费景汉、拉尼斯模型的缺陷是：其一，模型仍假定农业部门存在着剩余劳动力，而工业部门不存在失业，这一假定与发展中国家的实际不符。其二，模型中把工业部门的工资水平看作由农业部门的收入水平决定的，而农业劳动者的工资水平不会因农业劳动生产率变化而变化，这也是不合理的。拉尼斯—费景汉模式把工业部门与农业部门联系起来，建立了一个非农业发展模型，但该模式只论述了非农业经济发展过程与人口转移的关系，并没有回答发展中国家在各种约束下如何发展非农业经济的问题。

美国发展经济学家托达罗也对刘易斯模型提出了批评，指出了其三方面的不足：其一，模型中暗含的现代部门劳动力转移率和就业创造率与其资本积累率成正比是不完全正确的。托达罗指出，在资本家将其利润投入节约劳动力的设备上时，资本积累率的提高很可能不会带来现代部门劳动力需求量的增加。其二，模型关于农村存在剩余劳动力而城市则是充分就业的假设是不可靠的。托达罗指出，在当代发展中国家，不仅农村存在季节性和地区性失业现象，城市也存在大量失业现象。其三，刘易斯模型关于现代部门存在一个竞争的劳动力市场，它保证在农村剩余劳动力被完全吸收之前城市实际工资总是保持不变的假定是不真实的。托达罗指出："几乎所有发展中国家的城市劳动力市场和工资，最显著的特点之一就是，即使是在现代部门公开失业水平不断上升，农村中劳动力边际生产率很低或者为零的时期内，无论就绝对量还是相对于农村平均收入而言，城市工资都一直有大量增加的倾向。"① 托达罗强调，很多研究和事实均表明，剩余劳动力不仅存在于乡村，也存在于城市，城市失业率高于农村是多数发展中国家的实际情况，是这些国家城乡经济机会严重不平衡的结果。因此，尽管城市存在高失业率，迁移者做出向城市迁移的决策仍将是合理的。具体来说，托达罗的城乡劳动力转移模型包括如下基本内容：劳动力迁移是人们综合考虑了成本和收益的理性决策的结果；劳动力迁移决策取决于预期的而不是实际的城乡工资差异，其中预期差距是由城乡实际收入差距及城市就业率所决定的；获得城市高收入职业的可能性往往与城市失业率成反比；劳动力迁移的增长速度超过城市就业机会增长速度是可能且合理的。

托达罗还就解决发展中国家存在的城市高失业率和农村劳动力大量盲目流动问题提出了以下对策：第一，应尽可能地缩小城乡就业机会间的不平衡，适当放慢城市工资水平的上升速度，以免加重城市社会经济问题及造成农村劳动力短缺。第二，应有区别、有针对性地发展教育事业，尽量减少对教育的过度投资，尤其在高等教育方面。托达罗认为，劳动力迁移速度超过了城市创造新职位的速度，城市庞大的剩余劳动力存在时，支付同样工资条件下雇主偏爱较高学历者，造成劳动力"高消费"现象，显然是一种资源浪费。为改善上述情况，托达罗指出，发展中国家一方面应对教育体系进行全面改革，加强教育预算，根据国内实际需求改进课程内容，调整教育的供求；另一方面，调整经济不平衡信号及其对劳动力流动的刺激，修改根据文凭分配工作的制度，打破因对文凭过度要求所带来的对过度教育的强烈需求，量才用人，同时控制人才的大量外流。第三，结合运用旨在改变城市就业需求的经济政策与调整劳动力供给的政策。第四，考虑降低城市工资水平可能会遇到政治或其他方面的困难，需要对现代部门中的小型和中型劳动力密集型工业

---

① ［美］M. P. 托达罗著，于同申等译，《第三世界的经济发展（上）》，北京：中国人民大学出版社，1988 年，第 104 页。

进行审慎投资，以不断扩大就业机会，同时，修正政策，对农村进行综合性开发，降低因城市发展给农村劳动力带来的不必要刺激，以解决农业劳动力向城市过多迁移问题。[①]

显然，托达罗更多地承认城乡差距的现实并从政府干预的角度给出了缩小城乡差距的对策，其建议对一些发展中国家解决城乡差距与农村劳动力盲目流动问题具有较好的现实意义。但是，托达罗的研究并未从理论的层面深入探讨城乡差距的来源与演进，而且他似乎过多地强调了政府的作用，而忽视了市场的功能。

另外，美国经济学家乔根森（D. W. Jorgenson）在 1961 年还提出了一个新的基于二元经济结构的劳动力流动模式。该模式建立在农业剩余基础上，认为农业剩余的产生使总人口中的一部分可以从土地上分离出来，农业劳动力向工业部门的转移因而开始。并且，劳动力从农业部门向工业部门转移的规模与农业剩余的规模相适应，农业剩余在总农业产出中的比例等于工业部门的劳动力在总人口中的比例。农业和工业部门的工资水平都取决于技术进步率和资本积累率，由于技术进步率和资本积累率总是提高的，因此，工资水平是上升的。该模式重视农业剩余和技术进步，但其缺陷是，同样忽视了农业物质投资的重要性、城市失业问题等。另外，其粮食需求收入弹性为零的假定显然与现实不符。[②]

综上，二元经济理论对城乡差距的研究有重要的理论和实践意义。但是，该理论一个共同的缺陷是，他们都遵循着人的同质性假定，忽视了人力资本对经济发展的促进作用，认为劳动力不需要人力资本积累，简单地从农村向城市迁移就能实现产业的转变，这种观点是不符合现实的。这也是后来大多数发展中国家在实践中困难重重的一个重要原因。

历史上，大多数发达国家都经历了二元经济过程。然而，当许多发展中国家也选择这一途径，在少数大中型城市集中大量的资金、劳动、技术，进行工业化建设，希望实现二元经济现代化时，却困难重重。原因在于，从本质上说，非农业经济的巨大发展要以农业劳动生产率提高为前提。农业经济的发展可以为非农业经济发展提供必需的商品粮、原材料和广阔的市场。二元经济条件下落后的非农业经济难以有效地支持农业经济的技术进步和劳动生产率的提

① 赵秋成，《人力资源开发研究》，大连：东北财经大学出版社，2001 年，第 279～285 页。
② 陈宗胜主编，《发展经济学——从贫困走向富裕》，上海：复旦大学出版社，2000 年，第 261～262 页。

高，也难以为人口的非农化提供更多的就业职位，使得大量农业人口难以向非农业人口转化。因为发展中国家与先进国家的早期历史不同，发展中国家是在传统农业部门没有得到改造的情况下建立起现代部门的，此时传统部门十分庞大，城市的工业化无法吸收大批从农业部门转移过来的低人力资本的人口，相反大量资金、劳动力集中于城市，农业与工业以及城乡差距进一步扩大，二元经济结构不但没有削弱反而得到强化。而且，由于发展中国家现代部门提供的就业机会以及城市生活设施的增长赶不上城市人口的急剧增加，大批劳动力涌入城市，使城市中的失业、环境污染、交通拥挤、治安混乱等状况日益加剧。托达罗则认为西方发达国家当年面临的情况至少在两个方面与今天的发展中国家不同：第一，19 世纪西欧主要国家在进行工业化时，工业人口要比城市人口所占的比例大，从而有利于农村剩余劳动力的吸收。第二，西方发达国家在经济起飞时，能够将大量地移民海外作为剩余劳动力的出路。因此，所处历史时期的不同与国情的差异，使得发展中国家不能照搬发达国家的历史经验。[①]

此外，把发展中国家二元经济转换的过程与劳动力流动过程有机地结合起来，这与发达国家曾经走过的道路有一致的地方，对于发展中国家制定经济发展战略也有重要的参考意义。发展中国家向现代一元经济过渡，劳动力从传统农业部门向现代工业部门转移是经济发展的必然趋势，问题是如何使这种转移得以实现。20 世纪 70 年代以后，发展中国家开始尝试把工业化过程引入广大农村地区，发展以当地资源为基础并面向当地市场的小型劳动密集型工业，通过发展农村工业实现农村劳动力的就地转移，从而推动二元经济结构的转轨。这虽然付出了一定的代价，但有利于多渠道转移农村剩余劳动力。可以说，在中国也出现了很多成功的范例，如苏南模式、浙江温州模式等。

另外，值得一提的是，以杨小凯等为代表的新兴古典学派也对城乡差距问题进行了研究。在分工演进和城市发展过程中，城市的专业化水平总是增加得比农村快，因为城市里各专业之间交易效率比较高。所以，从自给自足向高分工水平发展时，不平衡的分工结构会出现，在这种所谓的二元结构中，农村人由于专业化水平较低，生产率较低，商业化水平和从市场得到的收入也较城里

① 李京文、张国初等，《现代人力资源经济分析——理论·模型·应用》，北京：社会科学文献出版社，1997年，第 74 页。

人低。该模型还认为，只要有城乡迁居的自由，真实收入会在城乡之间均等化。特别是随着交易效率的不断提高，社会向完全分工发展，而在接近完全分工状态，二元结构会消失，城乡之间不但真实收入均等，而且从市场得到的收入、商品化程度及生产率也会趋于均等化。[①]

新兴古典学派对城市的出现和城乡差别的演进提出了比较合理的解释，也给出了严格的证明。但是，杨小凯的结论与新古典经济学并无不同，他同样认为劳动力的自由流动会导致城乡收入均等，只是杨小凯引入交易效率的概念，且认为交易效率是决定分工与专业化水平的因素。劳动力自由流动显然不只是一个政策问题，广大的农村劳动力能够向城市迁移的一个重要前提是他们必须拥有城市劳动技能，必须进行人力资本投资或者说有"干中学"的机会，而不只是流入城市成为城市贫民。

## 2.4 区位论与区域经济学对区域差异的研究

### 2.4.1 区位论

#### 1. 杜能的同心圆模式

1826年德国经济学家 J. H. 杜能（J. H. Von Thünen）著名的《孤立国同农业和国民经济的关系》一书，成为第一个试图用科学的区位理论解释空间经济活动规律的经济学家，开创了用最低生产成本原则来探讨产业配置问题的理论学派。杜能认为，农业土地利用类型和农业土地经营集约化程度，不仅取决于土地的天然条件，更重要的是依赖于级差地租，而地租首先取决于特定农场到产品消费地（城市）的距离。为此，他提出了六个同心农业圈层，且认为离中心城市愈近，集约化程度愈高；反之，离中心城市愈远，经营越粗放。随着社会经济的发展和技术的进步，杜能的理论模式与现实的农业空间经济活动有了较大的偏差，但他创立的以成本探讨农业配置区域差异的理论思想至今仍具有重要意义。

---

① 杨小凯，《经济学原理》，北京：中国社会科学出版社，1998年，第319～320页。

## 2. 龙哈特和韦伯的工业区位论

德国学者 W. 龙哈特（W. Launhert）首先应用"区位三角形"的概念，以生产成本最低原则来分析理想的工业设厂地址。之后，到 1909 年，德国经济学家 A. 韦伯（A. Weber）在其《工业区位论》一书中创立了系统的工业区位理论。韦伯继承了杜能的思想，确认运输因素对工业区位配置的重大影响，并进一步提出运费是重量与运距的函数，理想的工业区位条件是生产与分配过程中消费与原料产地之间最小运费的地方。与杜能不同，韦伯在运费之外还增加了劳动力费用（工资）和集聚因素，并认为二者分别是对工业企业区位选择的"第一次修正"和"第二次修正"。韦伯认为，集聚一方面表现为工厂生产规模的扩大而带来的单位生产成本下降和利润增加，另一方面又表现为那些在生产或分配上有着密切联系或在布局上指向性相同的企业按一定比例、规模集中布局在特定的优势区位上会产生比分散布局更大的效益。韦伯对集聚的分析，在西方经济学中被引申为两个重要的概念，即规模经济和外部经济。[①] 集聚与分散问题，至今仍是区域经济学家研究的重要内容。

## 3. 以市场为中心的区位理论

韦伯结论的有效性是以市场因素对产品价格的影响近似于零为前提的。但事实上，市场因素影响着产品价格，企业生产成本与盈利水平没有一一对应的函数关系。为此，后来的学者创立了以取得最大限度利润为原则、以市场为中心的区位理论。其中主要有市场划分理论和市场网络理论。[②] 研究市场划分理论的有谢费尔（Shaffle）的空间相互作用理论，费特尔（F. A. Fetter）的贸易区边界区位理论，帕兰德（T. Palander）的市场竞争区位理论，罗斯特朗（E. M. Rawstron）的盈利世界理论和吉（J. Gee）的自由进入理论等。其中谢费尔引用牛顿万有引力公式来模拟两地的市场分界点，进而探讨两地相互作用关系的理论受到了许多学者的关注。研究市场网络理论的主要有克里斯塔勒（W. Chrastaller）的中心地理论和廖什（A. Losch）的区位经济学。克里斯塔勒和廖什的中心地和市场网模式，使区位论由生产扩展到市场，由局部扩展到

---

① C. P. 金德尔伯格、B. 赫里克，《经济发展》，上海：上海译文出版社，1986 年，第 173 页。
② 宋栋，《中国区域经济转型发展的实证研究——以珠江三角洲为例》，北京：经济科学出版社，2000 年，第 17～18 页。

一般，由单纯扩展到综合，成为一种较宏观的、静态分析的、以市场为中心的商业服务业和加工工业的区位论，从而使古典的区位论改观。克里斯塔勒的中心地方论对地理学尤为重要，他从解剖地域细胞开始，建立了中心地方体系，成为当代地理学数量化的先驱。[①]

## 2.4.2 区位论的新发展

二战后区位论的研究，有一些新特点：一是从单个厂商的区位决策发展到地区总体经济结构及其模型的研究；二是从抽象的纯理论模型，发展为应用性的区域模型；三是区位决策客体除工业、农业、市场外，又加进了包括运输业、商业、服务业、银行业、保险业、旅游业等的第三产业；四是区位决策不仅考虑节约生产成本、实现利润最大化目标，也考虑人们的居住、采购、出行、游乐等行为的效用最大化。二战后，对区位论及区域模型做出较大贡献的是以艾萨德、贝里、伯顿、D. M. 史密斯、C. A. 史密斯等为代表的美国学者，其次是以巴兰德尔、加里森、哈里斯为代表的挪威、瑞典学者，以奥特伦巴、博芬特尔为代表的德国学者和以哈格特、哈米尔顿为代表的英国学者。二战后区位论的发展，形成了两个相互联系又有区别的方向，区域科学方向和人文地理学的区域分析方向。[②]

## 2.4.3 新经济地理区域理论

新经济地理理论引入垄断竞争的蒂格利特—斯蒂格利兹模型，发展了一个两部门的核心—边缘结构模型。模型包括一个垄断竞争的制造业部门和一个完全竞争的农业部门，引入规模经济、运输成本和要素的可流动性之后，模拟分析表明，当运输成本较低时，会出现稳定的核心—边缘结构，但由于是收入差距导致了要素的流动从而导致核心—边缘结构的形成，所以也是要素的流动导致了个人真实收入差距的消失。[③]

新经济地理理论还发展了一些模型，如布瑞兹·E. S.、克鲁格曼·P. R. 和茨顿·D. 提出了一个两区域、两部门模型，其中"干中学"推动经济不平

① 陈雯、吴楚材、张为斌，"中国经济地区差异的特点及其演变趋势"，经济地理，1993（1），第16～21页。
② C. P. 金德尔伯格、B. 赫里克，《经济发展》，上海：上海译文出版社，1986年，第173页。
③ Fujita M.，Krugman P.，Venables A. J.，*The Spatial Economy*，The MIT Press，1999.

衡发展。而当一种新技术被引入时，它迅速被低工资地区采纳，于是出现落后地区迅速超过发达地区的"蛙跳"[①]，经济出现逆转，从而走上新的不平衡发展路径。

　　然而，在被称作"新产业区"的集聚空间中，克鲁格曼认为不重要的非物质联系（如信息、技术联系）、非正式网络等对于产业的集聚发挥极为重要的作用。在小批量、个性化和定制生产系统中，规模效应还有多大，关于垄断竞争市场结构的假定距离实际的经济状况有多远，也是新经济地理学理论模式被质疑的地方（事实上，克鲁格曼的研究常常被称为新地理经济学）。

**表 2-1　克鲁格曼的新地理经济学与新产业地理学的比较[②]**

| | 克鲁格曼 | 新产业地理学 |
|---|---|---|
| 外部效应 | 马歇尔式，尤其是劳动力共享，专家供应者的有效性"价格"市场规模效应 | 马歇尔式劳动力市场共享、专家供应者的有效性、技术和知识外溢三种类型的综合 |
| 集　聚 | 当地产业群区域间核心—边缘结构 | 基于手工艺的产业区高技术金融中心 |
| 竞　争 | 不完全竞争：垄断和寡头垄断规模经济 | 柔性专业化竞争范围经济 |
| 转移成本 | 运输成本，包括贸易障碍 | 交易成本 |
| 技术外溢 | 不典型，但在一些产业很重要，如本地化和国际化的技术外溢 | 对高技术产业群的创新成功来说是本地化的和基本的 |
| 劳动力市场共享 | 对抗风险的保险战略（对雇主和雇员来说都是） | 根植于本地社会的形式 |
| 产业群的社会和文化特征 | 难以正规化且假定了一个优先秩序，最好留给社会学家 | 成功本地化的关键前提条件 |

---

① Brezis, E. S., Krugman, P. R., Tsiddon, D., "Leapfrogging in International Competition: A Theory of Cycles in National Technological Leadership", *American Economic Review*, 83 (1993), pp. 1211~1219.

② Ron Martin, Peter Sunley, "Paul Krugman 'Geographical Economics and It' Implications for Regional Development Theory: A Critical Assessment", *Economic Geography*, 72 (Jul., 1996), p. 270.

**表 2-2 克鲁格曼的新地理经济学与新产业地理学中外部效应类型的比较**[①]

| 外部效应类型 | 在集聚中的应用 | |
| --- | --- | --- |
| | 新地理经济学 | 新产业地理学 |
| 马歇尔式外部经济 | 与市场规模效应（劳动力共享、专家集中供应）和内部规模经济相联系的本地产业群 | 与垂直分离和交易成本相联系的区域；技术外溢重要 |
| 不完全竞争条件下的知识和技术外溢 | 在一些产业重要，但不典型也难以模型化，"太时髦" | 不典型；现在大的生产者倾向于采用分散化和柔性的组织形式 |
| 价格外部效应（需求和供给中的外溢） | 通过市场规模、需求关系和运输成本相互作用实现大尺度的区域专业化和集中（核心—边缘结构） | 被典型地认为是马歇尔式；更多地强调非市场条件 |

显然，新产业区理论所强调而被新经济地理学所忽视的因素常常是无法进行数学模型化的因素。新经济地理学理论模式虽然受到质疑，但它还是在不断地发展。

## 2.4.4 新经济地理区域理论的新发展

以克鲁格曼为代表的新经济地理理论提出之后，引起了经济学界和地理学界的广泛关注，针对其为避免预期问题和多重均衡时让个人决策者短视的缺点，一些学者提出了修正和扩展的模型。如克劳斯·德斯梅特提出了一个两区域、两部门经济的模型，[②] 其中获取专业技能时本地化的外部效应导致了专业化和区域不平衡发展。模型中劳动是唯一的生产要素，但农业和制造业这两种类型技能的劳动是不完全替代的，在两个区域的个人具有完全预期，在出生时即进行不可逆转的农业或制造业技能投资，由于本地化外部效应的作用，在每个区域就业的制造业工人越多，初学者就越容易获得制造业技能。初始状态时制造业技能集中程度的细微差别将足以使经济开始不平衡发展，最终经济分化成一个富裕的制造业区和一个贫穷的农业区。模型中新技术的引入强化或者逆转了原来的发展方式：如果发达地区尽管有高工资但还有大批适合新产业发展

① Ron Martin, Peter Sunley, "Paul Krugman 'Geographical Economics and It' Implications for Regional Development Theory: A Critical Assessment", *Economic Geography*, 72 (Jul., 1996), p. 272.

② Klaus Desmet, "A Perfect Foresight Model of Regional Development and Skill Specialization", *Regional Science and Urban Economics*, 30 (2000), pp. 221~242.

的技术工人，则新产业将落户发达地区且区域财富差距将强化；否则，落后地区将以其低工资吸引新技术产业迁入，落后地区也随之超过原来的发达地区并获得领先地位。模型中尽管决策者具有完全预期，但仍然是历史决定了区域的发展路径，即历史积累的区域人力资源状况决定了发展的结果。

克鲁格曼及其以后的大多数新经济地理模型都是基于一个规模报酬不变的部门和一个规模报酬递增的部门，因此，模型通常的结论是集聚导致形成核心—边缘结构，核心区专业化于规模报酬递增的活动，边缘区专业化于规模报酬不变的商品的生产。考虑到规模报酬递增活动是由不同的部门组合而成的，而不同的区域可能在某些部门具有比较优势，则上述简单的核心—边缘结构的结论将不再令人满意。

事实上，现有的大多数文献都集中于生产集聚研究而很少直接涉及收入差异问题。而生产集聚不一定必然意味着人均意义上的区域收入差异。即使在现今大量出现的核心—边缘结构模型中，核心与边缘地带的差别也只是专业分工的不同而不是收入差异。克鲁格曼和维纳布尔斯在 1995 年提出的解释全球化和国家间不平等的模型，普高在 1999 年提出的运输成本变化驱动区域不平等变化的模型则是例外[①]。全球化和国家间不平等模型中假设劳动力从农业到制造业的转移为完全弹性供应，因而产业集聚对农业部门的工资没有影响。普高模型研究了区域一体化程度与生产结构和收入水平的区域差异之间的关系。模型认为，当经济一体化降低了区域间的障碍、融化了国家边界时，产业在空间上的集聚与分散以及相应的收入分配在空间上的差异取决于劳动力是否随着收入差异在区域间迁移。当贸易成本升高时，产业在区域之间分散分布以迎合最终消费者的需求；当贸易成本下降至中等程度时，递增报酬与迁移或厂商间的投入—产出联系相互作用使递增报酬的活动有集聚的倾向。产业的集聚倾向于提高有相对多的厂商的区域的工资，当劳动者向有更多厂商和更高的真实工资的区位迁移时，将在强化这种产业集聚的同时减低工资差距。相反，如果劳动者不在区域间移动，区域间工资差距将保持下去，此时，一体化与集聚的关系不再是单调的：贸易成本的降低使厂商对成本差异越来越敏感，将导致产业再次分散。普高模型考虑了有区域间迁移和没有区域间迁移的集聚的均衡特征，以及它们随着贸易成本而变化的过程。

另外，胡大鹏在 2002 年建立了一个空间集聚模型来解释中国的递增的区

---

① Diego Puga, "The rise and fall of regional inequalities", *European Economic Review*, 43 (1999), pp. 303～334.

域差异。[①] 模型表明，贸易条件的改善和城乡劳动力流动性的提高可能是中国沿海和内地收入差距扩大的原因。沿海地区在国际贸易中有地理优势，因而成为产业集聚的最初区域，而其领导地位在来自规模经济的正反馈机制作用下不断加强。沿海地区产业集聚的必要的劳动供应来自区域内的城乡迁移而不是区域间迁移。产业集聚的结果是，沿海和内地的收入差距在不断拉大。内地的区位劣势来自在国际贸易中更高的运输成本，而模型表明，国内贸易可达性程度的提高反而会使内地的情况变坏。该模型是针对中国现实将集聚与区域差异分析模型化的最早的成果之一，具有重要的理论意义。显然，虽然现有的大多数理论文献很少直接涉及收入差异问题，但是，仍然有着一些例外，本书也将成为这些例外之一。本书将人力资本引入模型，注重人力资本的内涵与形成，试图建立基于人力资本形成的区域经济差异模型。

① Dapeng Hu, "Trade, rural-urban migration, and regional income disparity in developing countries: a spatial general equilibrium model inspired by the case of China", *Regional Science and Urban Economics* 32 (2002), pp. 311~338.

# 第3章 人力资本及其经济含义

人力资本理论的提出，突破了资本同质性假定，而将人力资本引入经济学的研究范围，推动了经济增长理论和收入分配理论的发展，也拓展了经济学研究领域。人力资本的经济含义体现在个人收益提高，个人人力资本产权收益、社会经济增长等各个方面，体现在人力资本理论的整个研究体系中。

## 3.1 人力资本概念的提出与先驱者的贡献

在经济学史上，把人力明确当作资本是近几十年的事情，然而作为一种经济学说思想则源远流长。古典经济学家威廉·配第在 1676 年，就把作战中军人、武器和其他军械的损失与人的生命损失作了比较。他在分析劳动产品价值形成的过程中，也强调了人的作用，甚至认为人力和物质资本起着同等重要的作用，把人的"技艺"列为除了土地、物质资本和劳动以外的第四个特别重要的因素。其后，英国古典经济学家亚当·斯密在《国富论》中指出："工人增进的熟练程度，可和便利劳动、节省劳动的机器和工具同样看作社会上的资本。"另外，德国历史学派先驱李斯特、欧·费雪、H. 冯屠、马歇尔等都从不同的侧面对人力资本作了论述。[①] 第一次真正使用"人力资本"概念的是美国经济学家沃尔什，他在 1935 年出版的《人力资本》一书中，从个人教育费用、个人收益之间的对比关系来探索教育的经济效益，从而把人力资本概念真正纳入经济分析范畴。到了 1958 年 8 月，雅各布·明塞尔在《政治经济学杂志》上发表了题为"论人力资本投资与个人收入分配"的论文。[②] 随后，T. W. 舒尔茨也发表了有关人力资本投资的论文，[③] 但直到 1960 年舒尔茨就任

---

① 李忠民，《人力资本：一个理论框架及其对中国一些问题的解释》，北京：经济科学出版社，1999 年，第3～4页。

② Mincer, J., "Investment in Human Capital and Personal Income Distribution", *The Journal of Political Economy*, Vol. LXVI, No. 4 (Aug. 1958), pp. 281～302.

③ Schultz, T. W., "Investment in man: An Economist's View", *Social Service Review*, 33 (1959), pp. 109～117.

美国经济学会会长时发表其著名的演讲《人力资本投资》后，人力资本理论与研究才引起人们的广泛关注。

舒尔茨曾论论述说：对人类所有的能力，要么将它视为与生俱来的，要么将它看作后天习得的。每个人出生时都拥有一套特殊的遗传基因，它决定了这个人的先天能力。而后天习得的人类本性颇有价值，并可通过适当的投资得到增强。这种属性应被当作人力资本。舒尔茨明确提出了人力资本概念，认为人力资本是相对于物质资本或非人力资本而言的，是指体现在人身上的，可以被用来提供未来收益的一种资本，是指人类自身在经济活动中获得收益并不断增值的能力。舒尔茨的贡献在于以下方面。

第一，明确提出了人力资本概念，明确界定了人力资本投资的范围和内容，并对教育投资的收益率以及教育对经济增长和收入分配的影响做了定量的研究，构建起人力资本理论的概念性框架。

舒尔茨计算教育收益率的公式是：

某级教育投资收益率＝（某级教育毕业生平均年收入－前一级毕业生平均年收入）/某级教育人均费用×100％

舒尔茨对教育投资收益率的计算，原则上是与物质资本投资收益率一样的。按此公式，舒尔茨计算出美国初等教育、中等教育和高等教育的收益率分别为35％、10％和11％，然后按三级教育投资存量的比例加权，计算出美国教育投资的平均收益率为17.3％。再用这个收益率乘以教育投资增量，他得出美国1929—1957年教育投资在经济增长中的贡献率为33％。

舒尔茨将人力资本投资的范围和内容概括为五个方面：医疗和保健；在职人员训练，包括企业所采用的旧式学徒制；正式建立起来的初等、中等和高等教育；不是由企业组织的那种为成年人举办的学习项目，包括那种多见于农业中的技术推广项目；个人和家庭适应于变换就业机会的迁移。他认为通过向自身投资，人们能够扩大他们得以进行选择的范围，这是自由人可以用来增进自身福利的一条道路，而人力资本的价值由其所提供的服务之价值来决定，并非取决于它原来的成本。舒尔茨还认为教育改变了个人收入的分配，教育投资的增长会使总的工资收入比全部财产收入增长的幅度更大，而财产收入分配的不平等比个人劳动收入分配的不平等严重得多，所以教育投资的增长会减少个人收入分配的不平等。从而他提出了如下假设：人力资本投资的变化是减少个人收入不平等的基本因素。舒尔茨将不断增长的人力资本视为缓解收入不平等的一条出路，认为对公共教育日益增多的支持是这条出路得以实现的一个方法。[1]
舒尔茨还认识到，失业造成的劳动力闲置会使人力资本退化，给人力资本造成
损害，而且自由选择职业的障碍使某些类型的人力投资远非最优状态，如存在
某些技能投资过多的问题。舒尔茨还认为，在资本市场上，向人力投资提供资
金比向物质投资具有更大的不完善性，因此，他明确提出，对学生私人的和公
共的长期贷款是值得提供的。他还观察到了在适应人力价值增长过程中的制度
滞后，如在经济增长过程中产生的与工资动向有关的制度滞后，主要表现在内
部迁移、职业改换及对农村人的歧视上。如缺乏最佳的职业信息，在职培训与
其社会效益和成本不能保持平衡。他倡导采取公共行动，以减轻这种普遍的制
度滞后。[2]

第二，运用人力资本理论对所观察到的，用传统资本理论无法解释的许多
经济现象进行分析，为经济学研究注入了新思维。首先，对于产出增长率总是
大于资源增长率"索洛增长余值"之谜，舒尔茨认为，这有两种可能，一个原
因是规模报酬的递增，另一个原因是投入要素的质量改进，而后者起主要作
用，尤其是投入要素中的能力改进。"因为我们一直在使用的是被精练化和狭
义化了的资本和劳动之估算方法……大量迹象表明，人力资源质量的改进是经
济增长的一个源泉"（舒尔茨，1990）。其次，他认为用人力资本可以解答"里
昂惕夫"之谜，"资本富足的国家出口的却是劳动密集型产品，原因在于投入
这些商品中的劳动需要大量的人力资本"（舒尔茨，1990）。再次，根据传统理
论，资本—收入比率将随着经济的增长而提高，但统计资料表明这个比率在不
断下降，舒尔茨认为正是因为人力资本的增长不仅比物质资本而且比收入都
快，因而资本—收入比率是下降的。最后，传统理论无法解释战后工人工资大
幅度增长这一事实，舒尔茨认为这种增长正是来源于人力资本。

第三，从经济学角度对人的时间价值进行分析，认为有效分配和利用时间
的能力是人力资本的重要组成部分，"人的时间价值在低收入国家和高收入国
家之间存在着相当大的差距"（舒尔茨，1990）。指出人的时间价值的提高将会
产生一系列有利于人力资本形成的价格和收入效应。

第四，将关于贫困问题的理论纳入经济学的研究范畴，建立了"贫困经济
学"理论。舒尔茨十分注重对贫困问题的研究，在他看来，贫困的根本原因并

[1] Schultz, T. W., *The Economic Value of Education*, New York: Columbia University Press, 1963.
[2] 西奥多·W. 舒尔茨著，吴珠华等译，《论人力资本投资》，北京：北京经济学院出版社，1990年。

不在于"穷人的大量增殖",而在于人力资本的缺乏。"改进穷人的福利之关键因素不是空间、能源和耕地,而是提高人口质量、提高知识水平"(舒尔茨,1990)。其缺陷在于:他侧重宏观分析,忽视了微观分析,其理论缺乏微观的支持;他虽然指出了人力资本形成的四个途径,但只对教育做了深入分析,缺乏一个人力资本形成的一般模型;他只提出并研究了人力资本的形成,没有将人力资本全面地引入经济学分析框架。

贝克尔(Gray Becker)认为通过增加人的资源影响未来货币和心理收入的活动,称为人力资本投资。这种投资包括正规学校教育、在职培训、医疗保健、迁移,以及收集价格与收入的信息等多种形式。贝克尔认为学生学习期间有直接成本,如学费、书籍纸张费用以及其他费用支出(包括上学来往交通费用和住宿费用),同时还有机会成本。作为人力资本理论的奠基者之一,贝克尔的主要贡献在于以下方面。

第一,把人力资本理论研究引入家庭经济行为领域,为人力资本理论奠定了坚实的微观基础,尤其是对生育率的微观经济分析,具有重要的学术创新价值。在他看来,父母养育孩子是因为他们可以从孩子身上获得足够的效用,父母花在孩子身上的各种支出构成了孩子的养育成本。养育孩子的成本又可以分为直接成本和间接成本,直接成本表现为食物、衣物、保健、娱乐、上学等方面的费用;间接成本(又称机会成本)是指父母为养育孩子而丧失的各种收入。他认为,孩子的数量与质量有着某种替代关系。他运用人力资本理论给孩子质量所下的定义是"表现为孩子受教育程度和身体健康状况"(贝克尔,1987)。

第二,提出了家庭时间价值和时间配置观念。与传统经济理论对于时间的分析不同,他认为,时间既可以用于劳动市场的有报酬工作,又可以用于多种形式的无报酬工作,他将前者称为市场活动时间,后者称为非市场活动时间,这些时间同样具有经济价值。通过合理的时间配置,实现这两种时间的最佳组合,可以使消费者获得最大效用。

第三,把收集价格与收入的信息也作为人力资本投资的一项重要内容。

第四,特别关注教育和培训的作用。他把培训分成一般培训与特殊培训两种。通过一般培训所获得的知识和技能不仅对本企业有用,而且对其他企业同样有用。通过特殊培训所获得的知识和技能则具有企业专用性。因此他指出,不同的培训方式其费用支付方式也应该不同,接受一般培训的雇员是由自己支付培训费用,企业向受过一般培训的雇员支付和其他企业雇员同样的工资,而对受过特殊培训的雇员支付高于其他企业的工资。同时，企业还要支付相当大一部分的特殊培训费用，因为这种人力资本投入生产可以给企业创造更多的利润和更高的效用。

第五，他认为，人们要不要进行人力资本投资和投资量多少的决定性因素是这种投资的收益率。贝克尔根据新古典经济学"经济人"的假设，证明理性的"经济人"将使投资的边际收益等于资金的机会成本。因而，无论是物质资本投资还是人力资本投资，总有一种趋势使各种投资的边际收益率相等，实现广义均衡。

贝克尔分析了正规教育的成本与收益问题，并用美国教育收益的实际资料来证明其理论。以正规教育为例，贝克尔计算教育投资收益率的公式为：

$$C+X_0=\sum_{i=1}^{n}\frac{Y_i-X_i}{(1+r)^i}$$

其中，C 表示第 10 年的教育的直接成本，$X_0$ 表示受过第 10 年教育而放弃的收入，$Y_i$ 表示受过第 10 年教育的人的收入，$X_i$ 表示受过第 9 年教育的人的收入，n 表示受过第 10 年教育后可以赚得收入的总项数，r 表示第 10 年教育的收益率，i 表示所考察的年份。

根据该公式计算出教育的收益率，有助于个人做出是否继续上学的决定，或者做出是否继续进行人力资本投资的决定。

贝克尔弥补了舒尔茨只重宏观的缺陷，注重微观分析。他的缺陷是，其理论仍是典型的物质资本分析范式，缺乏对人力资本本质的分析，缺乏对人力资本全面的研究等。在其分析框架下，人们只需测算人力资本的投资收益率，从而决定是否进行人力资本投资或选择多少人力资本投资，分析过于简单化。[①] 在 20 世纪 90 年代，贝克尔还与合作者一起，发表了包含人力资本的经济增长模型，[②] 强调人力资本、生育率在经济增长中的作用，以及知识积累在分工深化和协调成本的均衡发展中的作用，成为新增长理论的重要组成部分。

爱德华·丹尼森的最大贡献在于，提出了经济增长因素分析法，将经济增长的余数分解为规模经济效用、资源配置和组织管理改善、知识应用上的延时

① 李忠民，《人力资本：一个理论框架及其对中国一些问题的解释》，北京：经济科学出版社，1999 年，第 7 页。

② Gary Becker, K. Murphy, and R. Tenure, "Human Capital, Fertility and Economic Growth", *Journal of Political Economy*, vol, 98, No, 5 (part 2. October 1990), pp. S12～S37; Gary Becker and Kevin Murphy. "The Division of Labor, Coordination Costs, and Knowledge." *Quarterly Journal of Economics*, vol. CVII, No. 4 (November 1992), pp. 1137～1160.

效应以及资本和劳动力质量本身的提高等。与舒尔茨不同,丹尼森不是通过分析国民收入的总增长额,而是从每年平均的经济增长率中,逐项推算诸因素所起的作用。他对用传统经济分析方法来解释经济增长时所产生的"余值"问题做出了如下解释:由增加教育量而形成的人力资源质量的提高不但促进过去和现在的经济增长,而且将进一步促进未来的经济增长。同时,他修正了舒尔茨的教育对美国经济增长的贡献率,计算出 1929—1957 年间美国经济增长中 23%的份额归属于美国教育,而非舒尔茨所讲 33%。

雅各布·明塞尔对人力资本理论的贡献主要在于以下方面。

第一,建立了广为采用的人力资本收益模型,从而发展了人力资本研究的一个分支。在 1974 年出版的《教育、经历和收入》一书中,他提出了著名的明塞尔收入函数:$\ln(Y) = a + bS + cE + dE^2 + \varepsilon$,成为后来研究者们进行计量研究时经常采用的一个经典函数。

第二,他用人力资本理论解释个人收入差别,认为收入差别之所以发生是因为个人在人力资本质量上存在差异。为了便于分析,他构造出具有极大工具价值的收入剖面图,反映随着年龄变化年收入移动的轨迹,即"收入的生命路径"。

第三,他还研究了在职培训对人力资本形成的贡献。在考察在职培训对终身收入模式的影响时,提出了"追赶时期"的概念,这一模型对于具有同样教育程度但在职培训量不同的个人同期组群显示了良好的经验预测能力。

第四,将人力资本理论与分析方法运用于劳动市场行为与家庭决策,提出了许多新的理论洞见(明塞尔,2001,译者序)。

另外,斯杰斯塔德分析了人口迁移对人力资本形成的影响,默希金分析了健康对人力资本的影响,等等。[①] 尤其值得一提的是,海克曼在 20 世纪 70 年代中期,在解决自选择问题上进行了方法论上的重大突破。[②] 著名的海克曼矫正法(又称两阶段法)影响十分深远。假设想利用个体数据估计工资关系,但只有参加工作的人员的工资数据。海克曼矫正法分两个步骤:第一步,根据经济理论建立一个模型计算出个体工作的概率;第二步,将这些预测的个体概率合并为一个额外的解释变量,与教育、年龄等变量一起建立模型,从而矫正自选择问题。这样,估计工资关系的方法在统计上就适当了。海克曼的研究成果

① 焦斌龙,《中国企业家人力资本:形成、定价与配置》,北京:经济科学出版社,2000 年,第 39~40 页。
② 詹姆士·J. 海克曼著,曾湘泉等译,《提升人力资本投资的政策》,复旦大学出版社,2003 年,第 5 页。

带动了经济学和其他社会科学领域的大量的实证研究。

先驱者们对人力资本理论和经济学发展的主要贡献如下。

第一，人力资本概念的提出，突破了资本同质性假定，丰富了资本理论。人力资本引入经济学后，不仅解答了"增长余值"之谜、"里昂惕夫"之谜，而且对国家（地区）之间的经济发展差距（见前一章的分析）、个人在收入分配上的差距等重要宏观经济问题做出了合理的解释。

第二，人力资本理论从内部和外部两个方面证实了人力资本投资有利于形成递增收益，克服了传统经济学要素"边际报酬递减规律"的局限性。

第三，以贝克尔为代表，人力资本理论者把经典的微观经济分析方法扩大到用于对人类非市场行为的研究，不仅极大地丰富了微观经济学的研究内容，拓展了这一领域的发展空间，更为重要的是，在研究人类行为的方法论上取得了重大突破。

第四，将人力资本引入经济学的研究范围，形成了教育经济学、家庭经济学和人力资源管理学，拓展了经济学研究领域，还推动了经济增长理论和收入分配理论的发展。

其不足之处在于：人力资本概念本身缺乏内在的规定性，人力资本理论侧重于一般性研究，未能坚持资本的非同质原则；人力资本理论研究了人力资本形成的途径，相对于教育和培训而言，对其他形式的人力投资的研究相对薄弱，尤其缺乏对"干中学"这个主要的人力资本形成途径的研究；人力资本理论对人力资本形成的研究侧重于经济因素，如人力资本投资，忽视了制度环境、文化等因素也有重大影响；人力资本理论的局限性突出表现在人力资本测度的困难上，虽然不少经济学家在测量人力资本方面做了很多工作，但至今还没有形成一个能融合全部人力投资的权威性指标及相应的模型，因而对人力资本的定量分析大多是不完整的。

## 3.2　人力资本与人力资源概念的辨析

由于人力资本理论的先驱者们对于人力资本概念本身缺乏内在的规定性，人力资源管理理论与实践开始之后，对于人力资本和人力资源概念的辨析成为长期困扰研究者的问题。中国自引入人力资源与人力资本这两个概念以来，理论界从未停止过对这两个概念的研究和讨论。但是在这些研究和讨论中，学者们对二者的内涵、外延、联系和区别的理解都莫衷一是。

在众多的讨论中，腾玉成等进行了较全面客观的综述。[①] 他们将对人力资本的定义归为六类。

（1）认同舒尔茨的定义及其发展。绝大部分学者都接受了舒尔茨的人力资本定义，即人力资本是体现在人身上的知识、能力与健康。有的学者认为应在此基础上，增加诸如首创精神、应变能力、职业道德、价值观、态度、兴趣等，强调人力资本是超越于自然劳动力所具有的一般性知识、智力、能力、素质之上的更高层次的知识、素质和能力。

（2）把人力资本看成一种投资或投资的产物。这也是源于舒尔茨、加里·贝克尔等人，如"人力资本是通过人力投资形成的资本，……通过增加人的资源影响未来的货币和消费能力的投资为人力资本投资"，"对于人力的投资是多方面的，其中主要是教育支出、保健支出、劳动力国内流动的支出或用于移民入境的支出等形成的包括五类有经济价值的能力的人力资本"。

（3）把人力资本分为若干等级或层次。如初级和高级两个层次，前者是指健康人的体力、经验、知识和技能，后者是指人的天赋、才能和资源被发掘出来的潜能的集中体现——智慧；有的主张分为主持型、支持型、参与型人力资本。

（4）从个体和群体角度定义人力资本。前者是指存在于人体之中，后天获得的具有经济价值的知识、技术、能力和健康等质量因素之和；后者是指存在于一个国家或地区人口群体的每一个人之中的，后天所获得的具有经济价值的知识、技术、能力和健康等质量因素之整合。

（5）把人力资本看成资本的一种。如"人力资本作为一种最重要的资本，也是最活跃的资本，……是人作为经济主体，创造财富和收入的生产能力"。"衡量人力资本是不是资本，关键在于：第一，是否有超过投资价值的价值产生；第二，这种超额价值是否为投资者所占有和支配。"

（6）把人力资本分为同质型人力资本与异质型人力资本。这是按人力资本所具有的不同的生产力形态得出的。前者是指在特定历史阶段中具有边际报酬递减生产力形态的人力资本，后者是指在特定历史阶段中具有边际报酬递增生产力形态的人力资本。

事实上，对于人力资本的定义还有很多，如"人力资本是指特定行为主体

---

① 腾玉成、周萍婉，"人力资源与人力资本"，山东大学学报（哲学社会科学版），2004.6，第 82～86 页。

为增加未来效用或实现价值增值，通过有益投资活动而获得的，存在于人体之中的知识、技术、创新概念和管理方法等综合的价值存量"[1]，强调人力资本是一种价值存量。如"人力资本是通过投资形成的体现于人身上的具有经济价值或心理收益的资本，它的表现形式就是蕴含于人自身的各种知识、技术、能力及健康素质的存量之和"[2]，认为人力资本具有经济价值或心理收益。又如"人力资本是指凝结在人体内，能够物化于商品或服务，增加商品或服务的效用，并以此分享收益的价值"[3]。这一概念侧重人力资本的产权特征，即人力资本投入企业时它的产权首先是所有权，人力资本具有市场性特征，它能促进社会生产率的提高和财富的增长，同非人力资本一样可以作为分享收益的手段。

在进行人力资本理论研究的学者中，还有一批以马克思主义经济学为出发点的研究者。莫志宏批判了其他研究人力资本的学者的定义，认为他们都是把人力资本视为一种孤立的物质予以定义，忽视了"资本"概念背后所承载的社会生产关系。他给出了如下的定义：人力资本是继工业经济之后与新的社会经济形态相对应的新的资本形式，它意味着向人投资而不是向物投资成为社会经济领域的主导现象，并且这种现象成为社会生产力发展的微观动力机制。[4] 笔者认为，虽然人力资本与技术进步一样，在不同的社会经济发展阶段确实有着不同的经济含义，但是不必过分地强调社会生产关系的影响。

腾玉成等认为，追溯到亚当·斯密、马歇尔、舒尔茨等人的思想渊源，他们的本来愿望都是把人力资本定义在"资本"的范畴之内，因此，要把舒尔茨有关人力资本的内容和资本的特征结合起来界定其含义，即人力资本是经过长期性投资形成的，体现于劳动者身上的，由智力、知识、技能和健康状况构成的资本。它主要包含以下几个方面的内容。

（1）人力资本是有别于物质资本的一种资本，是经过长期性投资形成的，它与物质资本同样具有资本的共性。

（2）人力资本是体现于劳动者身上的，由劳动者在劳动过程中所表现出来的智力、知识、技能和健康状况所构成。

（3）这种资本作为生产活动的投入要素在再生产的过程中能够不断形成价值的增值，具有再生性、主动性和增值性。

---

① 权锡鉴、刘静，"人力资源与人力资本的区分"，经济师，2004.10，第139～140页。
② 陆根尧，《经济增长中的人力资本效应》，中国计划出版社，2004年，第11页。
③ 侯鲜明，"论人力资本产权与公司治理改革"，经济师，2004.10，第26～27页。
④ 莫志宏，《人力资本的经济学分析》，经济管理出版社，2004年，第47页。

雅克·菲兹-恩兹认为，从商业术语的角度，可以将人力资本描述为下列因素的综合：一种在工作中显示的特性：智力、精力、一种综合的积极态度、可靠性、承诺；人的学习能力：天资、想象力、创造力，以及常常被称为"小聪明"（street smart）、悟性（或如何解决问题）之类的东西；分享信息和知识的动机：团队精神和目标取向。[①]

在此，笔者赞同一种比较宽泛的理解，即体现在个人或者团队身上的能够带来经济价值或者社会价值的知识、技能、态度与健康等，都可以称为人力资本。

滕玉成等将人力资源的定义也归纳为六种。

（1）人力资源是指能够推动整个经济和社会发展的具有智力劳动能力和体力劳动能力的人们的总和；

（2）人力资源是指一个国家或地区有劳动能力的人口的总和；

（3）人力资源是指具有智力劳动能力和体力劳动能力的人的总和；

（4）人力资源是包含在人体内的一种生产能力；

（5）人力资源是指能够推动整个经济和社会发展的劳动者的能力；

（6）人力资源是指一切具有为社会创造物质文化财富、为社会提供劳务和服务的人。事实上，关于人力资源的定义还有更多，如"本源意义上说，人力资源是指在一定时间空间条件下，现实和潜在的劳动力的数量和质量的总和"[②]。

滕玉成等认为，无论怎样定义，都不应该规避概念本身的起源和种属关系。1954 年，当代著名的管理学家彼得·德鲁克（Peter Drucker）在其《管理的实践》一书中首次提出了"人力资源"一词并加以界定。德鲁克当年提出"人力资源"一词，是他在讨论管理员工及其工作时引入的。在德鲁克的管理哲学思想中，最有价值的部分就是他把人当作企业最大的资源——"和其他所有资源相比较而言，唯一的区别就是他是人"，并且是经理们必须考虑的具有"特殊资产"的资源，这种资源拥有当前其他资源所没有的素质，即"协调能力、融合能力、判断力和想象力"。可见，德鲁克的初衷是把人看成一种相对于其他资源具有优势的"资源"，人力资源的素质是人的"特殊资产"。

腾玉成等认为，人力资源的定义应该考察德鲁克的原意并结合资源的经济

---

① 雅克·菲兹-恩兹著，尤以丁译，《人力资本的投资回报》，上海人民出版社，2003 年，第 2 页。

② 权锡鉴、刘静，"人力资源与人力资本的区分"，经济师，2004.10，第 139~140 页。

学本质，即人力资源是指已经投入和即将投入社会物质财富和精神财富创造过程的，具有体力劳动和脑力劳动能力的人的总和，主要由现实的人力资源和潜在的人力资源构成。他们认为，该定义强调了如下四点。

（1）人力资源是一种最活跃、最宝贵的资源，它既是一种天然资源，又是一种再生资源。人力资源是社会财富创造过程中的一项重要要素，离开了人力资源，也就无所谓社会生产，也就无所谓社会财富的创造。

（2）人力资源是一个集合概念，我们不能说某一个人是人力资源，就像一滴水不能说它是水资源，一瓶水也不能说它是水资源一样。

（3）可从质量和数量两个角度来认识人力资源，从数量上看，人力资源是指一个国家或地区内能够推动整个经济和社会发展、具有现实劳动能力和潜在劳动能力的人口的总和。从质量上看，人力资源是指一个国家或地区内的劳动者创造物质财富和精神财富的现实劳动能力和潜在劳动能力的总和，包括体力、知识、技能、经验等。但无论从哪个角度分析，都离不开劳动者，离开了劳动者，离开了劳动，都无所谓人力资源。

（4）一个国家或地区的人力资源有两种存在形式。一是现实的人力资源，即正在被使用的人力资源，即现实的具有劳动能力的从业人员；二是潜在的人力资源，即尚未被使用的人力资源，由劳动预备军、待业人口等组成。

腾玉成等还总结了对于人力资源和人力资本概念认识的几种误区。一是将二者混为一谈，不加区分；二是认为人力资本仅是企业中少数具有特殊能力的人，即核心技术人员和企业家，是人力资源中质量较高的部分；三是把人力资本看成人力资源的终结，认为人力资源可以通过投资发展形成人力资本；四是人力资源、人力资本与人力资产只是概念角度的不同，实际内容一样。他在一一驳斥了上述观点之后，对二者进行了如下区分。

（1）人力资源是具有体力劳动和脑力劳动能力的人的总和，人力资本是由劳动者的知识、智能和技能构成的资本，二者都是以人为研究对象的，都与劳动生产有关，离开了人，离开了劳动，二者都无从谈起。但人力资源是一种资源的形式，强调具有体能、智能和技能的人的资源性，这种资源性是可以得到不断进化、再生和流动的；而人力资本是一种资本形式，是一种生产要素，强调人的体能、智能和技能的资本性，其追求价值的最大化，支配和推动其他形式的资本发展。

（2）人力资源与人力资本在逻辑上是有联系的，但形成的前后顺序有区别。"人力作为一种先天遗传和后天机会与努力相结合形成的素质，并不必然是资本，它首先应是一种社会资源，只在特定的事件或行动中表现为社会资本。"除了先天失去或因各种原因后天失去劳动能力的人以外，人生来就具有潜在的体能、脑力，这样看来，人力资源是一种天然资源；同时人在成长的过程中，通过教育、培训、迁移等一系列投资行为，而获得知识、技能与经验，也就是获得了人力资本。正是由于这种投入，才形成了现实的人力资源。由此看来，人力资源是人力资本的载体，人力资源先于人力资本存在。但并非所有的人力资源都可成为人力资本的载体。那些潜在的人力资源，没有参加生产劳动就不能说它是人力资本的载体。人力资源的质量也有高低层级之分，其划分的依据就在于人力资本所能形成的价值增值有高低之分。同时，我们还应看到，人力资本也是不断发展，不断提高的。正是因为这样，企业在使用人力资源时，对其人力资本都有一个评估，这才出现了企业内与个人能力相匹配的各种职位分工。

（3）资源要体现它的生产性，资本要体现其增值性，所以无论是人力资源还是人力资本，都离不开生产劳动。作为人力资源的人只有参加劳动，才能体现他的劳动能力，而人力资本也只有在劳动者参加劳动，将其作为生产要素真正投入生产之后，才能实现价值增值。从这个意义上说，只有当人力资源中那部分现实的人力资源，在进行生产劳动时才能体现出其资本的特性。我们说开发人力资源，一方面，要通过再教育、再培训等不断提高现实人力资源的质量，增进其人力资本；另一方面，就是要通过基础教育、高等教育、技能培训等实现潜在人力资源向现实人力资源的转变，这同样要依靠对人力资本的投资。然而，从现实的人力资源开发活动和人力资本开发活动中，我们可以发现，开发人力资源主要属于管理学的研究范畴，强调的是人员的开发、使用和合理配置；开发人力资本则主要属于经济学探讨的范畴，注重的是人力的投资、收益和财富的增长。[①]

权锡鉴等根据资源与资本的关系对于人力资源与人力资本也给出了区分。资源（Resources）一词的意义一般是指某种可以利用、提供资助或满足需要的东西，泛指创造财富、带来福利的要素或手段。资本（Capital）的基本含义是：人们通过一定的投资活动而取得的获利手段。凡是将来能获得一定的利润或收益，而在目前一定时期内付出代价获得的所有物，都是资本。因此，权锡鉴等认为，资源与资本实际上是一种整体与部分的关系。资本是资源当中的一

---

① 腾玉成、周萍婉，"人力资源与人力资本"，山东大学学报（哲学社会科学版），2004.6，第82～86页。

部分，只不过是被加以特殊利用的那部分。人力资本是从人力资源中开发出来后，投入经济活动中并创造效益的那一部分。唯有人力资本才能盘活资金等有形资本，实现价值增值。从本质上说，人力资本是人力资源的一部分，是为具体行为主体使用并可以从中获利的那部分人力资源。[①]

王伟等也给出了辨析。他们认为，第一，人力资源与人力资本都是以人为研究对象，但侧重点不同。人力资源强调的是人所具有的知识、能力、素质和健康状况，人力资本强调的是人在获得知识、能力、素质和健康过程中的投入，是存在于人体中的能力和知识的资本形式。第二，二者的研究范畴不同。人力资源主要是以群体为研究对象，大到一个国家，小到一个企业，是一个宏观的、概括性的范畴。具有层次性，既包括自然人力资源（不经过任何教育与培训就拥有的劳动能力），又包括经过培训才能上岗的从事复杂劳动的劳动者的能力和知识。人力资本主要是以人的个体为研究对象。人力资本只是人力资源中全部教育性投资的凝结，仅指复杂劳动的能力和知识，不包括自然人力资源。第三，二者都具有动态性，但表现形式不同。人力资源具有外在直观性，知识、能力、健康可以表现出来，其动态性表现为可以通过调整、更新实现资源的转换。人力资本具有内在性，获取知识、能力、健康的投入无法直观展现出来，其动态性表现为可以通过不断投入实现增值。第四，二者强调的内容不同。人力资源是一种数量化概念，人力资本则是一种质量概念。人力资源强调劳动者的数量和健康状况，对劳动者素质重视不足，不注重劳动的非同质性。人力资本却强调劳动者素质，注重劳动的非同质性。第五，二者的经济意义不同。人力资源自然状况强，不能反映人的素质要素的稀缺性以及市场供求关系。人力资本是人力资源开发的结果，能够反映人的素质要素的稀缺性以及市场供求关系。因此，王伟等认为，资本是资源的转化，人力资本就是人力资源的转化，转化的数量决定人力资源开发的广度，转化的质量决定人力资源开发的深度。[②] 实际上，权锡鉴、王伟等代表了一类观点，正是以这样的观点为依据，才有"人力资源向人力资本的转变"的机制与措施之类的探讨。[③]

对于人力资本和人力资源的辨析，笔者基本上认同滕玉成等所进行的详尽分析，认为虽然都依托于人的主体，但人力资源是一个管理学角度的概念，而人力资本更多的是一个经济学角度的概念。人力资源是拥有各种技能、知识、

① 权锡鉴、刘静，"人力资源与人力资本的区分"，经济师，2004.10，第139~140页。
② 王伟、任利刚，"人力资源与人力资本的比较分析"，石家庄经济学院学报，2004.3，第293~295页。
③ 邵云飞、唐小我，"论人力资源向人力资本的转变"，软科学，2004.4，第78~81页。

态度和健康的人的总体，而人力资本是个体或者群体的人所拥有的技能、知识、态度、健康等，这些要素能够给主体带来收益。

## 3.3 人力资本理论的基本框架

人力资本理论首先要回答的问题是：人力资本与个人财富和收入的关系。这一问题最早的模型是由统计学家和科学家艾尔弗雷德·洛特卡与达布林给出的，赫尔曼·米勒对此作了修正。他们反复证实，人力资本与个人的收入之间存在紧密的有规则的联系，后来，这一可观察的事实被作为该理论的前提假定。人力资本的基本框架就建立在这一前提基础上。人力资本理论可以分为以下四个主要的研究方向：人力资本形成与计量研究、人力资本与经济增长研究、人力资本投资收益率研究、人力资本定价与产权研究。

### 3.3.1 人力资本形成与计量

国内学者对于人力资本投资与形成的研究根植于中国的现实环境，得益于对于中国"教育膨胀""大学生就业难""教育的区域差异"等教育现实问题的深层思考。

胡永远提出了劳动力市场的"岗位配给"、人力资本的"创造性替代"效应和"逆向选择"效应三个假说，并对其形成机制进行了阐述。[①] 所谓"岗位配给"，是指劳动力市场中"稀缺"的工作岗位不是通过价格机制来调节，而是采取"配给"的形式进行。"岗位配给"具有两个基本特征，一是劳动力市场不能出清，实际工资在均衡工资之上；二是岗位相对于"人"而言更加稀缺，因而个人不是在为工资竞争，而是为职位竞争。所谓"创造性替代"，是指在"岗位竞争"过程中，个人的人力资本既具有创造性作用又使得他人原有人力资本无形贬值为零的现象。因此，创造性替代可能导致人力资本投资"竞赛"，导致了低能者的防御性反应，从而出现人力资本市场的"逆向选择"，而"逆向选择"又进一步导致文凭的过度投资。他的假说，在一定程度上解释了中国目前人力资本投资过程中出现的难以解释的现象。如为什么毕业生求职难

---

① 胡永远，《中国居民人力资本投资研究》，长沙：湖南人民出版社，2003 年。

而人力资本投资需求不减；为什么国家花费巨大代价培养出的稀缺性人才，各个城市却不愿接收；为什么中西部人才稀缺毕业生却显得就业无门；为什么教育收费和毕业生就业率下降这些市场机制也不能进行有效调节。因此，他的研究既肯定了人力资本理论关于教育对经济增长具有重要作用的基本理念，又摈弃了其关于人力资本不存在市场需求约束的暗含假定，是对于人力资本投资与形成理论的一种有益补充。杨柳新认为，人力资本不仅仅是一个纯经济要素意义上的范畴，还涉及特定社会历史状态中人的社会特质和文化特质。因此，他在将人力资本范畴拓展为包含社会资本、文化资本的广义的人力资本——人文资本之后，提出中国人力资本成长因自然经济、计划经济和市场经济制度与知识环境的历史性变迁，呈现出三种质态迥异的模式："自然模式""计划模式"和"市场模式"。[①] 他通过深入考察三种模式的形成、动态运行的过程、社会经济效应，以及三种模式相互连接与转换机理，揭示了中国现代化转型与中国人力资本成长的内在关联。李忠民将博弈论引入人力资本形成分析中，从更微观的角度探究了人力资本形成中参与人之间的契约关系，给现行的人力资本形成制度安排提供了一种解释。[②] 薛新伟认为，人力资本增值过程是一个典型的复杂系统。他根据人力资本价值增值过程的特点，改造了传统投入产出表及求解模型，构造出了复杂系统——人力资本价值生产（增值）过程的数字描述模型，并讨论了计算域内人力资本价值总量的理论方法。[③] 上述的研究，从不同的角度出发，丰富了人力资本投资与形成理论。

　　人力资本的计量与测度，是一个长期以来一直困扰经济学家的问题，但至今仍未找到公认的好方法。目前大致有三类方法，即投入法、产出法和受教育年限法等。投入法用人力资本投资额指标来度量人力资本规模和水平。此种方法对数据的要求较高，而且受所选择指标的不同影响较大。但也有不少的研究采用此种方法。产出法用市场条件下不同人力资本所有者的预期货币工资来度量人力资本，该方法也由于数据较难获取而较少采用。受教育年限法用劳动者的受教育程度指标来代表人力资本存量，由于数据较易获得，是通常采用的方法。但是，该方法也有其局限性，如由于不同的教育阶段代表不同的人力资本含量，因此，不同教育阶段的权数问题令人困扰。同时，不同地域的教育质量不同，也使得不同地区尤其是不同国家的数据缺乏可比性。在跨国的比较研究

① 杨柳新，《人力资本与中国现代化——中国人力资本成长模式研究》，济南：山东大学出版社，2003 年。

② 李忠民，《人力资本：一个理论框架及其对中国一些问题的解释》，北京：经济科学出版社，1999 年。

③ 薛新伟，"人力资本形成的理论模型探讨"，科学管理研究，2005.1，第 100～104 页。

中，常见的方法是采用劳动力中小学教育水平以上的比重或者人口中的识字率数据，这种数据比较粗糙，难以直接度量人力资本存量水平。

李涛从教育、培训、科研开发、医疗卫生保健、劳动力迁移、社会保障六个方面的人力资本投资形式出发，选择 14 项指标，建立了一套综合指标体系作为度量我国城市人力资本投资状况的标准。运用主成分分析方法对我国 35 个大中城市人力资本投资进行了比较分析，并给出了各城市得分及排序。[①] 该方法虽然是一种有益的尝试，但显然只在所选定的样本空间内具有相对的价值，还不是一般的度量。

对于人力资本的度量，也出现了一些综合的方法。如边雅静、沈利生设计了一个能比较全面地反映人力资本存量的指标：

$$H=Lh=LEA$$

式中，H 为某地区人力资本存量，L 为某地区劳动者人数，h 为某地区单位劳动者的质量系数，E 为某地区劳动者受教育系数，A 为某地区人口平均预期寿命系数。

关于劳动者受教育系数，他们认为可以用劳动者的受教育程度来代替。同时，用简单的劳动者平均受教育年限来表示不太符合现实情况，因为各级教育的投入与产出都不是简单的、与受教育年限成比例的关系，因此应结合我国的实际情况，对各级教育赋予相应的代表值。通过对我国各级学校的生均教育经费支出的考察，发现基本满足这样的关系，即小学生均教育经费支出：初中生均教育经费支出：高中生均教育经费支出：普通高校生均教育经费支出＝1：1.7：4：22，因此，可以近似地将各级教育的投入来代替产出，赋予不同受教育程度人数以不同的权重，得到各地区按受教育加权的就业人数。即各地区按受教育加权的就业人数＝小学文化程度的就业人数＋1.7×初中文化程度的就业人数＋4×高中文化程度的就业人数＋22×大学文化程度的就业人数。接下来，可以将所得的数据转化成受教育程度系数。方法是：将所得的各地区的数据分别除以它们的最小值，从而得到受教育程度系数。

根据给出的指标，他们计算出 1990—1999 年，东部地区人力资本平均增速为 7.97％，而西部地区为 8.11％，但 1996—1999 这三年中，东部地区人力资本存量增长速度快于西部，分别为 11.36％和 8.08％。东西部在人力资本方面的差距在拉大，尤其是 1996—1999 年差距的增长速度也在增大。他们认为，

---

① 李涛，"我国 35 个大中城市人力资本投资实证分析"，中国管理科学，2004.4，第 124～129 页。

这体现了人力资本自身的特性，即累积的效应，如果其达到一定的规模，它自身将更快地增长，也将带动经济更快地增长。他们利用 1990 年和 1996—1999 年的数据，建立了东西部地区的两个由柯布—道格拉斯函数表示的生产函数模型。结果表明，东部物质资本存量对经济增长的弹性系数为 0.534，而西部为 0.626，东部人力资本对经济增长的弹性系数为 0.550，而西部为 0.384。东部人力资本对经济增长的推动作用大于西部，也大于物质资本的作用，这与西部人力资本存量的规模较低有直接的关系。此外，这说明加大西部人力资本投资力度的必要性，大规模的固定资本投入如果没有适度的人力资本与其适应，那么它对经济增长的推动作用是不可能持续的。[①]

在人力资本的衡量上，一直存在着难以解决的数据缺失问题。值得一提的是，陈钊等根据不完整的中国各地区人力资本和教育发展的数据，利用回归方法拟合生成了缺失数据，从而与已有数据一起构成了 1987—2001 年各地区的完整的人力资本和教育发展的面板数据。[②] 这项工作为进一步开展相关的区域经济的经验分析提供了两种度量人力资本和教育发展的指标。在估计的数据基础上，他们发现，中国各地区的教育发展水平还有一定的差距，这是造成中国地区间收入差距的重要原因之一。同时，由于各地的高等教育人口比重指标正呈现收敛的趋势，教育的持续平衡发展将有助于缩小地区间收入差距。

### 3.3.2　人力资本与经济增长研究

人力资本与经济增长研究是人力资本理论研究与发展的宏观方向。这一方向主要集中于人力资本在经济发展中的地位、人力资本对经济增长和经济发展的影响等问题的研究。20 世纪 80 年代中后期，人力资本引入经济增长模型，导致新增长理论的崛起。新经济增长理论的一个显著特点就是将人力资本视为重要的内生变量纳入经济增长模型，从人力资本角度揭示增长的根本原因，用人力资本差异重新阐释经济增长率和人均收入上广泛的国际差异。人力资本的引入解决了经济增长理论长期难以破解的"索洛增长余值"之谜，推动了经济增长理论的发展。关于新增长理论，上一章已有详细的介绍，在此不予赘述。

---

① 边雅静、沈利生，"人力资本对我国东西部经济增长影响的实证分析"，数量经济技术经济研究，2004.12，第 19～24 页。

② 陈钊、陆铭、金煜，"中国人力资本和教育发展的区域差异：对于面板数据的估算"，世界经济，2004.12，第 25～31 页。

人力资本的宏观研究方向已成为国外经济学领域中持久的热点，且日益融入主流经济学体系中，成为主流经济学的重要组成部分。国内的学者注重该方向的理论探讨与实证研究。陆根尧总结了人力资本在经济增长中的效应。[①] 他认为，从理论上分析，人力资本在经济增长中具有以下十大效应。

（1）人力资本的要素效应。即人力资本是生产过程中重要的投入要素，同物质资本及其他生产要素一样，缺之不可。

（2）人力资本的资源配置效应。指一个拥有较高人力资本的人正确地感知、及时地把握和迅速采取行动重新配置资源，以应付非均衡状况的能力。它可以包括开发新市场、引进新技术、适应新环境、抢抓新机遇等各种能力。

（3）人力资本的溢出效应。可以理解为一个拥有较高人力资本的人对他周围的人会产生更多的有利影响，提高他周围人的生产率，但他自己并不因此得到收益。还可以从人力资本投资的增加能够提高其他生产要素的生产率来理解。如明塞尔（1984）的研究表明，人力资本投资增加可以提高物质资本的边际生产率，从而提高整个生产过程的生产效率。巴罗和马丁（1992）的研究也表明，人力资本投资增加，可以使物质资本的边际生产率下降趋势减缓。

（4）人力资本的互补效应。指人力资本与物质资本及其他要素之间具有互补关系。

（5）人力资本的再生产效应。指人力资本不仅是物质生产的生产要素，而且是再生产人力资本的生产要素，即人力资本可以再生产人力资本。

（6）人力资本的收入引致效应。指人力资本存量水平提高将会引起个人收入的增加，从而导致消费需求的增长、消费市场的扩大，进而又给投资带来更多的机会和更强的刺激，因此从消费需求和投资需求两方面促进经济增长。

（7）人力资本推动科技进步的效应。

（8）人力资本的吸纳效应。指丰富的人力资本在世界范围内吸纳和组合各种生产要素以弥补本国资源的不足，从而为推动经济更快增长创造了条件。

（9）人力资本的结构效应。指人力资本通过促进产业结构、收入分配结构的调整，从而推动经济更快增长。

（10）人力资本升华精神、意识的效应。人力资本存量水平的提高有利于改善人的精神素质，更新思想观念，从而为经济增长和发展提供强大的动力。

陆根尧认为，人力资本在经济增长中的效应具有以下特点：一是效应的全

---

① 陆根尧，《经济增长中的人力资本效应》，中国计划出版社，2004年，第86～95页。

面性，即人力资本可以影响促进经济增长活动的各个领域和不同的环节；二是效应的持久性；三是效应的时滞性，即人力资本投资在一定时期内可能只有投入而没有产出；四是作用的间接性，即许多效应是通过其他因素而间接发挥作用的。

实证研究的成果主要集中在现实经济中人力资本对经济增长的贡献的研究。

叶翔等以我国 31 个省、市、自治区（未含港、澳、台地区）为实证研究样本，运用主成分分析法和多元线性回归法探求人力资本对我国经济产出的作用。结论为，物质资本与人力资本投入对其经济产出的作用指数分别为 0.839 和 0.238。运用同样方法和相应数据，对东部地区、西部地区人力资本投入指数及人力资本投入对区域经济产出作用进行比较分析，结果显示：东部就业人口的人力资本平均水平较西部高 43.5%，东部人力资本投入对经济产出作用高于西部 76.6%，人力资本投入对其经济产出的作用指数分别为 0.339 和 0.192。[①]

王宇等应用协整性分析和因果关系检验法对我国人力资本与经济增长之间的关系进行了研究，在假设正规教育是提高人力资本存量的基本机制下，检验了我国教育结构变量、总体变量与国内生产总值之间的长期关系。研究结果表明，各教育变量与国内生产总值之间存在长期的协整关系，同时义务教育的普及和具有高等学历劳动力比重的增加大大推动了我国的经济发展；反之，经济增长又在很大程度上促进了我国中、高等教育事业的发展。但是，我国政府对教育投入不足，并且教育投入在不同教育层次、不同地区之间分配不均，最终导致教育投入的实际效用低下等方面仍存在着许多问题亟待解决。[②] 关于人力资本对经济增长年的研究成果还有很多，在此不一一列举。

### 3.3.3　人力资本投资收益率研究

人力资本投资收益率可以从个人、社会以及企业的层面来研究，该研究方向是贝克尔研究的延续与发展。一方面，通过建立收益率函数，比较不同教育程度、不同工作、不同社会背景人群的收益，对个人收入及其职业选择的微观

---

① 叶翔、陈晓剑，"人力资本对我国经济产出作用的测度"，价值工程，2004.6，第 4～8 页。
② 王宇、焦建玲，"人力资本与经济增长之间关系研究"，管理科学，2005.1，第 31～39 页。

决策进行研究，同时对个人和社会的人力资本投资收益率进行研究。另一方面，从企业的角度，认为企业的人力和物力投入都是资本投入，研究企业人力资本投资的收益率。

在此，要区分这两种类型的人力资本投资的概念。一种是从个人或者社会的角度，对人进行教育、培训等投资，增进主体的人力资本存量，从而增加人力资本的收益，这是通常意义上的人力资本投资；另一种是从企业的角度，将企业的人力和物力投入都算作投资，因而员工的工资、福利等相对于物质资本投资来说是一种人力资本投资，这种投资能给企业带来收益。虽然员工也能通过"干中学"增加人力资本，也能随着这种人力资本的积累增加收益，这种"干中学"对于员工来说是一种人力资本的形成与增加的过程，但是对于企业来说，员工人力资本的增长只是一种副产品。企业的本意与侧重点不在于此，而在于付给员工工资和福利，与付出资金购买原料、设备一样，这种投入有一个回报率与效率的问题。在这个意义上，我们研究企业的人力资本投资的收益率。因此，在这个时候，个人和企业的视角不一样，对于二者来说，人力资本投资有着不同的含义。当然，当企业给员工培训时，企业也可以考察培训活动的收益率，这时，对于员工来说，通过培训增进了人力资本，不管培训的成本是由谁出的，员工都能得到收益。对于企业来说，如果企业付出培训成本，它也能从员工技能提高或效率提高中获得回报，可以计算这次投资活动的收益率。此时，人力资本投资就是典型意义上的人力资本投资。

对于从个人或社会的角度进行的人力资本投资收益率的分析，出现了较多的成果。对于人力资本投资收益率的研究，集中表现为教育投资收益率的研究。该研究也成为教育经济学的一个重要组成部分，教育经济学领域在国内外出现了大量的实证研究。G. 萨卡罗坡洛斯、B. 杰恩的研究很具代表性，杰恩1991年的研究分析了世界100多个国家教育投资的收益率，得出了教育投资收益率随经济发展水平提高呈现先升后降变动趋势的结论，进一步证实了舒尔茨等人关于初等教育收益率高于高等教育收益率的观点。萨卡罗坡洛斯（G. Psacharopoulos）1994年对62个国家的教育投资报酬率进行了测算和分类比较。格罗姆（Gerhard Glomm）则在1997年研究了数十个发展中国家的教育状况（Gerhard Glomm，1997）。对于教育是否能缩小收入差距的问题，国外的学者们也作了大量的经验研究。如凯文·希尔维斯特在其最近的研究中[①]，采用了多国的横断面数据，其经验研究表明，公共教育支出与收入不均等程度负相关，而且在高收入国家表现更为明显。因此，他认为在一国之内，将更多的资源投入教育是缩小收入不均等程度的一个途径。

20 世纪 80 年代后期以来，关于中国教育投资收益问题的研究成果也大量出现，如 D. T. 杰米逊和 J. V. D. 盖格（1987）、奈特（Knight）和宋（Song）（1991）、E. N. 约翰逊和 G. C. 邹（1997）、李（Hai Zheng Li）（2003）等多位海外学者对我国不同时期的城乡教育投资收益率进行过研究。国内李实和李文彬 1994 年的研究成果（《中国教育投资的个人收益率的估算》，载赵人伟等《中国居民收入分配研究》，中国社会科学出版社，1994）、诸建芳等人 1995 年的研究成果（《中国人力资本投资的个人收益率研究》，载《经济研究》，1995.12）及赖德胜 1998 年的论文（《教育、劳动力市场与收入分配》，载《经济研究》，1998.5）等，均是颇具代表性的研究。

除了投资收益率研究之外，更多中国学者的研究深入各个细分的人群，深入影响各个细分人群收益原因的探讨。

罗良针等以江西省农村状况为例，通过回归分析，表明教育人力资本投资对农民增收有巨大效应，农民受教育程度与农民收入特别是非农收入成正比。由于非农收入将越来越成为农民总收入的主要构成部分，因此，教育对于农民增收的作用可见一斑。[②]刘华等利用财政教育投入、民间教育投入、适龄人口规模为解释变量的柯布—道格拉斯生产函数建立了我国人力资本生产函数，并利用 1985—2001 年的数据对这一函数进行实证分析，发现财政性教育投入对人力资本的产出弹性为正，且中等教育的弹性最大。[③]

陈成文等在 2003 年和 2004 年连续两年在中南地区进行了"大学毕业生择业观念与行为"的调查。结合 Logistic 模型和多元线性回归模型，发现大学毕业生人力资本诸要素对其就业机会的获得与就业后初次收入的影响不同。外貌条件、所学专业只对大学毕业生就业机会的获得有较小影响；而工作经历、工作能力对大学毕业生的就业机会获得和初次收入均有显著影响。因此，他们认

---

① Kevin Sylwester, "Can Education Expenditures Reduce Income Inequality?", *Economics of Education Review* 21 (2002), pp. 43～52.

② 罗良针、张莹，"教育人力资本投资对农民增收效应的实证分析——以江西省为例"，企业经济，2005.1，第 112～114 页。

③ 刘华、鄢圣鹏，"财政性教育投入对人力资本形成的实证分析"，财贸经济，2004.9，第 65～67 页。

为，高校必须拓宽专业口径，培养综合性人才，增强大学生的就业机会。政府必须大力发展经济，高度重视劳动力市场建设，增强社会对大学毕业生的吸纳能力，才能有助于大学毕业生就业问题的有效解决。[①] 虽然该项研究样本数据的采集只是在中南地区，但还是在相当程度上反映了当前大学毕业生就业和收入的状况。同时，该研究也充分表现了人力资本的异质性，说明将教育看作一个黑箱，只关心统计数据中受教育年限的观点是不充分的，教育的内涵还需要充分地挖掘，教育界与产业界还需要充分地联系、沟通与合作。

陈成文等2004年还在长沙市进行了"人力资本、社会资本与城市农民工就业调查"。他们将城市农民工的人力资本归类为先赋因素和自致因素：先赋因素包括性别、年龄、健康状况、父亲政治面貌和父亲职业声望，自致因素包括文化程度、普通话水平、工作经历、职业技能和本人政治面貌。通过多元线性回归分析，发现人力资本、社会资本与城市农民工就业有一定的关联性：城市农民工的先赋因素对其职业声望的影响有限，相反，自致因素的作用十分显著，突出表现在工作经历和职业技能的积极影响上；原始社会资本（强关系）更多地与城市农民工的生活满意度相关，而新型社会资本（弱关系）则更多地与其职业声望相关。陈成文等认为，从人力资本和社会资本对城市农民工就业的影响来看，要有效地解决城市农民工的就业问题，必须高度重视城市农民工的职业技能培训，认真构建城乡统一的劳动力市场，积极营造良好的城市农民工就业环境，努力完善城市农民工的社会保障体系，大力加强非政府组织建设。[②]

除了通过经济计量的方法进行实证研究之外，也有学者通过调查访谈的方式进行更细致的个案研究。如阚祥才从湖北省仙桃市城区三个办事处2461家低保户中随机抽取了40户家庭，对这些家庭进行了深入的访谈，发现城市贫困家庭劳动者的人力资本存量低下是其家庭贫困的重要原因。因而，他认为，加大人力资本投资，提高劳动者的人力资本存量，是解决我国当前城市贫困问题的根本途径[③]。而王世忠等对一个贫困县进行了细致的田野调查，得出了不

① 陈成文、谭日辉，"人力资本与大学毕业生就业的关系——基于2003、2004届大学毕业生的实证研究"，高等教育研究，2004.6，第31~35页。

② 陈成文、王修晓，"人力资本、社会资本对城市农民工就业的影响——来自长沙市的一项实证研究"，学海，2004.6，第70~75页。

③ 阚祥才，"人力资本与城市家庭贫困的关系研究——对湖北省仙桃市城市贫困家庭的实证考察"，广州广播电视大学学报，2004.2，第42~46页。

一样的研究结论。[①] 被调查的英山县位于鄂东大别山区，是革命老区，国家级贫困县。为了探讨如何通过农业职业教育为农民增收做贡献，英山县在1992—1996 年开展了"职教兴农模式实验研究"。作为湖北省教育科学"九五"规划重点课题，此项实验取得了丰硕的成果。《职教兴农模式实验研究报告》说，参加实验的 7 个乡镇，人均纯收入由 1992 年的 509 元上升到 1996 年的 1461 元，英山县在全省经济指标排名，由 1992 年的 60 位上升到 1996 年的 36 位，职教兴农为全县经济综合实力增强起到了积极的推动作用。王世忠等做了大量的走访与调查，发现曾经取得辉煌成就的英山县农村职业教育已无力"兴农"，并面临被淘汰出局的危险，表现在下面几个方面：首先，学生人数锐减。1992—1996 年，英山县每年毕业于农学专业的学生将近千人，而现在每年毕业学生不过二十几人，农村职业教育出现了严重的滑坡；其次，学生选择农学是因为"农学容易考本科"。农业职业教育已不再是真正意义上的职业教育，而是蜕变成了和普通教育没有本质区别的"应试教育"；再次，专业技能水平掌握差；最后，毕业后急于脱离农业。王世忠等在进一步深入调查的基础上，得出的结论是：英山的个案研究表明，目前阻碍农业发展的瓶颈因素并不是农民的农业技术水平低下，受到土地规模和农业风险的制约，单纯的农村职业教育并不能把传统农业改造成现代农业，并不能使农业成为农民稳定的收入来源。比较一下上述两个案例可以发现，二者调查的对象不一样，前者是城市贫困人口，作者得出了人力资本存量低与家庭贫困的直接关系。而后者调查的是形成人力资本的农村职业教育，结果是农村职业教育出现严重滑坡，文中接受职业教育的是学生而非在业农民，这只能说明学生对于农业专业教育的需求不足，相对于中国农业劳动力过剩的国情来说，这应当是正常的选择。对于农村劳动力来说，职业培训能否提高劳动生产率、实现农民收入增长是一个需要进一步证明的问题。

近年来，对于企业人力资本投资的收益率研究成为人力资本理论的一个重要发展方向。1965 年，罗杰·赫曼逊提出一种测定一个人对组织的价值大小的方法。这一方法，与密歇根大学社会研究院的科研工作一起，为后来被称为"人力资源会计学"（HRA）的研究奠定了基础。1999 年，在美国，要求实行普通会计学改革的呼声日益高涨，例如包括非财政性的数据和报告应当"实

---

① 王世忠、王一涛，"对人力资本理论的一个验证——湖北省 Y 县'职教兴农模式'的调查与思考"，教育与职业，2004（31），第 21～23 页。

时"（real time）进行等。在美国，目前的员工成本可达企业总开支的40％以上，因此，衡量人力资本中的投资回报非常必要。在布鲁金斯和胡佛研究所（Brookings and Hoover Institutions），寻找人力资本评估的研究一直在进行，这将拓展福莱姆·霍尔兹、巴鲁克·列夫及其他学者的研究成果，并提高我们评估人力资本的知识和能力。数十年来，学者们和管理者们为解决评估人力资本的难题刻苦研究，雅克·菲兹-恩兹为这一伟大艰难的研究带来一线曙光。在此，简要地介绍一下雅克·菲兹-恩兹的人力资本投资回报的研究框架。[①]

考虑人力资本的财务收益的第一步，是修改以雇员平均收益为准的衡量指标，改为人力资本收益系数（HCRF），该系数将企业雇员概念改为全职当量（Full-Time Equivalent，FTE，一个FTE相当于一个全职雇员单位时间的工作量），即平均每个全职当量（包括全职、兼职和临时劳动时间）的收益。

第二步，构建人力经济增值概念。所谓"经济增值"（Economic Value Added，EVA）术语是近来由斯特恩·史蒂华机构（the Stern Stewart Organization）提出的，定义是"营业税后经利润，减去资本成本"。这一衡量标准的目的，是确定各项管理行动是否实实在在增加了经济价值。"经济增值"除以"全职当量"，便可以表示人力资本方面的增值。

人力经济增值（HEVA）＝（营业税后净利润－资本成本）/全职当量数（FTEs）

第三步，构建人力资本成本系数（HCCF）。人力资本的主要成本有四项：雇员的薪资与福利成本、临时工的薪资成本、缺勤成本和人员流动成本。

第四步，计算人力资本增值（HCVA）。通过减去除薪资与福利之外的企业所有开支，得出一个经过校正的利润数字。用扣除了非人力开支即校正后的利润数字除以全职当量，得出的就是每个全职当量的平均利润。

人力资本增值（HCVA）＝[收益－（各项开支－薪资与福利）]/全职当量数

第五步，计算人力资本投资回报（HCROI）。是从投向雇员薪资与福利方面的金钱所创造的利润这一角度，来考虑投资回报的。

人力资本投资回报（HCROI）＝[收益－（开支－薪资与福利）]/薪资与福利

当我们将经过校正的利润数值除以人力资本的各项成本（薪资与福利）时，就发现了投向人力资本薪酬（不包括培训等）方面的每一元钱所创造出的利润数量。

---

① 雅克·菲兹-恩兹著，尤以丁译，《人力资本的投资回报》，上海人民出版社，2003年。

雅克·菲兹-恩兹说道："我们都希望控制成本，也需要控制成本，以保持竞争力，但真正的机遇在于操控对收益和利润的贡献程度。我们只能把成本削减到这个地步了。不过，创造更大收益的空间总是有的，而人力资本管理同样带领我们沿着这种发展空间走下去。"

1996 年，卡普兰与诺顿出版了集毕生研究之大成的著作《平衡记分卡》。其理论前提是：标准会计学（Standard accounting）过于封闭狭隘，只侧重财务绩效。他们提出，应当把诸如学习和成长、客户以及业务流程等方面的主题加到财务数据中去。其后，平衡记分卡成为一种非常流行的管理手段。受其启发，雅克·菲兹-恩兹开发了一个企业范围的人力资本记分卡。

表 3-1　企业人力资本记分卡样本（引自雅克·菲兹-恩兹）

| 财　　务 | 人　　力 |
| --- | --- |
| 人力资本收益 | 管理人员百分率 |
| 收益除以全职当量数 | 管理人员全职当量（FTE）的数量，占整个全职当量数的百分比 |
| 人力资本成本 | 临时劳力百分率 |
| 薪资、福利、缺勤、人员流动以及临时劳力成本 | 临时劳力全职当量数，占整个全职当量数的百分比 |
| 人力资本投资回报 | 就业增长率 |
| 收益减去（各项开支减去全员劳动力成本），除以全员劳动力成本 | 替换雇用的人数与新设职位的雇用人数，占职工总数的百分比 |
| 人力资本增值 | 离职（损耗）率 |
| 收益减去（各项开支减去薪资与福利），除以全职当量数 | 自愿和非自愿离职人数，占整个企业人数的百分比 |
| 人力经济增值 | 总劳动成本收益百分率 |
| 营业税后的利润，减去资本成本，除以全职当量数 | 全员劳动力各项成本占总收益的百分比 |
| 人力资本市值 | 雇员开发投资 |
| 市值减账面值，除以全职当量数 | 所有人员教育、培训和开发项目的成本占整个薪资支出的百分比 |

平衡记分卡模型的问世，为组织和监控人力资本信息开辟了一个新途径，虽然当初开发记分卡的概念是为了研究在标准财经报告中被忽略的因素。雅克·菲兹-恩兹采用平衡记分卡隐含的概念，创造出另一个记分卡的人力资本

版本。该人力资本记分卡由四个象限组成，每个象限专门针对一个基本的人力资本管理行为：获得、维护、开发、挽留。人力资本记分卡主要关注近期或当前的事件。

表3-2　人力资本管理记分卡样本（引自雅克·菲兹-恩兹）

| 获　得 | 维　护 |
|---|---|
| 每次雇用人员的成本<br>填补职位空缺所需时间<br>新招聘人员数量<br>人员补充数量<br>新招聘人员质量 | 劳动力总体成本占营业费用的百分比 *<br>每位雇员的平均报酬<br>福利开支占薪资册中的百分比<br>与每个全职当量（FTE）收益相比的平均绩效分值 |
| 挽　留 | 开　发 |
| 总体离职率<br>自愿离职率：管理人员与非管理人员<br>按服务期长短计算的管理人员离职率<br>最高管理层中管理人员的离职率<br>人员流动成本 | 培训成本占薪资比例<br>提供的培训总小时数<br>每位雇员受训的平均小时数<br>按职能部门划分的培训小时数<br>按职位群体划分的小时数<br>培训的投资回报 |
| 工作满意度 | 员工士气 |

*劳动力总成本中包括临时劳动力成本。

可以说，关于人力资本有效性的测量方法是一个相当突出的问题，这正是由于企业的财务报告中缺乏这样的衡量标准。推出平衡记分卡后，这一最重要的资源才得以引起重视。人力资本的企业记分卡的推出，为企业管理者提供了一种按客观概念管理企业人力资本的方法。

同时，雅克·菲兹-恩兹所在的萨拉托加研究所花了近20年的时间运用如下的模型，进行内部绩效评估和外部市场效果评估。变化的五项指标提供了充分的机会去监控、评估和汇报这种变化。他认为，首要、最终和唯一重要的问题是，变化是否实现了增值。

表3-3　人力资本绩效模板样本（引自雅克·菲兹-恩兹）

| | 人力获得 | 人力维护 | 人力开发 | 人力挽留 |
|---|---|---|---|---|
| 成本 | 每次雇用人员的成本 | 每份薪金的开支每项 EAP * 的开支 | 每位受训者的成本 | 人员离职率成本 |
| 时间 | 填补职位空缺的时间 | 反应时间 | 单位受训小时的成本 | 按服务期长短计算的离职率 |

续表

| | 人力获得 | 人力维护 | 人力开发 | 人力挽留 |
|---|---|---|---|---|
| 数量 | 雇员数量 | 员工权益要求处理时间 | 受训人数 | 自愿离职率 |
| 差错 | 新员工雇用率 | 处理差错率 | 所掌握的技艺 | 稳定水平 |
| 反应 | 经理满意度 | 雇员满意度 | 受训者反应 | 离职原因 |

EAP＊，即 Employee Assitance Program，雇员援助计划。（指雇主针对诸如酗酒、赌博或压力等心理问题而向员工提供咨询或治疗的正式计划——译者著）

雅克·菲兹-恩兹的人力资本投资回报研究和人力资本记分卡方法值得中国企业认真借鉴，以提高运用人力资本的效率。

### 3.3.4 人力资本定价与产权研究

人力资本理论提出之后，在 20 世纪 80 年代学术界开始研究人力资本对企业理论和公司治理结构的重大影响。20 世纪 80 年代由斯蒂格利茨等学者提出的利益相关者理论认为，企业的目标函数不只是股东利益最大化，而应照顾所有利益相关者的利益。但该理论只是从利益分配的角度将经营者、员工等人力资本所有者作为企业控制者之一，并没有突出人力资本的产权性质。1983 年，斯蒂格利茨和弗里德曼发表论文指出，股份公司并非"所有权与经营权的分离"，而是财务资本和经理知识资本两种资本及其所有权的复杂合约，这一理论第一次把人力资本及其产权引进了对现代企业制度的理解。

从制度经济学的角度对人力资本的产权问题进行研究是近年来国内人力资本理论研究领域的最大热点，引起了广泛的讨论和关注。1995 年，张维迎在《企业的企业家——契约理论》一书中，提出了资本雇用劳动的论点[①]。1996 年，周其仁在"市场里的企业——一个人力资本和非人力资本的特别和约"一文中[②]提出了相反的观点，一场关于人力资本产权的争论就此拉开。在这个过程中，一大批学者参与了这场讨论，包括张维迎、周其仁、杨瑞龙、汪丁丁、

---

① 张维迎，《企业的企业家——契约理论》，上海：上海人民出版社、上海三联书店，1995 年。
② 周其仁，"市场里的企业——一个人力资本和非人力资本的特别和约"，经济研究，1996.6。

崔之元、方竹兰、冯子标、焦斌龙、魏杰等。

　　关于人力资本能否分享企业剩余的问题，综观相关文献，主张物质资本独享剩余索取权和控制权的立论依据有三：其一，要素稀缺说，即要素稀缺性越大，就应该获得越多的剩余索取权。相对于人力资本而言，物质资本稀缺得多。自然要素是有限的，而劳动力通常是过剩的，相比之下，物质资本总是处于短缺状态。其二，风险承担说，即企业剩余权归属不仅与稀缺要素所有者激励有关，还与要素所有者承担的风险相关，物质资本所有者具有承担风险的能力，而人力资本所有者则不具备这种能力。其三，可抵押性说，由于非人力资本与其所有者是可分离的，但是人力资本与其所有者是不可分离的，因而人力资本不可能像非人力资本那样具有可抵押性。余明江认为，历史地看，这些理论都有其逻辑性和合理性，但资本逻辑不可能是一成不变的。首先，随着生产力水平的发展，物质资本的短缺正在成为历史，人力资本尤其是专业性人力资本逐渐成为最主要的生产要素。其次，面对客观存在的企业风险，人力资本也有承担风险的能力，且更不易逃避风险。即使那些一贫如洗的人力资本所有者，也可以通过签订"特别合同"的方式来实现其对风险的抵押。而且，随着非人力资本所有者的投资方式由以实物型直接投资为主越来越转向以证券型间接投资为主，由直接投资以获取企业剩余价值为主转向由间接投资以赚取股票差价为主，使得非人力资本所有者与企业的关系逐步弱化或间接化。他们既可以在"事前"进行投资风险的比较，选择投资风险最小的投资形式，也可以在"事中"快速抽逃。最后，非人力资本货币化、股份化和证券化的发展，使得非人力资本的流动性越来越强，从而决定了非人力资本所有者越来越容易逃避风险，而人力资本既存在定价机制的障碍，又与其所有者"天然合一"，还存在人力资本专用性与其作用发挥的协作性特征为人力资本的流动设置的障碍。而且，作为出资者的非人力资本所有者，所抵押的不过是其投入再生产领域的非人力资本的现值及其机会成本，即使遭遇风险，损失也是有限的。而由于人力资本与其所有者的不可分割性，经营不善就意味着丧失或结束其当企业家的职业生涯，因此，从这个角度看，人力资本比非人力资本拥有更加特殊的抵押功能。余明江认为，随着人力资本逐步分离并独立出来，成为独立的、稀缺的、可以带来未来收益的生产要素，人力资本，特别是专业化的人力资本分享企业剩余和企业控制权，既是必然合理的又是现实可能的。当然，人力资本不可能占有全部剩余和全面掌握企业控制权，否则有可能挫伤非人力资本的投资积极性，损害企业利益，影响企业的效率。而且，人力资本参与分享的"企业剩余"，只能是企业的价值创造部分，是扣除所有生产要素的机会成本后的剩余利润，包括扣除权益资本成本。也就是说，这里的"剩余"，如果要用利润表示，只能是经济利润而不是会计利润，或许用"经济附加值"（EVA）更为贴切一些。[1] 随着讨论的深入，越来越多的研究者认为人力资本与非人力资本的剩余索取权和控制权取决于不同资本所有者的谈判能力，认为企业是人力资本与非人力资本的一个特别合约，企业里人力资本与非人力资本一样享有产权，并且具有独特产权形式的人力资本在现代经济增长和现代经济组织中，占据在以往任何时代都不曾有过的重要地位。

随着人力资本地位的提高，人力资本和物质资本分享企业所有权的呼声也日益高涨。在现实的企业治理机制中，人力资本所有者能否获得剩余索取权和控制权，则取决于人力资本产权与非人力资本产权博弈的结果。更确切地讲，取决于他们在企业中的谈判力的强弱，而谈判力的强弱又取决于企业合约中各投入要素对企业的价值大小及其稀缺程度。在古典企业时期，物质资本稀缺而人力资本相对丰富，企业中起决定作用的是物质资本，物质资本的所有者占有全部剩余索取权和控制权；换言之，人力资本所有者只享有人力资本所有权，而没有获取人力资本的产权。因此，可以说人力资本产权发生了残缺。随着资本市场的日益开放，竞争日趋激烈及资本供给渠道的多元化，资本的谈判力大大降低，资本产权受到了削弱；同时，由于市场广度及深度的扩展，产品市场竞争和企业经营风险日益加剧，企业家人力资本显得越来越重要、稀缺，企业家因此不但拥有自己的人力资本产权，甚至剥夺了部分货币资本的产权，这就是经营者控制企业或"内部人控制"的原因。但我们在分析人力资本分享企业剩余索取权和控制权有其合理性的同时，不要片面强调人力资本所有者的利益。无论是非人力资本侵蚀了人力资本的利益，抑或是人力资本侵蚀了非人力资本的利益，都必须纳入公司治理的范畴。[2]

秦兴方认为，在不同历史阶段，各类人力资本具有不同的剩余索取权分配形式。[3]

---

① 余明江，"人力资本能否分享企业剩余？"，经济学家，2004.5，第 125～126 页。
② 侯鲜明，"论人力资本产权与公司治理改革"，经济师，2004.10，第 26～27 页。
③ 秦兴方，《人力资本与收入分配机制》，北京：经济科学出版社，2003 年，第 102 页。

**表 3-4 经济变迁中的剩余索取权分配 (转引自秦兴方)**

| 要 项 | 企业组织形式 | 人力资本体系与剩余索取权 | | | |
|---|---|---|---|---|---|
| 发展阶段 | 无 | 普通劳动者人力资本 | 高素质劳动者人力资本 | 技术人员人力资本 | 经营者与企业家人力资本 |
| 第一阶段 (资本主义产生至 18 世纪 40 年代) | 古典企业与合伙制企业 | 无 | 无 | 一部分 | 集所有者与管理者于一身的资本家掌握绝大部分剩余索取权 |
| 第二阶段 (18 世纪 40 年代至 20 世纪 60 年代) | 经理式公司 | 无 | 无 | 一部分 | 所有者与管理者分开，企业家获得绝大部分剩余索取权 |
| 第三阶段 (20 世纪 60 年代以来) | 知识型企业 | 很少 | 有，呈递增趋势 | 一部分 | 有剩余索取权，但所占比例呈递减趋势 |

**表 3-5 社会主义市场经济下剩余收入分割的格局 (转引自秦兴方)**

| 功能要素 | 合同收入 | 剩余收入 |
|---|---|---|
| 普通劳动者人力资本 | 工 资 | 很少的股息、红利 |
| 高素质劳动者人力资本 | 工 资 | 较少的股息、红利 |
| 技术人员人力资本 | 工 资 | 一定的股权、期权收益 |
| 经营者与企业家人力资本 | 工 资 | 较多的股权、期权收益 |

对人力资本产权进行研究，并将其与企业理论结合，分析企业的内部制度结构等是一个重要的研究方向，此研究方向与劳动经济学等学科充分融合，成为这些传统学科的重要内容。

## 3.4 人力资本理论面临的挑战及其新发展

人力资本理论提出后，该理论很快成为很多国家制定教育发展政策的理论基础。后来，人们也发现经济史上三次成功的经济追赶很好地印证了人力资本理论。历史上三次成功的经济追赶分别是美国 1871—1913 年对英国的追赶、日本 1953—1992 年对美国的追赶以及以韩国为代表的亚洲"四小龙"在 20 世

纪后半期对欧洲的追赶。三次追赶分别花了 43 年、40 年和 30 年的时间，是
在短时期内实现经济迅速增长的典型代表。通过对三次追赶的研究，人们发
现，追赶都发生在经济起飞时期，在各国经济追赶的过程中，大力发展教育和
科研、提高人力资本存量是各国共同的发展政策，并且作为政策重点来对待，
其经济追赶时期都是人力资本加速追赶的时期，人力资本追赶的速度甚至快于
经济增长的速度。人力资本积累对于其跨越式发展起了巨大的推动作用，而且
这种作用确实发生在舒尔茨所说的"现代经济"的环境之中。人力资本积累在
经济起飞时期对经济增长的作用十分显著，甚至超过了物质资本的作用。发展
中国家纷纷对此进行效仿，希望能够在短期内实现经济的快速赶超。[①] 但到 20
世纪 70 年代，很多国家发现昔日大量的教育投资并未给他们带来预期的效益，
而且存在"过度教育"与"文凭膨胀"的问题。一些西方学者开始质疑人力资
本理论的有效性，试图重新审视和完善人力资本理论。在这个基础上，诞生了
一些新的理论，如筛选假设理论、劳动力市场分割理论、社会化理论等[②]，成
为人力资本理论的有益补充。

### 3.4.1　筛选假设理论

　　伯格（I. Berg）在 1970 年出版的《教育与职业》一书中首次指出，教育
只是被用来作为区别个人能力的一种手段，从而导致各种职业对教育资格的要
求随时间推移而上升；教育未必提高生产率。随后，阿罗（K. Arrow）、斯宾
斯（D. Spence）、斯洛（L. Thurow）、斯蒂格利茨（J. E. Stiglitz）等又以更加
成熟和新颖的方式提出了一系列论点，对教育的经济功效重新加以审视。因其
均质疑人力资本理论主张的教育提高生产率的观点，并认为教育的作用在于它
的筛选性，因而被称为筛选假设理论（Screening Hypothesis）。

　　筛选假设理论与人力资本理论在三个方面有不同的观点。其一，筛选假设
理论认为，教育与生产率之间只是一种间接关系，是通过筛选这一过程发生关
系的。教育具有信号性质，具有信息作用。其二，人力资本理论和筛选假设理
论都承认教育与收入之间具有正向的关系，但人力资本理论的前提是，个人收
入的差别，取决于他们自身人力投资的多少，要缩小差别，就要缩小教育、培

　　① 罗良针、张莹，"经济增长中人力资本驱动作用辨析"，江西社会科学，2005.1，第 145～148 页。
　　② 勒希斌主编，《从滞后到超前——20 世纪人力资本学说·教育经济学》，山东教育出版社，1995 年，第 65～89 页。

训等人力资本投资方面的差别。而筛选假设理论认为，由于教育只是用来筛选的手段，较高的收入只是对较高教育文凭的报偿。其三，人力资本理论认为教育能够提高生产率，促进经济增长与社会平等，所以主张大量进行教育投资，对教育政策具有积极的意义。而筛选假设理论主张一种消极的教育政策。

在提出筛选主张的学者中，以斯宾斯的主张最为成熟和新颖，影响最为广泛。他提出了"信号""标志"两个概念，他把人的属性按照特点分两类：一类叫标志，指人与生俱来的、永远不变的那些属性，如性别、种族、家庭背景等；另一类叫信号，指人后天形成的、可以改变的属性，如教育程度、婚姻状况、个人阅历等。他认为，教育的经济价值就在于它提供识别个体能力的信号，而无论它是否提高生产率。他还注意到，存在过度教育投资的可能性，从而使教育失去信号作用。

筛选假设理论认为由于不完全信息，教育与文凭成为一个"筛选装置"，能够帮助雇主识别不同能力的求职者，并按他们能力的大小来安排工作岗位。该理论较好地解释了 20 世纪 70 年代以来困扰很多国家的"文凭膨胀"问题，得到了人们的认可。同时该理论也向人们提出警示：教育如果没有发挥提高劳动生产率的作用，则过分依赖教育为选聘工具，在不能合理协调教育与经济发展关系时，将会给国家和个人带来严重的后果。

由于筛选理论对人力资本理论基本主张的强烈否定意味，遭到了人力资本论者的反驳。二者的交锋中，出现了多种对筛选理论的实证检验，但检验结果不尽一致。也有学者试图把筛选理论和人力资本理论结合起来。瑞利（Riley）即是如此，他认为，有许多证据能证明筛选假设，但把学校教育解释为既增加额外的技能又提供信息，才能更完整地说明所观察到的事实。他主张教育具有提高生产率和提供筛选信息的双重作用。

笔者认为，教育在一定程度上确实有着提供信息的功能，但不可否认的是，在一个重视能力与才干而不是"文凭至上"的社会，教育不仅仅是提供信号，对于个体来说，更是人力资本投资的机会。

### 3.4.2 劳动力市场分割理论

劳动力市场分割理论（Labor Markets Segmentation）是 20 世纪 60 年代后期由多林格（P. Doeringer）和皮奥雷（M. J. Piore）提出的。他们采用制度经济学的观点，认为制度因素和各种成文或不成文的规章与习惯造成了劳动力市场被分割为不同部分。他们还进一步提出劳动力市场一分为二的理论，指出不同的劳工，在不同市场受到不同待遇的现象。随后，戈登（Gordon）、艾沃茨（Edwards）、瑞奇及卡诺伊（Crony）等人进一步完善与发展了该理论。他们的分析角度互有不同，对于劳动力市场主要有三种划分法：其一，认为存在主要和次要两种劳动力市场。主要劳动力市场中的工作条件好、工资高、待遇是通过资方及工会谈判确定的，雇员有工作保险，就业稳定，有很多的晋升机会，且提供的培训多而广泛，而次要劳动力市场没有工会，没有工作保险及明确的晋升程序，工资也较低。其二，认为存在内部和外部两种劳动力市场。外部市场主要存在于小企业中，是一种不稳定的、条件差的市场。内部市场存在于大企业中，是一种相对封闭的等级制市场。其三，认为主要存在三类劳动力市场，即具有"高等教育程度"的劳动力市场、"有工会组织的劳动力市场"和"竞争的劳动力市场"。第一类市场由具备高等教育水平的职位所组成，工资待遇较好。第二类又称垄断的劳动力市场，有工会组织、内部等级制度，资深雇员享有相对职业保障。第三类市场包括不具备高级专门技能或专业教育要求的职位，基本上没有控制工人进入该市场并控制他们竞争的结构。劳动力市场分割理论者强调劳动力市场不是统一的市场，而是二元或多元的劳动力市场，因此该理论又称"双重劳动力市场理论"。

该理论认为人力资本理论对教育水平与个人收益成正相关的分析是不全面的，它没有考虑劳动力市场的内部结构，忽视了劳动力市场通常是分割成不同部分的，在主要劳动力市场中，教育水平与工资存在显著关系，在次要劳动力市场则不然。因此，一个人的工资水平，主要取决于他在哪一个劳动力市场工作，而他的特点如性别、年龄、种族、教育水平等往往与他在哪一个市场工作关系密切。因而，要获得高回报就要进入主要劳动力市场，就必须接受高层次的教育。

劳动力市场分割理论的出现，可以解释为什么在很多发达国家，政府为青年及低下阶层失业者举办的训练课程没有改善他们严重失业的状况。用劳动力市场分割理论来解释，这是因为他们被困在次要劳动力市场。在这个市场内，训练的多少与就业机会和工资并没有关系，因此，额外的训练难以产生显著的效果。不仅如此，在这一市场中，"过量"的教育反而使得雇员之间的就业竞争更趋激烈，使失业问题更趋严重。

笔者认为，劳动力市场分割的现象在我国目前阶段确实存在，典型的就是农民工市场的存在，而目前高校扩大招生的现象在一定程度上也反映了大众对劳动力市场分割现象的认识与规避的需求。但是，现实的就业市场又不仅仅是二重或者三重市场，在每一重市场的内部还存在着差异，这个差异在很大程度上体现的是个人人力资本积累的差异。

### 3.4.3 社会化理论

1976 年，鲍尔斯（S. Bowles）和金蒂斯（H. Gintis）合著的《资本主义美国的学校教育：教育改革与经济生活的矛盾》出版后，引起了强烈的反响。书中阐述的基本主张被称为社会化理论（Socialization Theory Education）。

他们指出，人力资本理论认为教育通过认知技能影响生产率的观点是错误的。现代生产中，大多数职业要求的认知水平并不很高，雇主更重视的是劳动者是否具有"合适"的个性品质，如能否遵守规则，能否服从命令，能不能将企业规范、准则内化为个人的"自觉"行动。雇主之所以采用教育水平作为筛选的主要标准，是将其作为鉴定个人所具备的个性品质"适当"与否的标尺。

在对美国教育与经济关系的分析上，他们认为，二者的关系建立在教育服务经济的基础上，经济完全支配了教育，教育是被动的、不自主的。他们指出，学校教育是通过社会化为资本主义经济服务的，学校教育对不同阶级背景学生的不平等待遇，反映了不平等的资本主义社会关系，而且再生产了这种不平等。他们认为，社会化理论可以解释为什么自 20 世纪 60 年代以来，美国的平等教育政策不能改变美国社会不平等的现象。20 世纪 60 年代中期，美国开始推行种种社会福利及平等教育政策，以求改善低下层人民的生活状况。联邦政府每年使用大批经费为低下层背景的学生进行补偿教育、特殊教育、双语教育及其他教育活动。但这些措施并未增加低下层背景毕业生的就业机会，也未改变原有的国民收入分配格局。他们认为，这是因为社会不平等的根源是经济不平等，教育改革不能改变经济的不平等结构。对于他们两人的理论缺陷，当代西方教育学者认为，他们在强调教育与经济存在对应关系的同时，忽视了教育具有相对独立性与经济生活相矛盾的一面，因而，有关对应关系的分析是单向的、简单化的。社会化理论代表人物颇多，他们的观点也各不相同，但共同的思想是教育是使学生更好地社会化。认为学校不仅是学生学习的场所，也是学生社会化的地方，人的社会化程度与将来的就业密切相关，教育的过程就是要努力使学生进入高度等级化、社会化和世俗化的社会的过程。

人力资本理论提出之后，虽然受到了一些质疑和批判，但也从中分化出了一些新的分支学科，如教育经济学、人口经济学、家庭经济学、人力资源管理等。

## 3.5　人力资本的经济含义

人力资本的经济含义是什么？从宏观的角度来看，人力资本代表着经济增长；从微观的角度来看，人力资本代表着个人的收益能力。而对于企业来说，人力资本代表着企业的获利能力。人力资本的经济含义在不同的时代有着不同的表现，它取决于人力资本的相对稀缺性和谈判能力。显然，在同一时代，不同类型的人力资本也有着不同的含义，它取决市场供需条件的变化，以及由这种变化带来的不同类型的人力资本的谈判能力，因此，人力资本的经济含义从来就是变化的、动态的。

本书关注人力资本增长研究，尤其侧重人力资本对区域经济差异的影响。前面已经谈到，新增长理论在 20 世纪 80 年代就将人力资本引入增长模型，在新增长理论建立的人力资本和增长模型中，人力资本对经济发展和经济差距问题都有相当大的解释力。但是新增长模型更多地从增长的角度出发，其对于经济差距的解释是附带性的。同时，新增长理论对于区域经济差异问题没有进行深入的研究，其模型中通常没有空间与区域概念，侧重于对国家间经济差距的解释。另外，新增长理论中的人力资本也缺乏明确的内涵，或者将人力资本随时间的变化简单地用总产量中用于人力资本投资的量来表示，或者将人力资本积累与特定的商品生产相结合，等等，这使得现实中人们容易模糊对人力资本的认识，也使实证分析难以展开。为此，本书注重人力资本的内涵，从跨代际的人力资本形成的角度来探讨经济增长和区域经济差异问题。

# 第4章 关于中国区域差异
# 问题的重要经验研究

中国学者对于区域经济的研究大致可以 1978 年为转折点，分为两个时期。[①] 1978 年以前，源于马克思、恩格斯的直接的社会区域分工理论不仅是实行高度集中的计划经济体制的理论依据，也是当时区域经济研究的理论基础。因此，生产力布局原则是当时区域经济研究的基本理论，而首要的生产力布局原则就是平衡布局原则。即社会主义生产目的是不断满足社会和全体人民不断增长的物质文化需要，这决定了社会主义国家必须有计划地均衡配置生产力，消灭区域差别。学者们也以各种方式表达了支持平衡布局的观点，如张文奎（1975）认为应"消灭各族人民之间经济上的不平等现象，迅速发展落后地区的经济"，"消灭城市和乡村的重大差别"，沙英（1956）认为应"逐步提高落后区镇的经济水平，以促进全国各地区、各民族经济和文化的水平，加强各民族友好团结的物质基础"，钱今昔（1957）认为应"有计划地把工业分布在全国各地，以保证在从前落后的农业地区建立新的城市和工业中心，使农业和工业接近起来，促使城市和乡村间的重大差别归于消失"，"消灭各民族人民间事实上的经济不平等，迅速发展从前落后的民族地区的经济"，等等。1978 年后，中国经济进入发展战略和经济体制双重模式转换时期。此时，经济效益原则成为生产力布局的总原则。学者们在承认经济效益原则的前提下，关于区域差异的观点也由不统一渐趋统一，如刘再兴（1981）认为要"正确处理先进地区与落后地区的关系，把充分利用、合理发展沿海原有工业基地和积极建设内地新工业基地相结合，并把工业重点逐步地合理地移向内地"，陈栋生（1982）认为要"通过有重点的、不平衡的发展逐步缩小各地区经济发展水平的差距，最终达到全国范围内地区经济发展的相对均衡化"。熊映梧（1987）认为要"将先进技术由发达地区向落后地区转移，由先进部门向落后部门转移，使各

---

[①] 杨开忠，"区域经济研究的回顾与前瞻"，经济研究资料，1989.3，第 1～13 页。

地区、各部门生产技术普遍提高，协调发展"。杨开忠（1987）认为"在经济效益规律的作用下，现阶段我国区域经济发展必然表现为一个不平衡过程，生产力布局必须以不平衡布局原则作为基本准则"。学者们还根据"扬长避短、发挥优势"和"保护竞争、促进联合"的原则，提出了各种发展战略模式，如梯度论、反梯度论、点轴开发论、增长极战略、地域生产综合体论、市场再分配论等。1988 年以后，学者们逐渐认识到系统的实证研究是明确区域过程本质规定的先决条件，将区域经济研究的重点从规范研究转向实证研究，这在一定程度上也意味着一个区域经济研究新时代的开始。在此期间，出现了很多富有成效的实证研究成果，其中尤以对区域经济差异的实证研究影响最为深远。

中国经济现实中伴随着经济快速增长而来的区域差异问题吸引了众多学者的关注。正是一大批学者的热情关注和研究使得学术界就区域差异的演变轨迹等问题进行了持久深入的探讨。

## 4.1　对我国区域经济差异水平变动的实证研究

对新中国成立以来中国地区间经济差异的变迁问题，20 世纪 80 年代以来很多学者都进行过探讨和分析。衡量区域经济差异的指标很多，关于增长率差异和绝对水平差异、绝对差异和相对差异的划分与实证研究曾是争论的来源，后来在相当长时期内国内学术界普遍采用变异系数和加权变异系数来衡量地区间人均国民收入差异。

$$V = \frac{1}{\overline{Y}} \sqrt{\frac{\sum_{i=1}^{n}(Y_i - \overline{Y})^2}{N}}$$

$$CV_\omega = \frac{1}{\overline{Y}} \sqrt{\sum_{i=1}^{n}(Y_i - \overline{Y})^2 \frac{P_i}{P}}$$

其中，V 为变异系数，$CV_\omega$ 为加权变异系数，$Y_i$ 为第 i 个省（市、区）的人均国民收入，$\overline{Y}$ 为各省（市、区）的人均国民收入，N 为省的个数，$P_i$ 为第 i 个省（市、区）的人口数量，P 为全国总人口。

通过对上述指标的计算，代表性学者的观点如下。

杨开忠在 1988 年的博士论文中首次计算了省际区域差异、省内区域差异、地带间等不同层次的区域差异。[①] 计算结果表明：省际区域相对差异以 1978 年为巅峰，呈现倒"U"形轨迹。这种轨迹与人们通常预期的相反。1978 年以前，我国大体实施平衡的区域战略，而 1978 年以后，我国基本上实施的是以梯度推移为中心的不平衡发展战略，据此，人们通常所预期的省际区域差异变动，与其他级别的区域差异变动一样，呈现顺"U"形轨迹。三大经济地带相对差异以 1965 年为最低点，呈现顺"U"形变动。这种轨迹与我国区域战略轨迹相似，但其转折点则提前到 1965 年，存在 10 多年的时间差。根据上述结果，杨开忠首次明确得出了不能简单用"双重模式"转换或改革开放来解释我国区域差异的变动过程的结论。

杨伟民在 1992 年计算了 1978—1989 年全国各省（市、区）之间的变异系数后认为，全国即"三大地带"间的变异系数都呈平滑缩小的趋势。[②]

魏后凯在 1992 年计算了 1952—1990 年间主要年份不同层次的人均国民收入加权变异系数[③]，结果表明，三大地带间收入差异的变动格局是，在 1952—1965 年差异不断缩小，1965 年之后差异急剧拉大，直到 1988 年之后才有一定的缩小趋势。六大区间收入差异的变动格局是在 1952—1965 年间趋于缩小，1965 年后有所扩大，直到 1975 年之后才重新趋于缩小，大体呈"S"形变化。各省（市、区）之间收入差异的变动格局大体呈现倒"U"形，即 1978 年以前差异不断扩大，以后逐渐趋于缩小。魏后凯在 1997 年还首次采用 Theil 指标对中国地区间居民收入差异进行分解，以考察地带间差异、省际差异以及城乡差异对地区总体差异的影响。[④]

Theil 指标 I（0）的衡量方法如下：

$$I(0) = \frac{1}{N} \sum_{i=1}^{N} \log \frac{\overline{Y}}{Y_i}$$

其中，N 是单位数，$Y_i$ 是第 i 个单位的人均收入，$\overline{Y}$ 是 $Y_i$ 的平均值。

Theil 指标的一个吸引人的特点是可分解。Theil 指标可以直接分解为组间差距与组内部差距。如果将所有单位按一定的方法分成 G 组，那么，Theil 指标 I（0）可以按如下方法分解：

① 杨开忠，"区域结构：理论与应用——中国区域结构的系统研究"，中国社会科学院经济所博士学位论文，1988 年。

② 杨伟民，"地区间收入差距变动的实证分析"，经济研究，1992（1），第 70～74 页。

③ 魏后凯，"论我国区际收入差异的变动格局"，经济研究，1992（4），第 61～65 页。

④ 魏后凯、刘楷、周民良、杨大利、胡武贤，《中国地区发展——经济增长、制度变迁与地区差异》，北京：经济管理出版社，1997 年，第 68～69 页。

$$I(0) = \sum_{g=1}^{G} P_g I(0)_g + \sum_{g=1}^{G} P_g \log \frac{P_g}{U_g}$$

上式右边第一项表示每一组内各单位之间的人均收入差异，可以是用来衡量东部、中部和西部三大经济地带内的省际差异，可以是城市与乡村内部的差异。第二项表示各组之间，如"三大地带"之间的人均收入差异，或者是城乡之间的差异。式中 $U_g$ 表示第 g 组收入在总收入中所占的比重，$P_g$ 表示第 g 组人口在总人口中所占的比重。魏后凯等计算的结果表明，从三大地带来看，我国经济差异以东、中、西三大地带间的差异和东部地区内部的差异最为显著，增长也最快；从城市与乡村来看，经济差异以城乡之间的差异最为显著，增长也最快，其次为乡村内部的差异，最后才是城市内部的差异。

宋德勇等在 1998 年也用 Theil 指标测算了我国改革以来地区收入差距水平。[①] 将我国分为东、中、西三大地区，计算我国地区收入差距水平（CLII），公式如下：

$$CLII = \sum_{i=1}^{3} Y_i \log \frac{Y_i}{P_i} + \sum_{i=1}^{3} Y_i \sum_{j} Y_{ij} \log \frac{Y_{ij}}{P_{ij}}$$

其中，i：一个地区指标 i＝1 东部地区，2 指中部地区，3 指西部地区；

j：一个省（市、自治区）指标，j＝1，…，12，东部地区；j＝1，…，10，中部地区；j＝1，…，8，西部地区；

$Y_i$ ＝i 地区在全国的国内生产总值（GDP）份额；

$Y_{ij}$ ＝j 省在 i 地区中的国内生产总值（GDP）份额；

$P_i$ ＝i 地区在全国的人口份额；

$P_{ij}$ ＝j 省在 i 地区中的人口份额；

上式右边第一项为三大区之间收入差距水平（BRL II），第二项为三大区各区内部各省收入差距之加权总和（WRL II），$\sum_{j} Y_{ij} \log \frac{Y_{ij}}{P_{ij}}$ 为地区内部各省收入差距水平。宋德勇等计算了 1978—1995 年间的 Theil 指标，发现全国地区差距水平呈现正"U"形，1978—1989 年，区域差异逐年缩小，1978—1982年下降很快，然后缓慢而稳定地下降，从 1990 年开始，地区差距水平缓步上升，区域差异渐渐扩大。进一步分析发现，三大区内部差距总水平，与东部地区内部各省之间收入差距水平，演变趋势十分相近，正是由于东部地区内部差距的大幅缩小带动了三大区内部差距总水平的下降。而 1978—1989 年，全国

---

① 宋德勇，"我国区域差异的现状与对策研究"，华中理工大学学报（社会科学版），1998.1，第 21～23 页。

收入差距水平的缩小主要是由三大区内部差距总水平的迅速下降带动的,同期的三大区之间的收入差距水平在缓慢上升,因此,可以说,是由于东部地区内部差距的缩小带动了整个收入差距水平的下降。1990—1995 年,全国收入差距水平的扩大主要是由三大地区之间收入差距的迅速扩大所造成的,尽管同期东部内部差距在缩小,各地区内部差距总水平也在缩小。比较上述二者的研究可以看出,即使是用同样的指标,由于指标构造的细微差别和考察时间段的不同,结论还是会存在差别,这生动地说明了学术界长期争论的原因所在。不同的视角、不同的研究方法会得出不同的结论,这样的研究还有很多,这虽然会带来争论,但争论过后,我们会发现,独特的视角会带来独特的启示,不同的研究最终会使我们的认识更加深入。

胡鞍钢等学者在 1995 年的研究中,[①] 不是按东、中、西三大地带研究地区差距问题,而是按人均 GDP 相对于全国平均水平将各地区划分为低收入组、下中等收入组、上中等收入组及高收入组四类地区来研究改革以来的区域差距问题。其主要观点是:中国地区经济差距过大,解决这一问题已是当务之急;中央政府的重要职能之一,不是扩大而是缩小地区收入差距;缩小贫富地区差距的思路,不是"杀富济贫",而是通过国际通行的财政转移支付制度、基本公共服务均等化、公共投资重点分配制度,促进欠发达地区快速发展,以缩小与全国人均水平的差距,进而缩小与发达地区的经济差距;解决欠发达地区问题,要通过有条件的财政援助和公共投资建立"造血"机制,同时欠发达地区应当学会利用差距,利用"后发优势"和"比较优势",通过改革和全面开放寻求快速发展。

吴殿廷认为,中国的城乡差异是独特的,以人均 GDP 作为衡量标准来描述区域差异和进行国际比较不甚确切。他在考察了三大地带农民人均纯收入和城市居民可支配收入差异的基础上,对 1978—1998 年 20 年间三大地带经济不平衡发展作了系统分析,发现用农民人均纯收入和城市居民可支配收入所揭示的三大地带的差距,远比用人均 GDP 所描述的差距小。[②] 他认为,造成三大地带经济增长差异的原因,除了历史基础和自然条件以外,首先是投入强度(尤其是人均外商直接投资额),其次是出口能力和经济体制(所有制结构),产业结构和社会文化因素也有一定影响。

20 世纪 90 年代以来,由于国有企业经营日益困难,南北差异开始引起人

① 胡鞍钢、王绍光、康晓光,《中国地区差距报告》,沈阳:辽宁人民出版社,1995 年。
② 吴殿廷,"中国三大地带经济增长差异的系统分析",地域研究与开发,2001.2,第 10~15 页。

们的注意。吴殿廷在考察南北方经济发展水平和速度差异的基础上，对 1980—1999 年 20 年间南北方经济不平衡发展作了系统的分析。[1]通过定量计算发现，20 年来经济发展速度南快北慢现象明显，南北差异的变化已经到了可与东西差异变化相比拟的程度，致使中国经济发展出现了新的不平衡。改革开放前经济发展水平北方远高于南方，目前则是南方高于北方，发生逆转的时间是 20 世纪 90 年代初。他进一步分析后认为，地理环境和历史基础差异不构成南北经济发展速度差异的原因，至少不是主要原因，主要的原因是：地缘优势和超前观念所获得的政策倾斜，导致了出口能力和投资（尤其是外商直接投资）强度的差别；工业结构（特别是所有制结构和轻重工业结构）的作用也很明显，而国家投资的作用很小，且越来越不重要。他认为，相应的对策是要加大北方改革开放力度，搞好国有大中型企业改造，大力实施科教兴国战略。北方科技资源和教育资源大大好于南方，随着知识经济时代的到来，北方有着较大的机遇。北方要注意把握机遇，构筑新一轮经济增长点，尽快实现产业结构的升级和转型。

表 4-1 南北差异与沿海—内地差距的对比（1999 年）（转引自吴殿廷）

| 地 区 | 人均 GDP | 农民人均纯收入 | 城市居民人均可支配收入 |
|---|---|---|---|
| 南 方 | 7292 元 | 2436 元 | 6493 元 |
| 北 方 | 6988 元 | 2135 元 | 5231 元 |
| 南方/北方 | 1.0435 | 1.1410 | 1.2413 |
| 沿 海 | 10311 元 | 7039 元 | 2981 元 |
| 内 地 | 4965 元 | 4999 元 | 1850 元 |
| 沿海/内地 | 2.0767 | 1.4081 | 1.6114 |
| （南方/北方）/（沿海/内地） | 0.5025 | 0.8103 | 0.7703 |

资料来源：中国统计年鉴，中国统计出版社，2000。

刘建国认为，以本地户籍人口为基础计算的人均 GDP 夸大了区域间的差异，同样，以户籍人口计算的居民消费水平夸大了各地区居民消费水平的差异。同时，考虑到国家财政税收制度对区际差异的调节作用和价格因素对区域差异的影响，区域差异的衡量应充分考虑计算口径、分配性因素和价格因素的影响，应该拓宽视野，增加人均可支配收入、人均消费水平、最低生活保障金和最低工资水平、恩格尔系数、住宅的平均销售价格、主要消费品和劳务的价

① 吴殿廷，"试论中国经济增长的南北差异"，地理研究，2001.2，第 238～246 页。

格水平、教育水平以及预期寿命等影响各地区居民生活质量的指标来综合、全面地反映区域差异。[①]

近年来，随着社会对"三农"问题的广泛关注，一些学者开始研究农民收入的区域差异问题。D. Gale Johnson 对中国官方按可比价格计算得出的 1978—1999 年中国农村的收入和消费水平的增长超过城镇的结论提出了质疑。[②] 刘纯阳采用变异系数指标，分析了 1980—2001 年农民收入省际差异，发现省际差异总体上呈不断扩大的趋势，1980 年的变异系数为 27.64，而 2001 年为44.43，绝对水平比 1980 年增大了 16.79 个百分点。从东、中、西部三大区域农民收入趋势线来看，区域绝对差距也在不断扩大。他还从东、中、西部地区农民收入构成分析中，发现工资性收入无论是数量还是所占比例都在不断提高，经营性收入的数量虽然也在不断增加，但所占比例却有不断下降之势，其他收入所占比例普遍较小且相对稳定。因此，他认为农民收入区域差异主要体现在工资性收入的差异上，经营性收入差异相对小得多，并且在很大程度上受到当地资源条件的约束。他还从历史、自然条件和区位、政策以及人力资本水平等方面解释了区域差异的成因。他认为首先是政策原因导致了差异的扩大。在改革开放以来连续不断的政策支持之下，东部地区省份日益成长为国内外资本的引力中心，企业数量空前增长，规模不断扩大，从而使农民到企业就业的机会大大增加，农民工资性收入也呈现较快的增涨势头。其次是历史、自然条件和区位原因。再次是人力资本原因。他认为，人力资本从两个方面对农民收入产生影响：一方面，农民的人力资本水平决定着其对现代科学技术的应用能力，因而直接影响到农民的劳动生产率；另一方面，人力资本水平决定着农民寻找非农就业机会以及胜任相应岗位的能力，从而直接影响到工资性收入和农外经营的收入。[③]

**表 4-2　三大区域农民收入构成比较（转引自刘纯阳）**

| 收入构成 地区 年份 | 纯收入（元） | 工资性收入 | | 经营性收入 | | 其他收入所占比例（%） |
| --- | --- | --- | --- | --- | --- | --- |
| | | 收入（元） | 所占比例（%） | 收入（元） | 所占比例（%） | |
| 全国平均 1993 | 921.62 | 194.51 | 21.11 | 678.48 | 73.62 | 5.28 |
| 全国平均 2001 | 2366.40 | 771.90 | 32.62 | 1459.63 | 61.68 | 5.70 |

---

① 刘建国，"论区域差异衡量指标体系的完善"，上海经济研究，2004.9，第 42~48 页。
② D. Gale Johnson，"1978 以来，中国的城乡收入差距拉大了吗？"，经济学（季刊），2002.4，第 553~562 页。
③ 刘纯阳，"农民收入区域差异及其原因分析"，科技导报，2004.5，第 28~30 页。

续表

| 地区 \ 收入构成 年份 | | 纯收入（元） | 工资性收入 | | 经营性收入 | | 其他收入所占比例（%） |
|---|---|---|---|---|---|---|---|
| | | | 收入（元） | 所占比例（%） | 收入（元） | 所占比例（%） | |
| 东 部 | 1993 | 1445.48 | 528.71 | 32.35 | 837.34 | 62.16 | 5.49 |
| | 2001 | 3686.74 | 1764.12 | 43.31 | 1672.09 | 49.95 | 6.73 |
| 中 部 | 1993 | 820.44 | 124.20 | 15.63 | 667.39 | 80.76 | 3.61 |
| | 2001 | 2177.46 | 600.98 | 27.79 | 1479.24 | 67.75 | 4.46 |
| 西 部 | 1993 | 700.24 | 78.68 | 11.64 | 581.11 | 82.58 | 5.77 |
| | 2001 | 1692.96 | 403.46 | 23.44 | 1187.89 | 70.37 | 6.18 |

　　还有众多的学者对中国区域差距问题研究做出了贡献，如陆大道（1990、1995、1997）[①]，陈雯等（1993）[②]，国务院发展研究中心课题组（1994）[③]，林毅夫等（1994、1998）[④]，在此不一一提及；在国外有[⑤] V. C. Falkenheim（1985），P. Aguignier（1988），D. Denny（1991），Dali Yang（1989），Chor Pang Lo（1990），T. P. Lyons（1991），Weiming Yang（1991），T. R. Lakshmanan 和 I. H. Chang（1991），Woo Tnn-oy 和 Hsueh Tien-tnng（1992），A. Keidel（1993，1995），Tsni Kai-Ynen（1993），Zhao Xiaobin（1994，1995），Tianlun Jian，Jeffrey D. Sachs 和 Andrew M. Warner（1996），Fujita M. 和 Hu D.（2001），Dapeng Hu（2002），D. Gale Johnson（2002）等。

　　到目前为止，关于中国区域经济差异的文献非常多，在此无法一一列举。总体来说，虽然目前世界范围内人们对经济发展中区域差异变动的认识并无一致意见，不同国家和地区可能存在不同的经验结果。但是，中国学者已经从"威廉逊倒'U'型规律"中走出来，学者们也认识到了因研究方法、研究尺度、数据来源等的不同对结论的影响，对于中国区域经济差异变化的研究也越来越深入。

---

　　① 陆大道等，《中国工业布局的理论与实践》，北京：科学出版社，1990 年；《区域发展及其空间结构》，科学出版社，1995 年；《中国区域发展报告》，北京：商务印书馆，1997 年。
　　② 陈雯、吴楚材、张为斌，"中国经济地区差异的特点及其演变趋势"，经济地理，1993（1），第 16～21 页。
　　③ 国务院发展研究中心课题组，《中国区域协调发展战略》，北京：中国经济出版社，1994 年。
　　④ 林毅夫、蔡昉、李周，《中国的奇迹：发展战略与经济改革》，上海：上海人民出版社，1994 年；林毅夫、蔡昉、李周，"中国经济转轨时期的地区差距分析"，经济研究，1998.6。
　　⑤ 胡鞍钢、王绍光、康晓光，《中国地区差距报告》，沈阳：辽宁人民出版社，1995 年，第 10～11 页。

## 4.2 对于区域经济差异原因的探讨

学者们在探讨中国区域经济差异的基本变化规律的同时，也在思考差异的原因与对策。而学术界在中国区域经济差异的基本变化规律问题上取得大体的共识之后，学者们则将研究的重心转向了中国区域经济差异变化的原因，对区域经济差距的形成、缩小差距的对策等问题进行了许多有益的探讨。

魏后凯认为，区域经济差异变动与各区域的人口及国民收入在全国所占份额的消长紧密相关。区域经济增长速度与其社会经济发展水平、投入产出效果、自我积累能力、产业结构、资源投入的差异紧密相关。同时，收入的区际转移对区域经济增长和差异变动有重要影响。[①] 中兼和津次认为，造成区域经济差异的基本因素有三个，即环境、政策和制度。至于中国区域经济差异的变化，政策和制度是主要因素，包括投资政策、财政制度、市场化、农村制度与农业政策。[②] 夏永祥认为，区域经济差异主要是由客观性因素（如地理位置及由此决定的交通便捷程度、信息丰缺程度、矿产资源等）、国家宏观区域经济政策（包括对外开放政策、金融信贷政策、价格体系政策、投资政策和改革政策）、经济结构（所有制和产业结构）、工农城乡关系、人口素质、市场经济发展水平等方面的差异造成的。[③]

杨开忠根据自己对中国区域经济差异演变过程的详尽分析，提出了有针对性的解释框架。[④] 他认为，区域增长速度由区域投资规模和投资效果共同决定。区域经济差异变动形式与国民经济发展过程相联系。在不同的发展过程中，区域经济差距变动的决定因素及趋势不同。在自力更生的内向发展过程中，二元结构十分明显的国家，地区经济差异呈扩大趋势，这种变动特征主要取决于地区投资的间接作用。在开放的外向发展过程中，地区经济差异变动主要取决于地区投资分配。他在研究中写道，"对于省际区域差异演进不同于人们的常识，即 1978 年以前的两次投资西进（1953—1957 年的'一五'时期和 1964—1972 年的'三线'建设时期）没有缩小省际收入差距，而 1978 年以后国家投资重点向东部倾斜却缩小了省际差距，学术界给出了三方面的原因：首先，国家投

---

① 魏后凯，"论我国经济发展中的区域收入差异"，经济科学，1990.2，第 10～16 页。
② [日]中兼和津次，"中国地区差异的结构及其机制"，管理世界，1994.5，第 171～176 页。
③ 夏永祥，"我国区域发展差距原因分析"，中国工业经济研究，1994.11，第 57～61 页。
④ 杨开忠，"中国区域经济差异变动研究"，经济研究，1994.12，第 28～33 页。

资第一次西倾时，投资重点在内地但大量投资品的生产是靠具有相当工业基础的'三市一省'，即上海市、北京市、天津市和辽宁省来完成的。其次，'三线建设'开始时，各地区的基础虽有了一定提高，但大多数地区的工业化程度仍很低，大量投资品的生产仍主要靠人均国民收入较高的老工业基地来完成。内地投资较多的地区，固定资产的建成、投产并发挥作用有一个时间滞后，同时，'三线建设'主要是国防项目，产业关联度很低，对所在地区整个国民经济的带动效应很弱，而长期的价格不合理状况也影响内地经济的发展。第三，改革开放使中国和国外联系日益加强，某些沿海省区的经济建设不再仅仅依赖国内提供生产资料，而是在相当程度上依赖进口支持，加之经过 30 多年的建设，各地区自身的配套能力也有了显著提高。国家在重点地区的投资，其产生的国民收入通过生产和消费最终流向老工业基地的数量急剧下降，地区投资规模成为影响地区经济增长差异的决定因素。另外，老工业基地由于缺乏足够的投资与必要的更新改造，增长明显放慢，而沿海的浙江、广东、江苏、福建、山东和内地边境省区云南、新疆的增长速度加快，由此导致省际差距缩小，地带间差距扩大"。在 2001 年，杨开忠又提出"西部空间不经济假说"[①]，认为西部不发达的关键在于空间格局不经济。针对第三次西部大开发行动，杨开忠认为西部要获取市场竞争优势，关键在于规避和克服空间格局的不经济，即克服和规避高昂的对内对外空间交易成本和规模不经济。该假说的提出，是杨开忠教授多年来对中国区域差异和西部发展关注的结果，是一种有益的探索和反思，对于西部的发展有重要的借鉴和指导意义。

蒋清海认为，区域经济差异变化由以下因素造成，即区域经济发展基础、产业结构、所有制结构所决定的经济增长能力的差异，区域的区位因素不同所决定的竞争能力的差别，经济发展战略导向上的差异，极化效应和因果循环效应的叠加造成的区域间的"马太效应"，区域间资金投入上的差异，区域间不公平的竞争环境等。[②] 宋冬林认为，区域原有的社会经济基础、商品经济意识、资源禀赋、产业结构、对外经济联系、人口素质、人文历史背景等的不同决定了区域在经济发展和市场化进程中起点和条件的差异，从而导致区域之间的经济发展差异。同时，在我国，政策因素对区域经济差异变化起着十分重要的作用。[③]

韦伟认为，区域经济差异只是区域差异的一个侧面，他把区域差异分为以

<hr>

① 杨开忠等，《中国西部大开发战略》，广州：广东教育出版社，2001 年，第 91～117 页。
② 蒋清海，"区域协调发展论"，博士学位论文，1995 年。
③ 宋冬林，"我国现阶段收入分配问题分析及其理论思考"，财经问题研究，1995.8，第 12～18 页。

下几种类型[①]。

自然差异。包括地理位置与气候、地质地貌、土壤、植被、矿藏、水文等方面的差异。

人文差异。把有别于自然资源和经济资源的其他社会因素均列于人文资源名下，包括人口的数量、素质、密度以及民族宗教信仰、历史文化传统、社会发育程度、居民性格特征、语言、风俗习惯等。

经济差异。包括劳动力、资金、技术要素的赋存状况，生产发展水平与规模，产业结构与产业组织状况，市场容量与发育程度，生产成本与生产效率等方面的差异。

组织体制差异。包括区域发展的微观组织基础和宏观政策体制环境的差异。这种差异对区域发展方向、速度、规模及其在区际联系中的相对地位有重要影响。

在这种划分的基础上，他提出了区域差异形成原因的一般框架：区域资源赋存差异（包括区域自然资源差异和区域生产要素禀赋差异）；区域分工水平差异（包括以自然资源差异为基础的区际分工和以生产要素禀赋差异为基础的区际分工）；区域经济结构差异；区域人文资源差异（人文资源分为：文化资源，包括政治理论、法律、宗教、文学艺术、价值观念、道德准则、民族心理特征、社会历史传统等；社会资源，包括社会制度、政党、宗教组织、群众团体、人际关系、社会等级制度、家庭和婚姻关系等；精神资源，包括理想、信仰、信心、毅力、意志、荣誉感、献身精神、兴趣爱好、积极性等）。在一般性分析的基础上，韦伟分两个阶段探讨了中国区际差异的原因：1949 年至 1978 年年底和 1978 年以后。在第一阶段，首先是区域历史发展基础差异，然后是新中国成立后前三十年强调平衡发展，为缩小区际差异做出了巨大努力，在一定程度上缩小了区际差异，也制约了东部一些地区的经济发展；在第二阶段，区域经济发展的政策体制环境差异（主要有财政包干体制、投资体制、对外开放政策、价格管理体制）使沿海与内地处于不平等的发展环境，导致了区域差异的扩大。

覃成林认为[②]，综合来看，现有对区域经济差异变化原因的分析基本涉及了影响区域经济差异变化的主要因素，即从经济基础、区位和环境、经济结构、资源投入、经济效益、人口和劳动力素质、经济政策和经济体制等方面去分析区域经济增长的差异。但是，首先，这些研究工作对导致区域经济差异变

---

① 韦伟，《中国经济发展中的区域差异与区域协调》，合肥：安徽人民出版社，1995 年，第 23～24 页，第 56～88 页。

② 覃成林，《中国区域经济差异研究》，北京：中国经济出版社，1997 年，第 54～108 页。

动的因素没有进行层次上的区分，也没有区别哪些是区域的内部因素，哪些是外部因素。其次，对各种因素影响区域差异变动的机制没有进行深入分析，而且，分析中多数没有联系区域经济差异变化的过程来进行。再次，这些工作基本上是在东、中、西部的空间层次上进行的，没有深入省区层次。最后，上述研究缺陷使得这些研究工作的政策意义不明确，即难以根据其分析工作对调控区域经济差异变化提出针对性强的政策建议。有鉴于此，覃成林从区域经济发展原有基础和发展速度变化两个方面，选择了国家经济政策、区域经济结构、投资、人力资本、区际经济关系、区域经济基础等主要因素，从定性与定量两个方面分析了他们对区域经济差异变化的作用。从国家经济政策来看，国家经济发展战略转变造成了区域间经济发展机会的差异，对外开放经济政策的实施造成了区域间经济发展推动力的差异，经济体制改革的不同步导致区域间发展活力和资源配置能力的差异，价格体系的不完善造成区域之间的利益得失差异，财政政策的区域差异在一定程度上影响了区域之间经济发展能力的差异。总之，20 世纪 70 年代末以来，沿海各省区与内地各省区之间基本上是在不同的宏观经济政策环境中发展的，这是造成区域经济发展差异的一个十分重要的原因。从区域经济结构来看，覃成林分析了区域产业结构、所有制结构、城乡经济发展和工业化进程对区域经济增长及区域经济差异变化的影响。从投资方面来看，他分析了投资总量、投资构成和资金空间流动对区域经济差异变化的影响。从人力资本方面来看，他重点分析了人口数量增长、人口素质、劳动力就业和人口迁移对区域经济差异变化的影响。从区际经济关系方面来看，他主要分析了区际分工、区际贸易、区域竞争策略、经济波动的空间传递等对区域经济差异的作用。关于区域经济基础，他主要分析了各区域在 1978 年的经济总量差异对区域经济差异变化的影响，结论是，1978—1992 年间，各省区国民收入增量的大小大体上与其在 1978 年时国民收入总量的规模成正比。

周民良认为，多种因素交互作用导致了中国区域差距扩大。[①] 这些因素为：非国有制经济发育程度的不同、经济结构的差距、投资规模的不同、区域优惠政策方面的差异、区位的差异、经济效益方面的差异。在以上诸种因素中，由改革开放带来的非国有制经济发展和优惠政策是引发区域差距扩大的最主要因素。李清泉通过构造一系列指标的方式[②]，从经济竞争力状况、农村经济发展

---

① 周民良，"论我国的区域差异与区域政策"，管理世界，1997.1，第 174～184 页。

② 李清泉，《中国区域协调发展战略》，福州：福建人民出版社，2000 年，第 99～173 页。

水平状况、工业经济发展水平状况、社会发展水平状况、生活质量状况、基础设施状况等方面分析了我国 20 世纪 90 年代以来的区域差异变化状况。在这种分析的基础上，他从几个方面探讨了区域差异变化的原因，包括自然地理因素（自然地理环境条件、资源禀赋条件、区位条件）、政策因素（对外开放政策、价格政策、产业政策、投资政策、财政政策）、体制因素（经济体制改革进展状况、非国有经济发展状况）、人力资源因素（劳动力文化素质状况、科学技术人员状况、经营管理者水平状况、思想观念状况）、经济全球化因素（引进外资状况、对外贸易状况、企业竞争力状况、金融和管理中心形成状况）。

周国富在考察了不同层次的区域差距变化趋势之后，认为我国地区差距形成和发展的原因在于[1]：各地区的经济发展起点不同（新中国成立前产业布局不均衡、基础设施分布不均衡）、国家政策和中央投资的区域效应不同（改革开放前均衡布局政策的区域效应、改革开放以来非均衡发展战略的区域效应）、各地区的工业发展模式不同、各地区的经济市场化程度不同、各地区的经济效益水平不同、各地区的人口素质和人口增长速度不同。

秦琦在其硕士论文中，通过分省数据实证考察开放政策对中国经济增长的作用，并比较 FDI、进口和出口的影响力度，认为其有惊人的增长效应，而且中国外贸和 FDI 的另一特点是在沿海和内地分布极不均匀。[2] 秦琦认为，不仅发挥比较优势是中国开放度增加的重要源泉，各省发挥比较优势的程度也对其对外贸易和 FDI 的大小有很大的解释力。其实证结果证明了越充分发挥要素禀赋的比较优势的地区，其国际贸易量越大。魏后凯利用 1985—1999 年的时间序列和横断面数据，对外商投资对中国区域经济增长的影响进行了实证分析，认为东部发达地区与西部落后地区间 GDP 增长率的差异，大约 90% 是外商投资引起的。[3] 而武剑运用多维方差分析模型，对我国地区间 GDP 差距，国内投资数量差距，国内投资效率差距，外商投资数量差距，外商投资效率差距进行分析，结果表明，外商投资的区域分布不能有效解释各地区经济的不平衡状况，相反，国内投资尤其是投资的效率差距，是造成区域经济差距长期存在的重要因素。[4]

陈宗胜等根据对调查数据的分析[5]，认为改革开放以来，中国城镇居民的收

① 周国富，《中国经济发展中的地区差距问题研究》，大连：东北财经大学出版社，2001 年，第 85~129 页。
② 秦琦，"开放政策、经济增长和禀赋比较优势"，北京大学中国经济研究中心硕士毕业论文，1997 年。
③ 魏后凯，"外商直接投资对中国区域经济增长的影响"，经济研究，2002.4，第 19~26 页。
④ 武剑，"外国直接投资的区域分布及其经济增长效应"，经济研究，2002.4，第 27~35 页。
⑤ 陈宗胜、周云波，"城镇居民收入差别及制约其变动的某些因素——就天津市城镇居民家户特征的影响进行的一些讨论"，经济学（季刊），2002.4，第 563~573 页。

入差别持续扩大，但按可比标准还没有达到两极分化状态。同时，分析表明，行业结构及变动、所有制和文化水平是影响当前中国城镇居民收入差别及其变动的最主要因素。陈志刚等通过对江苏和江西两省的实证分析，验证了教育所引起的地区经济发展差异，表明教育对区域经济发展差异的作用主要体现在两个方面：规模效应和结构效应。即一方面，教育发展的整体规模与投入强度与经济发展之间有着密切的正向关系，教育投入上的差距是引起区域经济发展差异的主要因素之一；另一方面，教育发展结构的不同同样会促进或制约地区经济的发展。江苏和江西两省是经济发达和欠发达地区的代表之一。1978 年，江苏省的国内生产总值不到江西省的 3 倍。经过 20 余年的改革发展，到 1998 年两者的经济差距扩大了一倍。1985—1998 年的 13 年间，江苏和江西两省的教育投入差距在不断拉大。这一时期，江苏省财政支出中的教育事业费从 9.24 亿元上升到 89.73 亿元，平均每年增长 67.01%；而江西省财政支出中的教育事业费从 5.5 亿元增加到 31.27 亿元，年均递增 36.04%，江苏省教育投入的增速是江西省的近两倍。教育投入规模上的巨大差异是导致两省间经济发展差距进一步扩大的重要因素。基于一个普适生产函数 mega-production function，分别估计出了江苏和江西两省高等教育和中等教育发展对经济发展的贡献。从估计结果看出，江苏省高等教育发展对经济发展的重要性要远大于中等教育（标准化系数分别为 0.274 和 0.164）；而江西省的情况恰好相反（标准化系数分别为 0.212 和 0.274）。可见，在社会基础条件和产业发展配套还相对较落后的江西，快速发展初中等教育对经济发展的贡献将大于高等教育的作用。但是，1978—1998 年，江苏省高等教育的发展要快于中等教育的发展（年均增长率分别为 17.58% 和 0.07%），江西省同样如此（年均增长率分别为 2.68% 和 16.58%），显然，在江西省，不同教育层次的比较优势没能得到充分体现，在相同的教育投入下，江西省的这种教育发展模式所带来的经济绩效必然要大大低于江苏省。[①]

蔡昉等从增长理论出发，给出了影响区域差异的根本原因。在经济增长理论中，地区差距被划分为两类，即增长速度的差异或"β 趋异"，表示在一个动态的过程中，差距形成的原因，以及由前者导致的最终结果的绝对水平差异或"σ 趋异"。在一般的情况下，如果不同的地区长期具有不同的经济增长率，自然可以预期产生不同地区在人均收入水平上的差距。

---

① 陈志刚、王青，"教育与区域经济发展差异——基于江苏和江西的实证分析"，中国人口·资源与环境，2004.4，第 80～83 页。

**表 4-3    1978—1998 年，各省平均增长率（转引自蔡昉）**

| 地　区 | 增长率（%） | 地　区 | 增长率（%） | 地　区 | 增长率（%） |
|---|---|---|---|---|---|
| 北　京 | 8.32 | 山　西 | 7.26 | 广　西 | 7.27 |
| 天　津 | 7.26 | 内蒙古 | 8.17 | 贵　州 | 7.17 |
| 河　北 | 8.92 | 吉　林 | 8.31 | 云　南 | 7.89 |
| 辽　宁 | 7.43 | 黑龙江 | 6.17 | 西　藏 | 6.90 |
| 上　海 | 8.17 | 安　徽 | 9.08 | 陕　西 | 7.73 |
| 江　苏 | 10.99 | 江　西 | 8.56 | 甘　肃 | 6.98 |
| 浙　江 | 12.03 | 河　南 | 9.00 | 青　海 | 5.28 |
| 福　建 | 11.54 | 湖　北 | 8.95 | 宁　夏 | 6.39 |
| 山　东 | 10.27 | 湖　南 | 7.40 | 新　疆 | 8.25 |
| 广　东 | 11.55 | 四　川 | 8.05 | — | — |
| 海　南 | 10.62 | — | — | — | — |
| 东部地区 | 9.74 (1.76) | 中部地区 | 8.10 (0.88) | 西部地区 | 7.09 (0.92) |

注：重庆因资料不全，未列入表中，广西未按惯例列入东部。括号中的数据为增长率的标准差。

正如经济增长理论所预期的，我国地区之间特别是三类地区之间在经济增长率上面的差异，导致三类地区之间人均收入水平绝对差距的扩大。但是，增长率差异并不是两类地区处于不同的人均收入水平的根本原因。在我国进行经济改革之前，无论东部、中部还是西部地区，都是国有经济占据绝对的统治地位，政府对企业和部门进行直接的投资。所以政府投资与私人部门投资在效率上的差异并不存在，从而也不构成地区之间增长率差异的原因。然而，由于东部地区工业化程度较高，中西部地区农业比重较高，而传统发展战略又是以牺牲农业完成工业化积累为特征的，因此政府的工业投资也具有偏向于东部地区的特点，导致西部地区投资不足，增长速度缓慢。而改革以来出现了国有经济与非国有经济彼此对峙、互相消长的格局，非国有经济的迅速扩大和发展成为市场化改革的重要内容。由于东部地区在市场化改革方面得到更多的政策容忍甚至优惠，中西部地区在改革进程上相对落后，所以，无论是工业总产值中国有经济的比重，还是全社会固定资产投资中的政府比重，都是西部地区高于中部地区，中部地区高于东部地区。由此可见，政府对投资的干预从而导致的低效率，是造成地区增长差异从而地区间人均收入差距的重要政策因素。在我国的省、直辖市、自治区之间，经济增长条件的异质性表现得相当突出，使得我们至少可以说，在东部地区与中西部地区之间存在着大相径庭的经济稳态。这种稳态的差异主要由人力资本禀赋的差异、制度或体制对市场机制的贴近程度所导致。中西部地区不仅在以人均国内生产总值表示的初始条件上，与东部地区存在着差距，在人力资本禀赋、市场化程度、政策扭曲的消除等方面也存在着巨大的差距。而实现绝对的 R 趋同有赖于消除在这些影响经济稳态的条件方面的地区差距。因此，西部开发战略应该把政府政策关注的重点，以及无论是中央政府、地方政府，还是社会各界的投资重点放在改变这些条件上面。①在 2002 年，蔡昉进一步指出，贫困地区之所以长期陷于贫困的恶性循环，除了在人均收入、投资水平、效率上与发达地区存在差距外，在一系列人文发展条件上的差距更为重要。这些人文发展条件包括体现在教育和健康水平上的人力资本禀赋、资源环境条件、产品和生产要素市场的发育水平，以及其他制度因素。他建议，正在实施的西部开发战略，应该着眼于改变中西部地区的人文发展条件，消除其发展经济能力上的贫困。②

孟晓晨等通过对知识创新的投入、知识产出和人力资本积累三方面的区域差异分析，认为我国各区域在知识创新能力上差异较大，明显地体现出东部与中西部的差异。东部在知识创新的各个方面都比中西部有明显优势，由于知识创新能力在经济增长中的作用正变得越来越重要，这种优势必然会进一步拉大东部与中西部区域经济发展水平的差距。尽管中部地区在经济发展水平上明显高于西部地区，但在知识创新能力方面并不比西部具有更大的优势。这将使得中部地区在未来的发展中更难赶上东部地区，而且有可能向西部地区靠近。③

樊明认为，不同的经济制度条件下，影响区域差异的原因大不相同④：在以私有制为基础的市场经济制度下，生产要素按回报最大化原则在区域间转移，结果导致区域差异的变化呈威廉逊所谓的倒"U"形趋势。建立在公有制基础上的计划经济制度虽有一定的使区域差异趋同的机制，但效率损失较大，就中国经验而论，没能有效地导致区域差异缩小。在以公有制为基础的市场经济制度条件下，由于地方国有的制度安排往往出现市场分割、生产要素难以按回报最大化原则在区域间转移，导致区域差异难以有效缩小。因此，他认为国

①　蔡昉、都阳，"区域差距、趋同与西部开发"，中国工业经济，2001.2，第 48～54 页。
②　蔡昉等，《制度、趋同与人文发展——区域发展和西部开发战略思考》，中国人民大学出版社，2002 年。
③　孟晓晨、李捷萍，"中国区域知识创新能力与区域发展差异研究"，地理学与国土研究，2002.4，第 79～82 页。
④　樊明，"不同经济制度条件下的区域差异"，经济经纬，2004（1），第 60～63 页。

有经济退出竞争性领域和建立统一市场是缩小区域差异的关键。

陈玉宇等利用1995年和1999年两组具有典型性的中国城镇家庭微观个体数据，采用一种基于回归分析的不平等指标分解方法，结合人力资本理论和中国劳动市场的结构特征，试图挖掘出更深层也是更细致的收入分配不平等的收入来源，以及收入分配变化的结构性力量。研究发现，一个值得注意的现象是人力资本因素在每一年的收入差异中解释能力仅次于地区因素而且其重要性正在上升。动态分析表明人力资本占到工资基尼系数指标增加的44.36%。进一步分解教育对工资收入不平等的相对要素贡献度的变化，发现主要是教育和收入的相关性以及教育回报率的增加导致了教育的可解释程度的增加，从而造成工资收入不平等的增加，而教育本身的不平等有所下降并起到减缓工资收入不平等的作用。[1]

综观学术界对区域经济差异问题的实证研究，表现出了一个不断发展的研究历程。首先，研究方法和手段不断更新改进。衡量区域经济差异的指标，经历了绝对差距、相对差距的变化，从对收入不平等分解分析采用统计上的分组分解技术，到最近出现的一种基于回归分析的不平等指标分解方法，实现了和经济理论有效的结合。从对区域差异形成原因的定性探讨，逐步深入定量的实证研究。其次，关注的层面更加深层化，从对于三大地带差距的关注，到省际差距、南北差距、城乡差距、城乡内部的差距等。再次，从最初的对区域差距大小及其可接受尺度的争论，到进入差距原因的解释，到解决办法的探寻。最后，数据的来源从完全依赖国家统计部门的资料，到更多地采用自身或民间的调查问卷数据，数据的获取途径更加多元化。但是，由于引致区域差异的因素存在复杂性，到目前为止，学术界对于造成区域差异的原因还远未形成统一的认识。各有侧重的分析有助于原因的明朗化，却无法导致共识的形成。因此，以实证研究为基础，抓住主要的影响因素，并从数量上明确其对区域差异的影响程度，将是未来区域经济差异实证研究的重点。

## 4.3 关于区域差距协调问题的争论

对于区域差距的协调问题，对应于经济学历史上的市场与政府之争，理论界存在两种截然不同的观点，即市场型区域协调论与政府干预型区域协调论。

① 陈玉宇、王志刚、魏众，"中国城镇居民20世纪90年代收入不平等及其变化——地区因素、人力资本在其中的作用"，经济科学，2004.6，第16～25页。

市场型区域协调模式以新古典理论为理论基础。而新古典理论建立在三个基本假设之上：完全自由竞争的市场结构；生产要素充分利用；资本和劳动力自由流动。在这些假设条件下，新古典理论认为，在市场供求关系和资本边际收益递减规律的支配下，发达地区的资本会流向不发达地区，不发达地区的劳动则会流向发达地区，从而最终区域差异将消失。因此，市场型区域协调模式的实质是期望通过市场机制的自发调节，使资本、劳动等资源要素实现合理流转和配置，达到经济上的均衡，因而主张对区域差异采取自由放任的态度，认为通过市场的作用可以消除区域差异，实现区域协调发展。如果市场还未能实现区域协调，那么问题一定出在市场本身。强调完善市场建设、健全市场制度是市场型区域协调模式全部理论的要义。

　　新古典理论的批评者认为，新古典理论的假设不可靠。第一，区域间的劳动和资本流动是新古典理论的一个基本假设，然而，事实上劳动和资本流动性较低。第二，每个区域内要素价格灵活性是确保每个区域生产专业化和充分就业的一个必要条件，然而事实上要素价格不可能具有如此的灵活性。第三，假设不存在技术进步因素的作用也是不确实的，事实上技术进步从多方面影响区域差异的存在和变化。技术创新和扩散在空间上是不平衡的。J. 弗里德曼指出，创新一般在少数"核心区域"发生，原因在于这些区域经济实力雄厚，可以承受高昂的科技开发费用；物质文化生活水平和工作条件优越，聚集大批科技人员和企业家；由于聚集程度高、人员流动性强、信息量大，发生创新的概率也高。技术的扩散在空间上也是不平衡的，那些交通运输基础好，经济上、技术上吸收创新能力以及产业结构转换能力较强的区域，往往能较多、较快地接受技术创新的扩散。同时受生产周期的影响，越是技术创新的区域，技术越会不断得到创新。所以，欠发达区域与发达区域相比，将很少享受技术进步和规模经济带来的利益，这种恶性循环只有运用区域经济政策手段才能阻止，否则会长期存在。此外，还存在着妨碍市场机制发挥作用的一些因素，并不是自由竞争的所有条件均能得到满足。总之，大多数国家的政府和经济学家已认识到，单纯利用市场的力量是不能解决区域差异问题的。自 20 世纪 50 年代以来，各国纷纷建立了区域协调发展机构来解决区域差异问题。如巴西的亚马逊地区开发计划管理局，加拿大的区域经济拓展部，法国的国土整治与区域行动评议会，等等。联合国也建立了区域发展中心，欧共体建立了区域发展基金，以资助成员国不发达区域的发展。

　　政府干预型区域协调模式是指在市场协调基础上政府还必须予以干预，其理论基础是缪尔达尔—赫希曼假说。瑞典经济学家冈纳·缪尔达尔认为，市场力量的作用通常倾向于增加而不是减少区域差异。美国发展经济学家艾伯特·赫希曼指出，如果没有周密的政府干预，区域差异会不断增长。他们均主张发展中国家实行"不平衡发展战略"，因此，也有人称此模式是"不平衡区域协调模式"。政府干预型区域协调模式的积极意义表现在：一是它强调了区域的初始优势是不同的，并且初始优势将影响区域间经济增长率，造成区域间经济差异扩大。二是它指出了完全市场型区域协调模式的不足，认为在自由竞争市场条件下，区域差异不是一个自动缩小的过程，而存在着累积因果循环的状况，这接近于发展中国家的实际情况。三是它强调了政府制定经济发展战略对区域差异实行政府干预的必要性。目前世界上几乎所有的国家都采取一定的措施控制和避免区域差异扩大，这说明这一理论比较符合各国政策要求。这一理论的一个最明显的缺陷是，它把累积因果循环看作一个普遍规律，实际上区域差异的扩大和缩小，在各个国家的形成、发展、变化是多种多样的。经常可以看到发达区域衰落和欠发达区域崛起的实例，因此，除累积因果循环因素以外，还有其他因素影响着区域差异的变化。[①]

对应于市场与政府之争，在中国学术界，关于政府是否应当着手解决地区差距问题，目前有如下几种观点：第一种也是最有影响的观点是"中性"政策论，主张用产业倾斜政策代替过去的地区倾斜政策，认为国家对发达地区与不发达地区要一视同仁，采取不偏不倚的"中性"政策，即不主张国家对地区经济进行宏观干预与调节，否定中央政府实行区域政策的必要性。有的学者如胡大源[②]甚至也不强调产业政策的作用，而是认为在市场经济条件下，中央政府促进地区协调发展的途径主要是根据地区发展的规律为相对落后地区发挥"后发优势"创造条件。尤其是在经济转轨阶段，中央政府的政策制定既要建立在广泛的实际调查的基础上，又要深入研究发达的市场经济国家的经验教训，因此，不主张采用简单的"劫富济贫"式的政府转移支付。第二种观点是"效率至上"论，认为由于国家财力有限，当前应集中力量，重点支持那些经济效益较好的发达地区的经济发展。等发达地区富裕了，再由发达地区花钱来解决地区差距问题。但这种观点同时也遭到反驳，一方面，地区差距过大一方面可能引起社会和政局不稳定；另一方面，人的欲望总是不可满足的，一些市场经济

---

① 李清泉，《中国区域协调发展战略》，福州：福建人民出版社，2000 年，第 178～188 页。

② 胡大源，"转轨经济中的地区差距——对'地区差距扩大论'的质疑"，战略与管理，1998.1，第 35～41 页。

国家的经验表明，先富裕的地区一般都不愿意多拿出钱来解决地区差距问题，即使拿了钱，也往往是有目的的，或者带有一些附加条件。此外，如果少部分地区极端富裕，与其他地区形成明显的反差，那么生活在贫民窟中的大富翁是不会有安全感的。第三种观点是，一些学者认为，根据"威廉逊倒'U'型规律"，在经济发展的初期，随着收入水平的提高，地区差距将逐渐扩大，然后地区差距将保持稳定，当经济进入成熟增长阶段后，地区差距最终将会趋于缩小。目前中国的地区差距还不大，在发展阶段出现地区差距的扩大也是正常的，因而中央政府没有必要进行干预。但从目前学术界利用各个国家更详细的历史资料对威廉逊假说进行检验的结果表明，支持与不支持假说的证据基本上各占一半。而且，从发达市场经济国家的经验来看，国内地区差距由扩大转变为缩小的年份都在 20 世纪 30 年代之后。这一时期正好是西方市场经济由自由放任转变到政府干预的时期，许多国家都在 30 年代经济危机以及第二次世界大战之后，纷纷制定区域政策，对产业区位和地区发展进行有利的干预，以逐步缩小地区差距，平衡地区发展。第四种观点以中国区域经济差异演变的客观事实和国外的经验为基础，不同意那种认为随着经济的发展，地区差距将会自行缩小，国家没有必要通过区域政策对落后地区提供援助和政策优惠，并帮助这些地区建立自我发展机制以从根本上解决地区发展不平衡问题的观点，认为那种观点是片面、错误而有害的，[①] 持这种观点的学者还积极地提出了缩小区域差距的政策建议。近来，学术界还出现了认为区域差异是一种资源的观点。刘伟等认为，一国经济区域之间存在显著的发展差异，通常被作为经济二元性的重要体现和不发达的重要标志。但对于我国现阶段经济状况来说，这种区域差异的存在，从而产生梯度式推进的可能，在一定意义上恰恰是我国实现持续高度增长的重要资源和特有的发展禀赋。自改革开放以来，我国经济已保持了 25 年的高速增长，GDP 年均增速保持在 9% 以上，打破了西方学者针对亚洲新兴工业化国家高速增长曾提出的"增长的 22 年极限论"，被称为"中国的奇迹"。我国经济能否续写奇迹，再实现 20 年左右的高速增长呢？刘伟等认为，除去自然、军事、政治及国际环境等因素外，就我国自身的经济增长而言，关键在于经济体制性因素和经济发展性因素。体制性因素即深入完善市场经济体制，这是提高各方面生产要素效率的根本体制保障，也是遏制腐败，遏制特权

---

① 魏后凯、刘楷、周民良、杨大利、胡武贤，《中国地区发展——经济增长、制度变迁与地区差异》，北京：经济管理出版社，1997 年，第 256～258 页。

经济，遏制权钱交易的重要经济体制条件。发展性因素即由各方面经济条件规定的潜在的自然增长率。他们认为，大国优势和区域差异为我国保持更长时期的高速增长提供了独特的条件。我国欠发达地区虽然仍明显落后于发达地区，甚至落后于全国平均水平，但如果能够进一步加强人力资源等方面的开发和基础设施建设，同时又有在劳动力成本、自然资源等方面的优势，它们就有可能成为今后新一轮高速经济增长的新的动力。他们乐观地认为："无论从经济发展水平和经济增长速度的地区差异上，还是从区域间产业结构高度的落差上，或是从地区间投资和消费需求的变动上，我国作为一个处于工业化加速期的发展中大国，区域间发展的非均衡既是实现现代化的难题，同时又是支持我国经济不同于发达国家，不同于一般发展中小国，保持更长时期高速增长的重要发展性条件和资源。问题在于我们能否从发展战略、经济体制、经济政策等各方面，使这种发展性的资源和非均衡的潜在持续发展优势，转变为财富，转变为现实的经济奇迹。"[①]

总体来说，中国学者从中国区域经济差异的经验研究出发，得出了许多有益的结论。学者们的工作主要可以总结为三个方面：首先，一大批经济地理学者和经济学者在大量详尽的经验研究中得出了中国区域经济差异的基本变化规律，进而开始探讨差异形成的原因和相应的政策建议。其次，有学者开始采用计量经济学的方法，试图寻找出影响经济差异形成的比较精确的可用数字描述的因素。另外，还有一些新产业区理论的研究者开始关注一些特殊区域的崛起[②]，试图用调查与实证的方法追寻这些区域脱颖而出的内在原因，这些研究的侧重点与视角虽不是区域差距，但在一定意义上也是对区域差异的关注与研究。这些都是卓有成效的工作，极大地丰富了区域经济差异的研究，也为决策部门提供了很好的决策参考。

然而，如何用规范的数学语言建立与完善关于区域经济差异问题的理论研究还显得比较欠缺，这种关于区域经济差距问题的理论研究将有助于人们更准确地了解区域差异的演变与发展规律，显得十分迫切。随着新地理经济学的崛起和新的数学工具的出现，这种涉及多重均衡的对于区域经济差异的理论研究将可能进行，且将成为学者们一个新的努力方向。事实上，已经有在国外的中

① 刘伟、蔡志洲，"区域差异——我国经济持续高速增长的重要资源"，中国党政干部论坛，2004（3）、（4），第35～37页，第45～48页。

② 王辑慈等，《创新的空间——产业集群与区域发展》，北京：北京大学出版社，2002年。

国学者开始进行这方面的工作。[①] 在这个基础上，本书试图从关注中国区域经济差距的经验事实出发，建立包含交易成本、不完全流动、人力资本形成的区域经济差异的空间均衡模型，试图说明垄断竞争的市场条件下跨代际的人力资本积累会如何影响区域经济差异的演变。

## 4.4 本书关注的重要经验事实

### 4.4.1 在中国，区域人力资本存量与人均 GDP 水平、人均工资水平呈现为正向的关系

第 3 章众多的经验研究证明了这一点。简单地以各省区人力资本存量（大专以上人数占总人口的百分比）与人均 GDP 水平、人均工资水平的关系来看，也能得出上述的结论。

从图 4-1 可以看出，各省区人力资本水平与人均 GDP 水平呈现正向关系，即人力资本水平越高的省区，其人均 GDP 水平也越高。

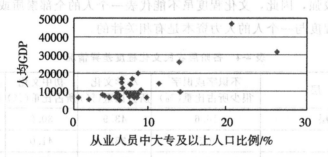

**图 4-1 2003 年各省区人力资本水平与人均 GDP 水平**

从图 4-2 可以看出，人力资本水平与职工平均工资也显现出较好的正相关趋势，但是有一个特例，如西藏，其人力资本水平最低，但平均工资非常高，这显然与西藏特殊的工作条件和国家的工资政策有关。

人力资本水平与人均 GDP、人均工资正相关的经验事实成为本书第 5 章不同人力资本水平对应不同的工资收入假设的基本依据。

① Dapeng Hu, "Trade, rural-urban migration, and regional income disparity in developing countries: a spatial general equilibrium model inspired by the case of China", *Regional Science and Urban Economics* 32 (2002), pp. 311~338.

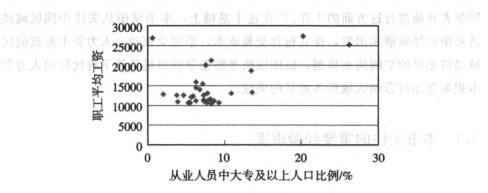

**图 4-2　2003 年各省区人力资本水平与职工平均工资**

### 4.4.2　中国各阶层农民文化程度与其收入呈正向关系

依据中央政策研究室和农业部共同设立分布在全国 29 个省（区、市）的 312 个农村固定观察点的专题调查，农民的文化程度与其所从事的职业有直接的关系，从而也与其收入有关系。

一般来说，文化程度高，思想观念更新快，专门技术容易学会，适应新环境的能力比较强，因此，文化程度虽不能代表一个人的全部素质或者说人力资本，但文化程度与一个人的人力资本是有相关性的。

**表 4-4　各阶层农民文化程度差异情况**

| 阶　　层 | 不识字或识字很少所占比重（%） | 小学文化所占比重（%） | 初中文化所占比重（%） | 高中以上文化所占比重（%） |
|---|---|---|---|---|
| 农业劳动者阶层 | 16.6 | 43.9 | 30.6 | 8.9 |
| 农民工人阶层 | 9.5 | 38.1 | 41.0 | 11.4 |
| 雇用工人阶层 | 14.5 | 50.0 | 27.4 | 8.1 |
| 乡村集体企业管理者阶层 | 3.7 | 30.7 | 47.1 | 18.5 |
| 个体工商、个体劳动者阶层 | 14.2 | 40.6 | 33.0 | 12.2 |
| 私营企业主阶层 | 1.9 | 37.7 | 43.4 | 17.0 |
| 乡村行政管理者阶层 | 2.0 | 23.5 | 49.5 | 25.0 |
| 乡村智力型职业者阶层 | 1.5 | 8.5 | 35.4 | 54.6 |
| 家务劳动者阶层 | 35.3 | 43.1 | 15.5 | 6.0 |
| 其　　他 | 19.3 | 39.3 | 29.3 | 12.1 |

资料来源：《中国农民》1995 年第 9 期第 4 页，转引自：游宏炳，《中国收入分配差距研究》，北京：中国经济出版社，1998 年，第 70 页。

### 4.4.3　中国各省区，尤其是沿海与内地人力资本水平存在差异

从表 4-5 可以看出，我国 6 岁及 6 岁以上人口受教育程度整体水平还比较低，同时又分布不平衡，尤其表现为沿海省份和大城市人力资本水平较高，内陆省份人力资本水平较低。有一个特例，那就是新疆地处内陆，但人力资本水平较高，这与历史时期大量的移民有关。

表 4-5　2003 年中国分地区 6 岁及 6 岁以上人口受教育程度构成

（单位：%）

| 地 区 | 6岁及6岁以上人口 | 不识字或识字很少 | 小 学 | 初 中 | 高 中 | 大专及以上 |
|---|---|---|---|---|---|---|
| 全 国 | 100 | 10.2 | 35.0 | 37.6 | 12.5 | 4.7 |
| 北 京 | 100 | 5.0 | 14.9 | 35.7 | 24.0 | 20.5 |
| 天 津 | 100 | 6.4 | 23.2 | 37.4 | 22.6 | 10.6 |
| 河 北 | 100 | 6.8 | 34.4 | 42.5 | 11.6 | 4.7 |
| 山 西 | 100 | 5.7 | 31.6 | 45.4 | 12.7 | 4.6 |
| 内蒙古 | 100 | 11.9 | 29.7 | 37.8 | 14.9 | 5.6 |
| 辽 宁 | 100 | 5.0 | 29.8 | 46.7 | 13.1 | 5.5 |
| 吉 林 | 100 | 4.3 | 32.2 | 39.8 | 17.2 | 6.5 |
| 黑龙江 | 100 | 6.1 | 31.1 | 43.2 | 14.7 | 4.9 |
| 上 海 | 100 | 7.6 | 17.5 | 34.7 | 25.1 | 15.1 |
| 江 苏 | 100 | 12.4 | 32.0 | 38.7 | 13.1 | 3.8 |
| 浙 江 | 100 | 12.2 | 34.2 | 34.5 | 13.2 | 5.8 |
| 安 徽 | 100 | 14.7 | 36.6 | 38.7 | 7.4 | 2.6 |
| 福 建 | 100 | 11.9 | 38.7 | 32.0 | 13.2 | 4.2 |
| 江 西 | 100 | 9.1 | 41.7 | 34.8 | 11.5 | 2.9 |
| 山 东 | 100 | 10.1 | 28.1 | 41.8 | 14.4 | 5.7 |
| 河 南 | 100 | 7.8 | 29.5 | 46.5 | 12.0 | 4.3 |
| 湖 北 | 100 | 12.4 | 39.3 | 32.3 | 12.2 | 3.9 |
| 湖 南 | 100 | 7.2 | 37.3 | 38.7 | 12.5 | 4.3 |
| 广 东 | 100 | 6.4 | 36.8 | 37.8 | 13.8 | 5.2 |

| 地 区 | 6岁及6岁以上人口 | 不识字或识字很少 | 小 学 | 初 中 | 高 中 | 大专及以上 |
|------|------|------|------|------|------|------|
| 广 西 | 100 | 8.6 | 39.6 | 37.0 | 11.3 | 3.5 |
| 海 南 | 100 | 7.9 | 34.6 | 39.4 | 14.6 | 3.6 |
| 重 庆 | 100 | 9.3 | 42.3 | 34.6 | 10.4 | 3.3 |
| 四 川 | 100 | 12.2 | 39.6 | 34.0 | 10.4 | 3.7 |
| 贵 州 | 100 | 16.2 | 42.7 | 30.0 | 7.5 | 3.5 |
| 云 南 | 100 | 20.3 | 46.1 | 25.2 | 6.4 | 2.0 |
| 西 藏 | 100 | 38.0 | 46.6 | 11.7 | 2.9 | 0.8 |
| 陕 西 | 100 | 13.0 | 35.4 | 34.6 | 13.0 | 4.0 |
| 甘 肃 | 100 | 18.1 | 38.4 | 28.9 | 11.6 | 3.1 |
| 青 海 | 100 | 22.2 | 38.0 | 27.6 | 9.0 | 3.2 |
| 宁 夏 | 100 | 15.0 | 33.8 | 33.6 | 11.9 | 5.7 |
| 新 疆 | 100 | 7.7 | 35.8 | 31.7 | 14.8 | 9.9 |

数据来源:《中国教育统计年鉴2003》。

从表4-6可以看出,从业人员受教育程度与6岁及6岁以上人口的整体水平基本一致。表现出类似的特征。虽然二者的取样不同,但基本反映出了目前我国人力资源的分布情况,特别是沿海省份与内陆省份的差异情况。

表4-6　2003年中国分地区就业人员受教育程度构成

(单位:%)

| 地 区 | 合 计 | 男 | 女 | 不识字 | 小学 | 初中 | 高中 | 大专 | 大学本科 | 研究生 |
|------|------|------|------|------|------|------|------|------|------|------|
| 全 国 | 100.0 | 54.7 | 45.3 | 7.1 | 28.7 | 43.7 | 13.6 | 4.8 | 1.9 | 0.1 |
| 北 京 | 100.0 | 61.1 | 38.9 | 0.8 | 5.8 | 38.6 | 28.7 | 12.4 | 11.9 | 1.9 |
| 天 津 | 100.0 | 58.4 | 41.6 | 1.8 | 15.2 | 43.2 | 26.3 | 8.6 | 4.5 | 0.4 |
| 河 北 | 100.0 | 55.1 | 44.9 | 3.5 | 23.4 | 50.5 | 14.0 | 6.2 | 2.4 | — |
| 山 西 | 100.0 | 60.8 | 39.2 | 2.0 | 21.1 | 55.2 | 14.2 | 5.6 | 1.9 | 0.1 |
| 内蒙古 | 100.0 | 57.0 | 43.0 | 9.9 | 27.6 | 41.7 | 13.7 | 5.3 | 1.9 | 0.1 |
| 辽 宁 | 100.0 | 56.5 | 43.5 | 1.7 | 19.5 | 51.9 | 16.0 | 7.6 | 3.2 | 0.1 |
| 吉 林 | 100.0 | 55.3 | 44.7 | 1.5 | 25.5 | 48.1 | 17.2 | 5.4 | 2.2 | 0.1 |

续表

| 地 区 | 合计 | 男 | 女 | 不识字 | 小学 | 初中 | 高中 | 大专 | 大学本科 | 研究生 |
|---|---|---|---|---|---|---|---|---|---|---|
| 黑龙江 | 100.0 | 58.4 | 41.6 | 2.5 | 23.2 | 53.6 | 14.5 | 4.7 | 1.5 | 0.1 |
| 上 海 | 100.0 | 59.1 | 40.9 | 1.0 | 5.7 | 36.9 | 36.1 | 12.4 | 7.3 | 0.6 |
| 江 苏 | 100.0 | 52.9 | 47.1 | 8.3 | 26.7 | 43.7 | 15.2 | 4.1 | 2.0 | 0.1 |
| 浙 江 | 100.0 | 56.8 | 43.2 | 7.8 | 29.8 | 40.1 | 14.3 | 5.4 | 2.6 | 0.2 |
| 安 徽 | 100.0 | 54.3 | 45.7 | 10.0 | 30.0 | 45.2 | 9.5 | 3.8 | 1.5 | — |
| 福 建 | 100.0 | 57.0 | 43.0 | 8.0 | 32.4 | 38.4 | 14.9 | 4.3 | 1.8 | 0.1 |
| 江 西 | 100.0 | 56.5 | 43.5 | 3.9 | 28.5 | 41.4 | 17.0 | 7.0 | 2.2 | 0.1 |
| 山 东 | 100.0 | 53.8 | 46.2 | 8.0 | 23.7 | 47.4 | 13.7 | 5.1 | 2.0 | 0.1 |
| 河 南 | 100.0 | 53.6 | 46.4 | 5.8 | 23.7 | 54.3 | 12.3 | 3.2 | 0.7 | — |
| 湖 北 | 100.0 | 53.3 | 46.7 | 8.6 | 29.9 | 42.6 | 13.6 | 4.1 | 1.3 | 0.1 |
| 湖 南 | 100.0 | 54.8 | 45.2 | 4.6 | 32.2 | 42.0 | 15.3 | 4.9 | 1.0 | |
| 广 东 | 100.0 | 54.7 | 45.3 | 2.7 | 27.0 | 46.6 | 16.2 | 5.6 | 1.8 | 0.1 |
| 广 西 | 100.0 | 53.6 | 46.4 | 4.9 | 34.5 | 43.6 | 11.3 | 3.8 | 1.7 | 0.1 |
| 海 南 | 100.0 | 54.2 | 45.8 | 5.8 | 23.0 | 44.6 | 18.5 | 6.0 | 2.1 | 0.1 |
| 重 庆 | 100.0 | 52.7 | 47.3 | 5.7 | 38.8 | 42.2 | 9.8 | 2.6 | 1.1 | — |
| 四 川 | 100.0 | 53.0 | 47.0 | 8.1 | 37.1 | 39.8 | 10.4 | 3.3 | 1.3 | — |
| 贵 州 | 100.0 | 54.6 | 45.4 | 16.3 | 37.7 | 30.4 | 8.4 | 4.7 | 2.4 | 0.1 |
| 云 南 | 100.0 | 53.7 | 46.3 | 17.3 | 51.2 | 24.8 | 4.6 | 1.4 | 0.6 | — |
| 西 藏 | 100.0 | 48.6 | 51.4 | 55.1 | 36.6 | 6.1 | 1.5 | 0.5 | 0.1 | — |
| 陕 西 | 100.0 | 53.8 | 46.2 | 9.2 | 24.7 | 41.0 | 17.0 | 5.8 | 2.2 | 0.1 |
| 甘 肃 | 100.0 | 53.9 | 46.1 | 18.8 | 30.2 | 32.7 | 12.5 | 4.3 | 1.5 | 0.1 |
| 青 海 | 100.0 | 54.2 | 45.8 | 21.2 | 30.2 | 30.2 | 11.4 | 5.2 | 1.8 | 0.1 |
| 宁 夏 | 100.0 | 53.2 | 46.8 | 15.6 | 29.4 | 34.4 | 13.1 | 6.0 | 1.7 | — |
| 新 疆 | 100.0 | 54.9 | 45.1 | 4.9 | 30.6 | 38.0 | 12.9 | 8.7 | 4.7 | 0.2 |

资料来源：《中国劳动统计年鉴 2004》中 2003 年人口变动情况抽样调查。

　　沿海地区与内陆地区人力资本水平存在差异的经验事实成为第 5 章模型中两区域初始人力资本水平差异的依据。

### 4.4.4 中国沿海与内陆地区就业结构存在差异

**表 4-7  中国沿海与内陆地区就业结构变化（1990—2000 年）**

| | 沿 海 地 区 | | | 内 陆 地 区 | | |
|---|---|---|---|---|---|---|
| | 1990 | 2000 | 变化 | 1990 | 2000 | 变化 |
| 总就业（万人） | 24132.4 | 26262.1 | 2129.7 | 32607 | 36716.8 | 4109.8 |
| 第一产业就业 | 12610.8 | 11746.1 | −864.7 | 21566.1 | 21608.5 | 42.4 |
| 第二、三产业就业 | 11521.6 | 14516 | 2994.4 | 11040.9 | 15108.3 | 4067.4 |
| 第一与二、三产业之比 | 1.1 | 0.8 | — | 2.0 | 1.4 | — |

资料来源：国家统计局，《中国统计年鉴 2001》，北京：中国统计出版社，2001 年。

### 4.4.5 中国各省区人力资本投资存在差异

以教育经费为例，各省间存在较大的差异，西部省份本级拨款占本级财政支出百分比明显偏低。

**表 4-8  2000 年各省、自治区、直辖市本级教育经费基本情况**

| 地　区 | 本级拨款占本级财政支出百分比（%） | 预算内教育经费拨款占本级财政支出百分比（%） | 城市教育费附加（千元） | 中央补助地方的教育专款（千元） | 省本级补助地方的教育专款（千元） |
|---|---|---|---|---|---|
| 全　国 | 11.97 | 11.73 | 716560 | 1345154 | 2851381 |
| 北京市 | 13.13 | 12.36 | 190091 | 6300 | 161309 |
| 天津市 | 9.79 | 9.59 | 23050 | 48000 | 225850 |
| 河北省 | 12.94 | 12.94 | — | 19300 | 40400 |
| 山西省 | 7.96 | 7.96 | — | 5400 | 14050 |
| 内蒙古 | 6.23 | 6.23 | — | 120600 | 23000 |
| 辽宁省 | — | — | — | 155200 | 50000 |
| 吉林省 | 9.71 | 9.71 | — | 85400 | 14150 |
| 黑龙江 | 7.84 | 7.81 | 3396 | 87750 | 37306 |
| 上海市 | 15.43 | 13.75 | 487540 | 2850 | 309000 |

| 地　区 | 本级拨款占本级财政支出百分比（%） | 预算内教育经费拨款占本级财政支出百分比（%） | 城市教育费附加（千元） | 中央补助地方的教育专款（千元） | 省本级补助地方的教育专款（千元） |
|---|---|---|---|---|---|
| 江苏省 | 24.25 | 24.25 | — | 3450 | 86750 |
| 浙江省 | 17.07 | 17.07 | — | 7130 | 65200 |
| 安徽省 | 6.33 | 6.33 | — | 15100 | 35000 |
| 福建省 | 11.20 | 11.16 | 2683 | 31350 | 41240 |
| 江西省 | 19.39 | 19.39 | — | 28560 | 80610 |
| 山东省 | 17.63 | 17.63 | — | 26450 | 38110 |
| 河南省 | 13.36 | 13.36 | — | 14300 | 69850 |
| 湖北省 | 22.78 | 22.78 | — | 14800 | 45720 |
| 湖南省 | 7.66 | 7.66 | — | 16400 | 69792 |
| 广东省 | 11.48 | 11.48 | — | 2050 | 219220 |
| 广西省 | 10.06 | 10.06 | — | 179600 | 145830 |
| 海南省 | 10.61 | 10.61 | — | 34050 | 21130 |
| 重庆市 | 8.35 | 8.35 | — | 13700 | 97461 |
| 四川省 | 7.89 | 7.89 | — | 36200 | 78000 |
| 贵州省 | 7.42 | 7.42 | — | 11740 | 7900 |
| 云南省 | 8.65 | 8.65 | 150 | 135164 | 599258 |
| 西　藏 | 4.87 | 4.61 | 8900 | 60800 | 15992 |
| 陕西省 | 8.27 | 8.27 | — | 10950 | 40050 |
| 甘肃省 | 6.00 | 6.00 | 300 | 12360 | 65300 |
| 青海省 | 7.18 | 7.18 | — | 58060 | 26094 |
| 宁　夏 | 8.68 | 8.66 | 450 | 85910 | 44480 |
| 新　疆 | 6.20 | 6.20 | — | 16230 | 99321 |

资料来源：教育部财政司、国家统计局编，《中国教育经费统计年鉴 2002》，北京：中国统计出版社，2002 年。

　　比较一下，两年之后，差异仍然很大。而西部省份本级财政支出基数本来就少，比例也低，显得尤其薄弱。而西部的西藏、新疆在 2002 年低到仅占3.86%、2.45%，财政支持极不稳定。

**表4-9　中国2002年省、自治区、直辖市本级教育经费基本情况**

| 地区 | 本级拨款总计（千元） | 占本级财政支出百分比（%） | 预算内教育经费拨款（千元） | 占本级财政支出百分比（%） | 教育事业费拨款（千元） | 教育基建拨款（千元） | 科研经费拨款（千元） | 其他经费拨款（千元） | 城市教育费附加（千元） |
|---|---|---|---|---|---|---|---|---|---|
| 合　计 | 48493625 | 12.37 | 47451404 | 12.10 | 38830490 | 3326952 | 2061750 | 3232212 | 1042221 |
| 北　京 | 4178022 | 13.67 | 4064582 | 13.30 | 3412060 | 182010 | 109617 | 360895 | 113440 |
| 天　津 | 1834518 | 11.96 | 1642563 | 10.71 | 1467956 | 39869 | 93773 | 40965 | 191955 |
| 河　北 | 1381493 | 9.80 | 1381493 | 9.80 | 1262263 | 119230 | | | |
| 山　西 | 1005035 | 10.10 | 1005035 | 10.10 | 929648 | 61800 | 12393 | 1194 | |
| 内蒙古 | 663237 | — | 648117 | — | 468499 | 77975 | 18223 | 83420 | 15120 |
| 辽　宁 | 2065500 | — | 2065500 | — | 1818030 | 145440 | 61493 | 40537 | |
| 吉　林 | 1187491 | — | 1187491 | — | 912175 | 23530 | 26384 | 225402 | |
| 黑龙江 | 1313383 | 9.11 | 1313383 | 9.11 | 1183499 | 68750 | 41023 | 20111 | |
| 上　海 | 4987718 | 15.45 | 4349310 | 13.47 | 3297570 | 375834 | 539133 | 136773 | 638408 |
| 江　苏 | 3483302 | 16.39 | 3483302 | 16.39 | 2978676 | 169760 | 224351 | 110515 | — |
| 浙　江 | 1954315 | 18.56 | 1948315 | 18.50 | 1547791 | 115505 | 146452 | 138567 | 6000 |
| 安　徽 | 871785 | 5.40 | 871785 | 5.40 | 762075 | 5100 | 8150 | 96460 | |
| 福　建 | 1458639 | 17.45 | 1458039 | 17.44 | 1003336 | 118900 | 76369 | 259434 | 600 |
| 江　西 | 969217 | 18.43 | 969217 | 18.43 | 866574 | 74508 | 9313 | 18822 | |
| 山　东 | 2417397 | 15.66 | 2417397 | 15.66 | 2116576 | 108000 | 76165 | 116656 | — |
| 河　南 | 2297350 | 17.78 | 2297350 | 17.78 | 1873520 | 103850 | 34437 | 285543 | — |
| 湖　北 | 1279127 | 16.87 | 1279127 | 16.87 | 966980 | 83290 | 117173 | 111684 | — |
| 湖　南 | 1199644 | 7.24 | 1199644 | 7.24 | 1028552 | 153790 | 12488 | 4814 | — |
| 广　东 | 3674726 | 9.59 | 3674726 | 9.59 | 2993395 | 319919 | 220499 | 140913 | |
| 广　西 | 1271189 | — | 1271189 | — | 1058617 | 154150 | 2667 | 55755 | — |
| 海　南 | 389485 | 9.44 | 389485 | 9.44 | 325080 | 17000 | 315 | 47090 | |
| 重　庆 | 1217184 | 9.00 | 1140586 | 8.44 | 815727 | 100330 | 48396 | 176133 | 76598 |
| 四　川 | 1291059 | — | 1291059 | — | 784787 | 161332 | 96263 | 248677 | — |

续表

| 地　区 | 本级拨款总计（千元） | 占本级财政支出百分比（%） | 预算内教育经费拨款（千元） | 占本级财政支出百分比（%） | 教育事业费拨款（千元） | 教育基建拨款（千元） | 科研经费拨款（千元） | 其他经费拨款（千元） | 城市教育费附加（千元） |
|---|---|---|---|---|---|---|---|---|---|
| 贵　州 | 994791 | 9.13 | 994791 | 9.13 | 860389 | 99253 | — | 35149 | — |
| 云　南 | 1426186 | 7.84 | 1426186 | 7.84 | 1199458 | 73340 | 30835 | 122553 | — |
| 西　藏 | 354926 | 3.86 | 354926 | 3.86 | 286554 | 51539 | 840 | 15993 | — |
| 陕　西 | 1387749 | 7.20 | 1387749 | 7.20 | 1158258 | 114626 | 44423 | 70442 | — |
| 甘　肃 | 650575 | 7.44 | 650575 | 7.44 | 504112 | 96740 | 1763 | 47960 | — |
| 青　海 | 337835 | 5.30 | 337835 | 5.30 | 238710 | 54930 | 100 | 44095 | — |
| 宁　夏 | 283867 | 5.05 | 283767 | 5.04 | 247732 | 18460 | 950 | 16625 | 100 |
| 新　疆 | 666880 | 2.45 | 666880 | 2.45 | 461891 | 38192 | 7762 | 159035 | — |

资料来源：教育部财政司、国家统计局编，《中国教育经费统计年鉴 2003》，北京：中国统计出版社，2003 年。

中国各省区人力资本投资存在差异成为第 5 章模型中不同区域人力资本投资差异的基本依据。

### 4.4.6  中国城乡居民家庭恩格尔系数在不断下降

表 4-10 为中国城乡居民家庭恩格尔系数的变化趋势：由 1978—2003 年中国城乡居民家庭恩格尔系数的变化趋势可知，恩格尔系数在不断下降，从 1978 年农村居民的 67.7%、城镇居民的 57.5%，下降到 2003 年农村居民的 45.6%、城镇居民的 37.1%。第 5 章的模型中可以取农产品消费份额分别为 0.65、0.55、0.45 的情形来考虑。

**表 4-10　中国城乡居民家庭恩格尔系数的变化趋势**

| 年　份 | 农村居民（%） | 城镇居民（%） |
|---|---|---|
| 1978 | 67.7 | 57.5 |
| 1979 | 64 | 57.2 |
| 1980 | 61.8 | 56.9 |
| 1981 | 59.9 | 56.7 |
| 1982 | 60.7 | 58.7 |
| 1983 | 59.4 | 59.2 |

| 年　份 | 农村居民（%） | 城镇居民（%） |
|---|---|---|
| 1984 | 59.2 | 58 |
| 1985 | 57.8 | 53.3 |
| 1986 | 56.4 | 52.4 |
| 1987 | 55.8 | 53.5 |
| 1988 | 54 | 51.4 |
| 1989 | 54.8 | 54.4 |
| 1990 | 58.8 | 54.2 |
| 1991 | 57.6 | 53.8 |
| 1992 | 57.6 | 52.9 |
| 1993 | 58.1 | 50.1 |
| 1994 | 58.9 | 49.9 |
| 1995 | 58.6 | 49.9 |
| 1996 | 56.3 | 48.6 |
| 1997 | 55.1 | 46.4 |
| 1998 | 53.4 | 44.5 |
| 1999 | 52.6 | 41.9 |
| 2000 | 49.1 | 39.2 |
| 2001 | 47.7 | 38.2 |
| 2002 | 46.2 | 37.7 |
| 2003 | 45.6 | 37.1 |

资料来源：国家统计局，《中国统计年鉴2004》，北京：中国统计出版社，2004年。

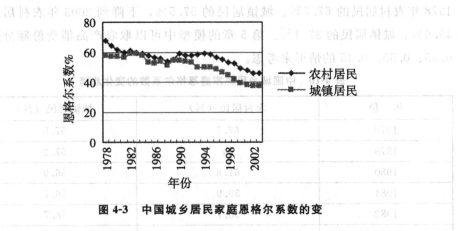

图 4-3　中国城乡居民家庭恩格尔系数的变

总之，从以上经验事实，将引申出第 5 章模型中大多数参数的取值。

# 第5章 交易成本、迁移成本、人力资本形成和区域经济差异：一个空间均衡模型

## 5.1 引言

自从 1960 年舒尔茨明确提出人力资本概念之后，后来的学者们在不断地丰富这个概念。到目前为止，表述最为完整的可能来自人文发展思想[①]："人力资本存量由人的知识、技能、实践、精力和创造力组成。它可以通过多种方式获得：通过培训和学徒计划；在'干中学'；正规教育体系；通过非正式的口头语言接触；通过报纸、广播和通常的信息媒体；在学院中致力于纯学术的和应用的研究；通过个人学习和沉思。像物质资本和自然资本存量一样，如果没有维护就会恶化。因此，出生前的和母亲的呵护、学生餐和其他的营养计划、安全的饮用水的提供、公共健康和疾病控制措施、保障就业计划以及类似的活动非常重要。"本书基本认同上述的观点，但为了简化起见，在模型中，人力资本简单地说是以知识和技能为主要代表的人的发展能力。人力资本的形成有三个主要途径，一个是教育和培训，一个是"干中学"的生产实践，还有一个是人与人的交流。而信息的传播与收集、人的迁移等是促成人力资本形成的辅助要素。

区域人力资本投资像其他种类的物质资本如基础设施投资一样，需要与整体的物质资本投资之间达到一个均衡。如果人力资本投资落后于其他的物质资本投资，则会成为经济发展的瓶颈，相反，如果人力资本投资过多，则可能挤占物质资本投资的资金，从而减缓经济发展速度。因此，一个区域在选择投资

---

footnote
① Keith Griffin and Terry Mckinley, *Implementing a Human Development Strategy*, First published 1994 by Macmilian Press Ltd, p. 3.

时，需要在二者之间做出选择。这个难题事实上可以部分地交给市场去解决。从理论上来说，均衡的状态是，人力资本投资的边际报酬率等于物质资本投资的边际报酬率。然而，在现实的经济体中，往往很难达到均衡。在发展的早期阶段，物质资本匮乏，物质资本的边际报酬率高，发展到一定的阶段，随着物质资本的积累，人力资本缺乏的问题将显现出来，这时人力资本投资的边际报酬率高于物质资本投资，在这个阶段，加大人力资本投资将促进经济发展。

为了简化起见，建立只考虑人力资本投资的模型，但人力资本投资边际报酬率等于物质资本投资的边际报酬率仍然是理性的决策者追求的目标。与商品市场的供需决定价格相对应，由人们的消费偏好决定的对商品的需求进一步决定商品生产市场对人力资本的需求，对人力资本的需求与人们对人力资本的投资即供给一起决定了不同人力资本的价格即工资水平，此即人力资本市场上的均衡状态。因此，是供求因素决定具有不同程度人力资本劳动者的价格即工资水平，个人是这种价格的接受者。对于由父辈决定的下一代的人力资本投资行为（即将来的人力资本供给）受预期价格的影响。假设预期价格近似于现有价格关系，在人力资本稀缺的年代，高人力资本的投资收益率较高，人们总是想尽力提高自身或其下一代的人力资本水平，会加大人力资本投资的权重。因此，投资于下一代的人力资本的权数会随着预期的人力资本投资收益率改变，权数是这种预期的反映和指示器。同时，人们能够根据各专业的预期收入水平为下一代选择专业，从而，均衡的时候，不存在因人力资本专业结构性问题造成的不同专业者的收入不同现象。同时，虽然事后的统计表明高人力资本的个人获得的工资收入要高，但考虑其投资成本，则均衡状态下不同人力资本个人的投资收益率应当趋于相等。

模型中的行为决策主体包括消费者（劳动者）、厂商，劳动者的行为方式可以是在区域之间流动以及经过人力资本投资后在产业之间流动，劳动者同样可以是厂商。成人消费者的总效用函数包括消费和下一代的人力资本形成两部分。均衡时，每个区域内部商品市场、人力资本市场实现均衡，包括：劳动力充分就业，劳动力市场出清条件是各部门生产中使用的劳动者总和等于现有劳动者总量；商品市场出清，即产品的消费量等于生产量；商品生产上的零利润条件；区域之间商品的移动和人的流动可以相互替代，将用于商品交易成本的冰山交易技术运用于人的流动成本，从而在商品移动和人的流动之间实现均衡。不同人力资本的成年人在区域之间迁移前后效用相同，不再发生迁移活动时就达到了均衡状态。

　　模型中迁移成本是阻止人们向一个区域集中的分散力。而人气指数是促使人们集中的集中力，可用人数比例来构造表示区域人气状况的人气指数。假设人们向区域 1 迁移，则这种迁移有两个相反的效应，一方面，迁移的人提高了区域 1 的规模从而将吸引更多的厂商来区域 1，而厂商数量的增多反过来将降低区域 1 的价格指数，又会吸引更多的人来区域 1，这种相互作用将形成厂商和消费者在区域 1 集中的正反馈机制；另一方面，迁移需要付出迁移成本，从而削弱人们向区域 1 迁移的动力。显然，当两个区域的效用水平相等时，就达到了均衡状态，即当真实工资优势和人力资本形成优势被迁移成本劣势所抵消时，人们将不再迁移。

　　模型中，当期父辈对下一代的人力资本投资以及迁移的行动不仅影响下一代的收入，还影响下一期整体经济增长速度和区域差异的演变。

## 5.2　空间均衡模型

### 5.2.1　基本假设

　　设想一个两区域模型，区域 1 和区域 2，分别代表沿海和内地。两区域有类似的资源禀赋、偏好和技术。区域 1 的资源禀赋为 $L_1$ 单位的劳动者，其中的 $l_1$ 拥有 $h_A$ 人力资本，$(1-l_1)$ 拥有 $h_B$ 人力资本。$h_A$ 为有较高人力资本的人，$h_B$ 为有较低人力资本的人，即 $h_A > h_B$。区域 2 的资源禀赋为 $L_2$ 单位的劳动者，其中的 $l_2$ 拥有 $h_A$ 人力资本，$(1-l_2)$ 拥有 $h_B$ 人力资本。其中 $L_1 = L_2$，$l_1 = l_2$ 为两区域资源禀赋完全相同的特例。沿海和内地各有两个部门，农产品部门、制造业部门。农产品部门只需投入具有 $h_B$ 人力资本的劳动者和土地，制造业部门需要投入具有 $h_A$ 人力资本的劳动者。

　　商品的区域间流动需要交易成本，劳动者的产业间流动和区域间流动都需要迁移成本，也即劳动者存在不完全流动性。伴随着劳动者的产业间和区域间流动，通常涉及信息搜寻成本、交通成本、基本的培训费用、适应新环境的成本以及制度障碍等（尤其是对于产业间流动来说，只有克服了上述成本，劳动者才能获得"干中学"的机会，在"干中学"中不断积累人力资本），在本模型中，将这些成本广义地定义为迁移成本。同时，引入商品移动的冰山交易技术，将流动者的工资乘以一个参数 $\tau$，$0 < \tau < 1$，定义为迁移成本系数，当 $\tau$ 趋近于 1 时，表示人力资本流动的环境好，流动便利，因而迁移成本比较低；当 $\tau$ 趋近于零时，表示人力资本极不易实现流动，因而迁移成本较高（由于技术的关系，使得迁移成本系数与迁移成本本身大小正好有相反的含义）。

### 5.2.2 消费者行为

每个区域的代表性消费者的收入来源仅为劳动收入，对于农产品和制造品这两种消费品具有柯布—道格拉斯偏好。借鉴戴蒙德的世代交叠模型的代际思想[①]，假设人的一生分为未成年期和成年期，人口增长率为零。以区域内处于成年期的个体为代表，重点考察成年期个人的效用函数，以此来比较两个区域收入水平和福利水平差异的演化。当人们不能在区域之间流动时，区域 j 处于成年期的典型个人 h（$h_A$，$h_B$）的支出分为两部分：c 和 $h'$，其中 c 为消费，$h'$ 为给下一代的人力资本投资。其效用最大化问题为：

$$u = \max F\ (c,\ h')$$

$$u\ (c,\ h') = \max\left[\frac{1}{\varphi}\left(u_1 + \frac{1}{1+\rho}h_0\right)\right],\ 0 < \varphi < 2,\ \rho > -1$$

$$\text{s. t. } c + h' = W$$

其中 $u_1$ 为消费带来的效用，$h_0$ 为下一代的人力资本形成带来的效用。$1/\varphi$ 为人气指数，可用人数比例来代表，$\varphi_1 = (L_1 + L_2)/2L_1$，$\varphi_2 = (L_1 + L_2)/2L_2$，则当两区域人数相等时，$\varphi_1 = \varphi_2 = \varphi = 1$。$\rho$ 为消费者赋予下一代人力资本投资的权数，如果 $\rho > 0$，个人赋予消费的权重大于赋予下一代人力资本投资的权重；如果 $\rho < 0$，则出现相反的情况。$\rho > -1$ 这个假定保证了人力资本投资的权数为正。投资于下一代的人力资本的权数会随人力资本投资收益率改变，即人力资本投资收益率或者预期人力资本投资收益率高则权数增大，反之则相反。但是权数的大小又不完全取决于人力资本投资收益率，社会文化中对知识与人才的尊重，以及区域历史文化传统中对教育的重视程度都将影响这个权数。

人们在消费和下一代的人力资本投资之间选择，权重的大小影响着选择的

---

① ［美］戴维·罗默著，苏剑、罗涛译，《高级宏观经济学》，北京：商务印书馆，1999 年，第 96 页。

结果。人们的流动对下一代的人力资本投资和成年人自身的人力资本形成、工资收入和消费产生影响。成年人在产业间的流动中通过"干中学"实现自身人力资本的增长，从而对产业结构与就业结构的匹配进行微调，而产业结构也得以较快地演化。总之，消费者根据综合的效用来决定是否迁移，而不只简单依据两区域现期的工资差异，这样就不会出现简单的收入均等化的结论。由于迁移成本的存在，消费者不会集聚在一个区域，而是会根据迁移成本的大小在迁移的得失之间取舍最终达到均衡。迁移成本是促使消费者分散的力量，而规模经济的好处和下一代人力资本形成的好处是促使人们集中。在通常的核心—边缘结构模型中，一个单一的因素——交易成本在长期不断下降——能够导致世界首先分化为贫富两个区域，然后又导致收入和经济结构在两区域之间收敛。在交易成本起重要作用的模型中，由于交易成本的变化，会形成核心—边缘结构。当交易成本下降到一个关键值时，制造业将在核心区集聚，交易成本继续下降时，靠近市场和原料供应商即前向和后向联系的重要性也将降低，当边缘区的低工资优势超过远离市场和供应商的劣势时，厂商会有迁出核心区而重新迁入边缘区的激励，这将导致工资的收敛。本模型中，由于人的可流动性和综合效用的变化，加上人力资本的积累导致高人力资本的人越来越多，从而当高、低人力资本的需求出现颠倒时，类似地会出现人们先在发达地区集聚，而后又流出的过程，人的流动再带动产业的迁移。然而，社会的发展和技术的进步会使得生产中需要的技能越来越高，即生产中拥有较高人力资本的比例会越来越高，这使得高、低人力资本的需求不是静态的，而是演变的。因此，一般来说，对拥有较低人力资本的劳动者需求的比例是一个不断下降的过程。

下一代的人力资本形成由父母的人力资本水平（通过家庭教育，为一种跨代际的效应）、区域整体人力资本水平（通过社区人们的相互影响，为一种横向的效应）、区域内不同学生得到的教育支出水平（以个人付费为主的教育）或者区域内每个学生得到的人均教育支出水平（公共教育，与区域的人力资本构成及其决定的人们的收入水平以及税率相关）所决定，因此，模型在一定程度上将所谓外部效应内生化了。

通常在考虑教育或者人力资本的外部效应时，有人可能会认为一个人对周围的个体产生正的外部效应，同时，周围的个体也对他产生外部效应，所以衡量这个人对社会的净外部效应要将二者相减，若个人对周围人的效应大于周围人对他的效应，则认为这个人对社会的净效应才是正的，否则是负的。其实，在人与人的交流中，每一个具有一定人力资本的个体都可能对其周围的人产生正的外部效应，同时，这个个体也受到其周围的人对他产生的正的外部效应，这个个体对周围的人产生外部效应的成本可以忽略不计，这样，综合来看，单个的个体受到来自周围人的正的外部效应，至于外部效应的大小，可以认为具有较高人力资本的人对其他人产生的外部效应较大，因此，可以假设它与周围人的平均人力资本水平成正比。可以说正是由于每个个体都对周围的人有正的外部效应，才导致了个体的总和构成的环境对每一个个体都有正的外部效应。

区域内孩子们得到的教育支出水平或者说人力资本投资水平会由于采用不同的决策方式而不同，如果采用个人付费的方式，则父辈之间的人力资本差距会继续传递；如果采取在区域内平均的方式，则区域内下一代人力资本水平会得到一定程度上的平均，但区域间差异将持续下去；如果采取全国平均教育经费的方式，则下一代人力资本水平的区域差异会缩小。因此，其中的政策含义非常明显，即要缩小区域差距，则需从下一代的人力资本投资着手，人力资本水平提高了，则意味着人获得收入的能力提高了，除去上一代遗赠的财富，下一代自身获得的收入将趋于均等化。

由附录2，当教育为私人投资时，消费者总的效用函数为：

$$u^j(h_i) = \max \frac{1}{\varphi} \left[ \mu^\mu (1-\mu)^{(1-\mu)} c_{ij} G_{Mj}^{(-\mu)} (P_A)^{-(1-\mu)} + \frac{1}{1+\rho} h_{ij}'^\gamma h_i^\beta \right]$$

$$L_j h_A + (1-L_j) h_B)^{1-\gamma-\beta}, \ 0 < \varphi < 2, \ \rho > -1, \ i=A, B,$$

$$j=1, 2 \quad \text{s.t.} \ c_{ij} + h_{ij}' = W_{ij}$$

其中 $W_{ij}$ 为消费者工资，本模型中假定消费者工资即为消费者所有可支配收入，$h'$ 为给下一代的人力资本投资，$c$ 为当期消费，$1/\varphi$ 为人气指数，$\rho$ 为消费者赋予下一代人力资本投资的权数，其含义前已述及。

求解消费者总效用最大化问题可以得出消费者的收入在消费和下一代人力资本投资之间的分配，从而也可得出消费者当期对各种产品的消费需求。

### 5.2.3 生产者行为

生产部门的劳动者分为低技能劳动者和高技能劳动者，包括农业部门和制造业部门。假定制造业部门为垄断竞争的，农业部门为完全竞争的。

### 1. 农业部门

农业部门是完全竞争的，投入要素为低人力资本劳动力和土地，规模报酬不变，劳动的边际报酬递减。

$$A_1 = (H_{BN1})^{\alpha_1} Q_1^{1-\alpha_1}$$

其中 $A_1$ 是区域 1 的农产品产出，$H_{BN1}$ 是区域 1 用在农业部门的低人力资本劳动力数量，$Q_1$ 是区域 1 的可利用土地面积。假设农产品可以无成本贸易，则农产品价格在两个区域相同。农业劳动者的工资收入由以下的式子决定：

$$W_{BN1} H_{BN1} = \alpha_1 P_{A1} A_1$$

即：$W_{BN1} = \alpha_1 P_{A1} H_{BN1}^{\alpha_1-1} Q_1^{1-\alpha_1} = \alpha_1 H_{BN1}^{\alpha_1-1} Q_1^{1-\alpha_1}$

类似地，有：

$$W_{BN2} = \alpha_1 P_{A2} H_{BN2}^{\alpha_1-1} Q_2^{1-\alpha_1} = \alpha_1 H_{BN2}^{\alpha_1-1} Q_2^{1-\alpha_1}$$

农业部门的工资率等于劳动者的边际产出，在土地面积相同的情况下，有更多的劳动者投入农业部门的区域，其劳动者的边际产出低，因而工资率低。转移出去越多，则农业部门劳动者工资越高。

假定两个区域可利用土地面积相同，即 $Q_1 = Q_2 = Q$，则由于参与农业部门的劳动力数量的不同，会导致两区域农业劳动力工资不同。

### 2. 制造业部门

制造业部门生产多样化的产品，在规模报酬递增规律的影响下，最终多样化制造品集合中的一种有差别的制造品（文中出现的"每一种商品"均是指每一个商品种类中各具特色的有差别的产品）只由一个厂商生产，表现为垄断竞争的市场结构，其投入要素为人力资本。

$$q_{M1} = \frac{1}{b} H_{AM1} - \frac{a}{b}$$

其中 $q_{M1}$ 是代表性制造品的产出，$a$ 是固定投入成本，$b$ 是边际投入成本，$H_{AM1}$ 是代表性厂商雇用的高人力资本劳动力数量。

由于制造业部门是垄断竞争的，因此，从长期来看，自由进出的条件使均衡时利润为零。模型逻辑的关键在于规模收益递增，收益递增的作用就是使每一种产品只在一个地区生产才有利可图，这样不同地区就不会重复生产同一种产品，而是生产差别产品。当一个地区有劳动流入时，它不是生产更多的现有产品组合，而是生产新产品。

### 5.2.4　均衡条件

我们用 Matlab 数学工具通过数字模拟的方法来考察模型的属性和交易成本、迁移成本等要素对区域经济差异的影响。均衡的存在事实上是通过用计算机找到一个均衡条件的解来获得的。本书重点考虑高人力资本的劳动者在区域之间可以流动的情况，根据第 4 章中给出的关于中国经济的经验事实，给出计算中大部分参数的设定。

资源禀赋为：可耕地面积 $Q_1 = Q_2 = Q = 15000$，区域 1 拥有低人力资本的劳动者数 $H_{BN1} = 5200$，区域 1 拥有高人力资本的劳动者数 $H_{A1} = 4800$，区域 2 拥有低人力资本的劳动者数 $H_{BN2} = 6700$，区域 2 拥有高人力资本的劳动者数 $H_{A2} = 3300$。人均可耕地大体上接近我国的实际，人力资本禀赋情况类似于我国 1990 年沿海和内陆地区在第一产业以及第二、三产业中就业的人员结构。现实中第二、三产业中的劳动者中大部分只具有较低的人力资本，使得平均的人力资本水平较低，因此，两种人力资本差距小的情况比较符合现实，反映为现实中区域差距也较大。

参数为：效用函数中制造品的消费份额 $\mu = 0.55$（相应的农产品消费份额近似于恩格尔系数）；效用函数中的替代弹性 $\sigma_1 = 5$；人力资本形成中人力资本投资的贡献率 $\gamma = 0.5$、父辈本身拥有的人力资本的贡献率 $\beta = 0.3$、周围环境中平均的人力资本水平的贡献率为 0.2；高人力资本者的人力资本含量 $h_A = 1.5$，低人力资本者的人力资本含量 $h_B = 1$；下一代人力资本形成的权数 $\rho = 0.5$；制造品生产中的固定成本 $a = 8$、边际成本 $b = 0.4$[①]；农业生产中人力资本的贡献率 $\alpha_1 = 0.5$。其他参数如交易成本 T，以及 $\tau_3$、$\tau_4$、$\tau_5$（分别代表区域 1 农业向制造业迁移、区域 2 农业向制造业迁移以及区域 2 制造业向区域 1 制造业迁移的迁移成本系数）等是可变的，上述部分参数也可讨论其变化，将在下文的比较静态分析中给出。

令农产品为计价商品，即 $p_A = 1$，且农产品的区域间运送的交易成本等于 1，即农产品价格指数仍然为 1。为了分析福利效果，定义两个指标，分别为人均收入和真实人均收入：

---

① 在中国，规模经济还不是特别强。在此，选择了一个中等程度的递增规模报酬（固定成本是边际成本的 20 倍）。只要存在着递增报酬，基本的结论将不会改变。

$$PW_j = W_j / L_j，\quad j=1，2$$

$$RPW_j = PW_j G_{Mj}^{-\mu}（P_{Aj}）^{\mu-1}，\quad j=1，2$$

详细的均衡条件参见本章附录 3。

## 5.2.5　比较静态分析

### 1. 交易成本的变化

随着经济中高人力资本人数的不断增长，交易成本会不断降低。当经济中高人力资本人数达到较大的比例时，交易成本太高的情况不大可能出现。在给定参数条件下（取参数 $\tau 3=0.8$，$\tau 4=0.7$，$\tau 5=0.9$），模型中交易成本 T 取高达 10，5，3.3，2.5，2 等时，会出现人口向农业的逆向迁移，拥有高人力资本的人口向只需较低人力资本的产业转移，我们视为一种资源的浪费，也认为实际上在现有的人力资源结构下不可能存在那么高的交易成本。

交易成本 T 的变化对区域差异的形成有重要的影响。从图 5-1 可以看出，两区域交易成本相同的情况下，两区域人均收入差距随着交易成本的减小而增大。这是由于随着交易成本降低，区域 1 会有更多的农业劳动者流向制造业，

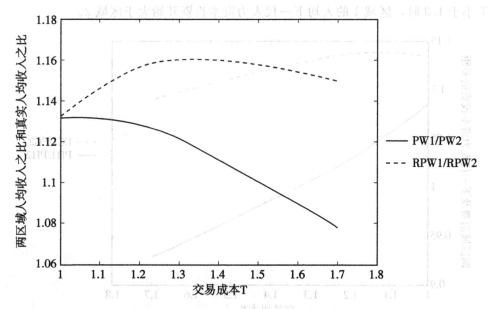

**图 5-1　交易成本对区域收入差异的影响**

以享受规模经济和本地市场效应带来的好处，劳动者在流动的过程中增进了自身的人力资本，提高了自身的收入水平和区域1劳动者整体的收入水平，而区域2从农业流向制造业的劳动者会呈减少的趋势，他们不流动就可直接享受到交易成本降低带来的好处，但由于农业生产中的边际报酬递减规律，显然从农业中流出的劳动力的减少使区域2的农业劳动者的收入难以提高。而且当交易成本降到一定的程度时，从区域2的制造业部门流向区域1的制造业部门的劳动者也会呈现递增的趋势，这将进一步加大两区域的人均收入差距。从图中还可看出，真实人均收入差距大于人均收入差距，这是由于在落后的区域2，其价格指数大于区域1的价格指数的缘故。而真实人均收入差距则随着交易成本的减小出现先增大再减小的趋势，图中在T＝1.3时差距达到最大，这与两区域的价格指数随交易成本变化而变化的幅度相关。显然，真实人均收入差距随交易成本的减小出现明显的先增大再减小的趋势，这在一定程度上与威廉逊的倒"U"形假说吻合。

交易成本对消费与下一代人力资本投资差距也有影响。如图5-2，消费差距以及下一代人力资本投资差距都随着交易成本的降低而增大，其中消费差距大于下一代人力资本投资差距，这与效用函数中下一代人力资本形成的权重有关，在现有参数下，现时消费在效用函数中的权重比下一代人力资本形成的权重要大。当交易成本较大时，区域1的人均下一代人力资本投资小于区域2，T小于1.3时，区域1的人均下一代人力资本投资开始大于区域2。

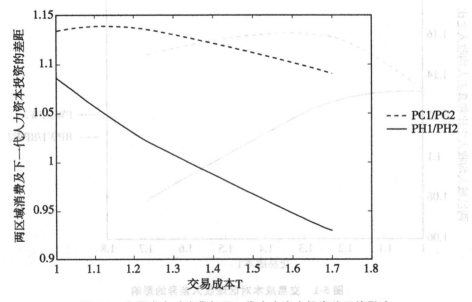

图5-2 交易成本对消费与下一代人力资本投资差距的影响

交易成本对制造业集聚的影响非常明显，图 5-3 清楚地展示了随着交易成本的降低，制造业集聚程度不断增大的情况。

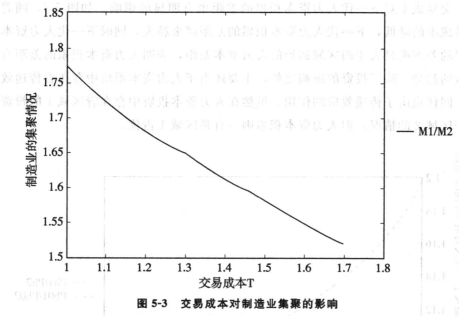

**图 5-3　交易成本对制造业集聚的影响**

至此，我们可以附带看一下交易成本变化引致的制造业集聚对区域差距的形成的影响。如图 5-4，随着制造业集聚程度增大，区域人均收入差距也增

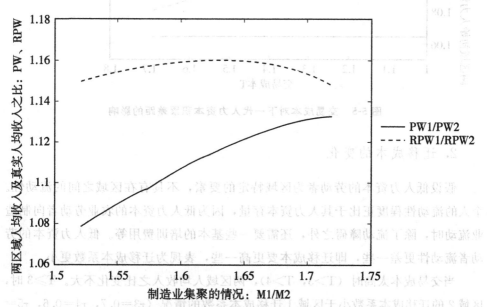

**图 5-4　交易成本变化引致的制造业集聚对区域差距的影响**

大，但真实人均收入差距则呈现先缓慢增大再降低的趋势。这在一定程度上回答了一个研究集聚的学者们常常忽视的问题——集聚到底是怎样影响区域差距的。

交易成本对下一代人力资本积累的差距也有明显的影响。如图5-5，随着交易成本的降低，下一代人力资本积累的差距越来越大，同时下一代人力资本积累的差距明显大于两区域初始的人力资本差距，表明人力资本积累的差距有放大的趋势，除了投资的影响之外，主要还由于人力资本形成中存在着传递效应。同样也由于传递效应的作用，虽然在人力资本投资中存在着区域1的投资小于区域2的情况，但人力资本积累则一直是区域1占优。

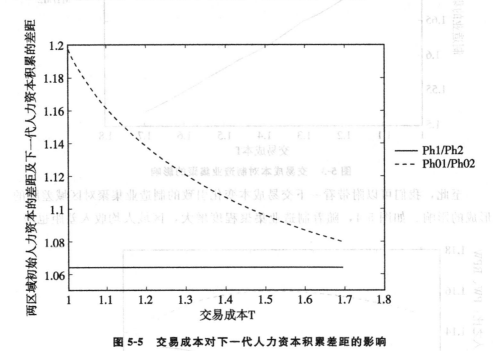

**图5-5　交易成本对下一代人力资本积累差距的影响**

### 2. 迁移成本的变化

假设低人力资本的劳动者为区域特定的要素，不具有在区域之间的流动性。个人的流动性程度正比于其人力资本存量，因为低人力资本的农业劳动者向制造业流动时，除了流动障碍之外，还需要一些基本的培训费用等。低人力资本的劳动者流动性更差一些，即迁移成本要更高一些，表现为迁移成本系数更小。

当交易成本太高时（T>3，T>4），两区域人均收入之比变化不大。T≥3时，区域2的迁移成本系数小于区域1迁移成本系数的情况（$\tau 3=0.7$，$\tau 4=0.6$，$\tau 5=$

0.9），其人均收入差距比二者迁移成本相同的情况（$\tau 3=0.7$，$\tau 4=0.7$，$\tau 5=0.9$）大，如图 5-6 所示。对照图 5-8 中给出的初始人力资本差距可以看出，区域 2 的迁移成本系数小的情况下，交易成本太大时区域人均收入差距甚至小于初始人力资本差距，这表明整体来说社会中高人力资本者获得的报酬偏低。交易成本 T 小于 3 时，随着交易成本降低，人均收入差距呈现为先扩大最后降低的趋势（最大值时的交易成本分别为 1.1 和 1.4），此时，区域 2 的迁移成本系数小于区域 1 迁移成本系数的情况下，区域人均收入差距较大，这显然是由于落后的区域 2 中农业劳动者向制造业流动较少导致的。人均真实收入差距在交易成本较高时也变化不大，当交易成本 T 接近 3 时，随着交易成本降低，人均真实收入差距呈现为先扩大最后降低的趋势（最大值时的交易成本分别为 1.3 和 1.7）。区域 2 的迁移成本系数小于区域 1 迁移成本系数的情况，其区域人均真实收入差距也大于二者相同的情况。该结论的现实含义非常明显，落后地区迁移成本高是其落后的重要原因之一，努力降低迁移成本，是缩小与先进地区差距的途径。

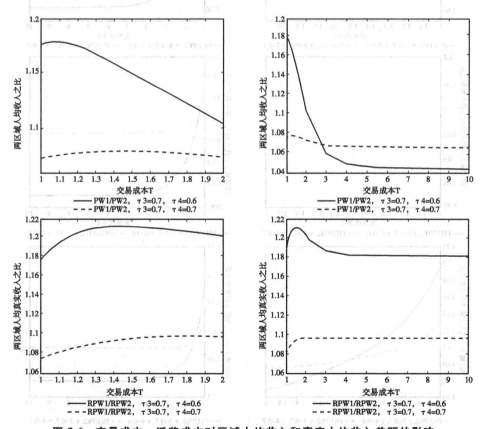

**图 5-6　交易成本、迁移成本对区域人均收入和真实人均收入差距的影响**

比较图 5-1 和图 5-6 可以看出，区域 1 和区域 2 的迁移成本系数由 0.8、0.7 降为 0.7、0.6 之后，区域人均收入差异及真实人均收入差异扩大了。这是因为迁移成本系数越小，流动性越差，限制了大量的劳动者从农业流向制造业，从而使高人力资本者享受到限制的好处，获得偏高的报酬，将导致区域差异越大。反之当流动容易，甚至鼓励流动时，过多的人进入制造业，会人为地减少制造业者的报酬，使差距缩小。这证明不管是落后地区单独行动还是两区域都致力于迁移系数的提高，都将缩小区域经济差异。

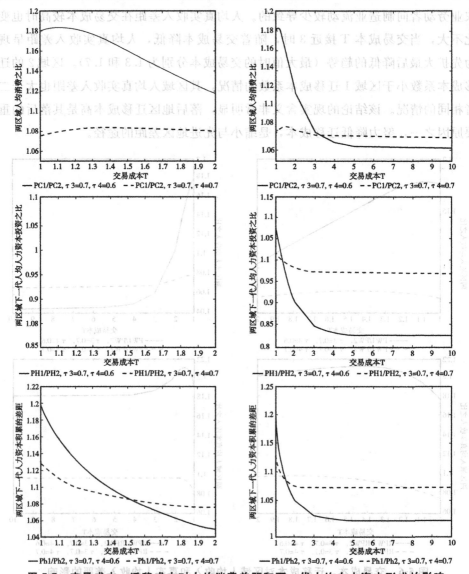

**图 5-7 交易成本、迁移成本对人均消费差距和下一代人均人力资本形成的影响**

人均消费差距的变化类似于人均收入差距的变化，如图 5-7 所示。而下一代人均人力资本投资的变化一方面表现为交易成本较高时变化不大（T＞2，T＞3），而直到交易成本接近 1.3 之前，人均收入较高的区域 1 的人均人力资本投资反而低于区域 2，而且，在区域 2 迁移成本系数小于区域 1 迁移成本系数的情况下，区域 1 的人均人力资本投资反而更小。这对应于图 5-2 中提到的情况，即交易成本较大时，整体来说社会中高人力资本者获得的报酬偏低，这将直接影响人们的预期与对下一代人力资本投资的决策行为。具体来说，主要是由于在交易成本太高时，区域 2 较低的迁移成本系数又更多地限制了农业劳动者向制造业的流动，使区域 2 的制造业劳动者享受了限制流动带来的好处，而相对来说区域 1 的高人力资本者所获报酬则偏低。因此，区域 1 的劳动者会减少对下一代的人力资本投资，而区域 2 的劳动者会相对增加对下一代的人力资本投资。

当交易成本接近 1.3 时，人均收入较高的区域 1 的人均人力资本投资开始超过区域 2，且随着交易成本的继续降低，投资差距不断扩大，区域 2 迁移成本系数较小的情况差距也较大，表明此时较低的交易成本发挥作用，使区域 1 的高人力资本者受益。下一代人均人力资本积累的变化是人力资本投资变化的结果，二者显示出明显的相关性与类似性。只是迁移成本对两种情形下人力资本积累的影响在 T 接近 1.5 时即已开始转换，即 T 接近 1.5 时，区域 2 的迁移成本系数较小的情况其人力资本积累的差距开始超过二者相同的情况。另外，初始人力资本较丰富的区域 1 的下一代人力资本积累总是大于区域 2，充分显示了人力资本形成中的正的传递效应。

当交易成本较高时，对于区域 2 迁移成本系数小于区域 1 迁移成本系数的情况，其下一代人力资本积累的差距小于初始状态的人力资本差距，差距有缩小的趋势，如图 5-8 所示。这同样是由于与区域 2 相比，区域 1 高人力资本者与低人力资本者报酬差距较小，从而区域 1 高人力资本者报酬相对偏低，使区域 1 的人降低了对下一代人力资本投资的预期收益造成的。一般来说，在现实经济中，如此高的交易成本的情况很少出现。

交易成本、迁移成本对制造业集聚的影响比较直接。如图 5-9 所示，当交易成本很大时，其对制造业集聚的影响不大，随着交易成本的逐渐降低，制造业表现为集聚程度越来越高。而且，区域 2 的迁移成本系数小于区域 1 时，集聚程度高。这主要是由于，区域 2 内部的迁移比二者相同的情况少了很多，而区域 1 迁移较多，从而造成较高的集聚程度。

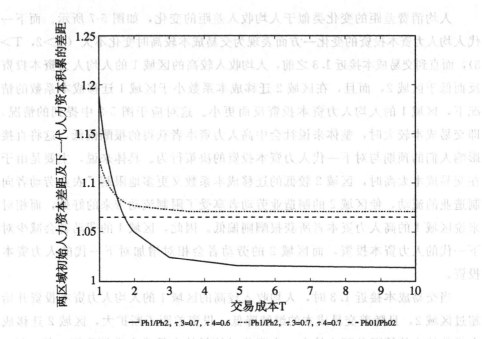

**图 5-8  两区域初始人力资本差距及下一代人力资本积累的差距**

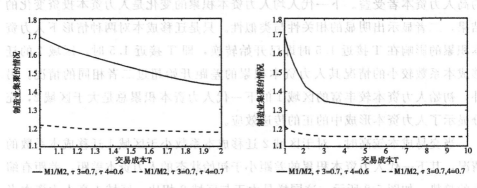

**图 5-9  交易成本、迁移成本对制造业集聚的影响**

### 3. 制造品消费份额的变化

从图 5-10 可以看出制造品消费份额 $\mu$ 变化对区域差距变化的影响。$\mu$（＝0.65）增大与 $\mu$（＝0.55）较小时相比（两种情况都仍然取 $\tau3=0.8$，$\tau4=0.7$，$\tau5=0.9$），人均收入差距、人均消费差距，真实人均收入差距都要大。这时，由于对制造品需求的增长，使得不论是区域 1 还是区域 2，高人力资本与低人力资本的劳动者收入之比均较高，即在制造品消费份额大时，高人力资本者报酬较高，从而差距较大。现实经济中，高技术部门产品的收入弹性大于低技术部门产品的收入弹性。因此，随着消费者收入的增长，消费者效用函数中消费高技术产品的份额将不断增长，即制造品消费份额 $\mu$ 将不断上升，这样一种变化趋势是导致区域经济差异扩大的重要原因。

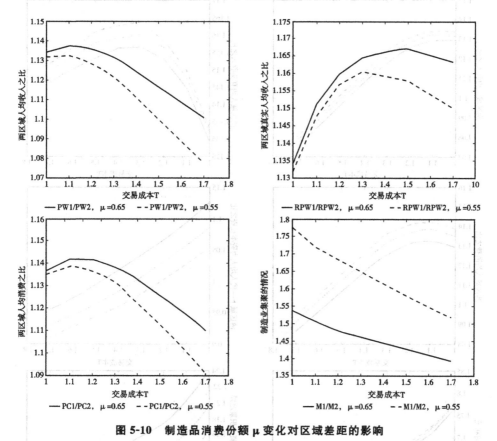

**图 5-10　制造品消费份额 $\mu$ 变化对区域差距的影响**

同时，$\mu$ 增大时，为了满足增长的制造品需求，两区域的农业劳动者都大量地流入制造业，两区域的制造业都有较大的增长，因此，制造业集聚程度反而较低。

### 4. 人力资本结构的变化

资源禀赋中两种人力资本 $h_A$ 与 $h_B$ 大小的差距影响着区域差异的变化。如图 5-11 所示，两种人力资本 $h_A$ 与 $h_B$ 大小的差距越大时（简单地考察 $h_B$ 为 1，$h_A$ 分别为 1.8，1.5，1.3 的情况，取 $\tau 3=0.8$，$\tau 4=0.7$，$\tau 5=0.9$），两区域人均收入差距、人均真实收入差距、人均消费差距越小，制造业集聚程度也越低。表明此时高人力资本者获得的报酬偏低，社会对高人力资本者的需求相对偏小。而下一代人力资本投资和积累的情况则相反，两种人力资本 $h_A$ 与 $h_B$ 大小的差距越大时，两区域下一代人力资本投资和积累的差距也越大，再一次证明了人力资本形成中的正的传递效应。

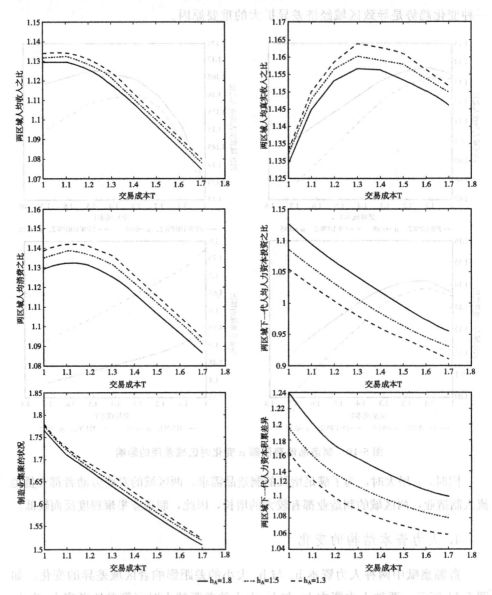

**图 5-11　资源禀赋中 $h_A$ 与 $h_B$ 大小的差距对区域差距的影响**

　　到目前为止，对于人力资本的衡量还没有公认较好的标准。目前采用较多的如入学率、受教育年限等都没有很好的说服力。入学率是一个太过于一般性的指标，也许它可以标示出两个区域人力资本水平孰大孰小，但显然难以衡量两个区域的人力资本水平到底有多大的差距。而简单地以不同受教育年限人口的教育年限及其比重来衡量，我们很难说不同层级的教育具有可比性，如小学的六年与中学的六年显然就不可等同，而且，不同区域不同个人还存在教育效率的差异性问题。另外，人力资本形成的途径显然不仅仅是教育。因此，在模型中没有试图衡量出人力资本的大小，只是试图考察人力资本 $h_A$ 与 $h_B$ 大小的差距对区域差异的影响。中国现实中第二、三产业中的劳动者中大部分只具有较低的人力资本，因此，劳动者平均的人力资本水平会比较低，两种人力资本差距小的情况比较符合现实，而现实中反映出来的区域差距也远远大于模拟结果。因此两种人力资本差距小而区域差距较大的结论能在一定程度上解释现实经济中的较大差距。

如图 5-12，在交易成本不太高时，两区域初始人力资本禀赋差距总小于下一代人力资本积累的差距，即一般情况下，人力资本差距有放大的趋势。同时，人力资本积累的区域差距有随着交易成本的降低而扩大的趋势。该结论的引申意义是，由于人力资本形成中正的传递效用的存在，人力资本的代际传递会放大原有的差距，以私人投资为主的教育是主要的影响因素，因此，公共教育是缩小代际差异的重要途径。

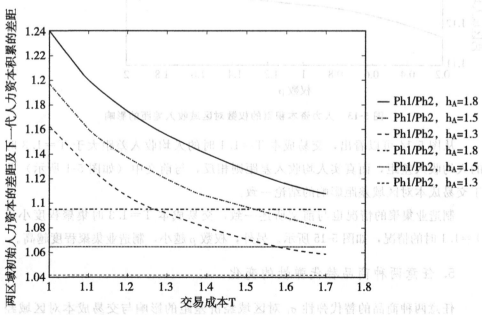

**图 5-12　两区域初始人力资本禀赋差距及下一代人力资本积累的差距**

下一代人力资本积累的权数 $\rho$ 对人均收入和真实人均收入差距也有影响。理论上，$\rho$ 只要大于 $-1$ 就可以，实际中 $\rho$ 一般大于零。$\rho$ 越大，说明下一代的人力资本积累在总效用中的权重越小。$\rho$ 为零或小于零，即下一代人力资本积累的效用等同于或者更优先于现时消费的效用的情况在现实中难以出现，人们常常更倾向于用迁移及自身的人力资本积累来增加收入，代替下一代的人力资本积累，在这个过程中下一代的人力资本积累也将间接地受益。如图 5-13 所示，权数 $\rho$ 下降即人们相对多地倾向于下一代的人力资本形成时，区域经济差距减小。该结论的现实意义很显然，当社会注重人力资本投资时，区域经济差距会缩小，人力资本投资是缩小经济差距的重要途径。

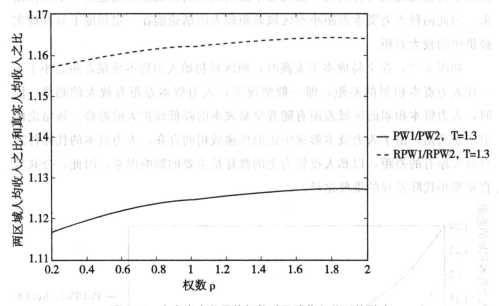

**图 5-13　人力资本积累的权数对区域收入差距的影响**

从图 5-14 可以看出，交易成本 $T=1.1$ 时的人均收入差距大于 $T=1.3$ 时的人均收入差距，而真实人均收入差距则相反，与前文中（如图 5-1 所示）关于交易成本对区域差距影响的结论一致。

制造业集聚的情况也与前文所述一致，交易成本 $T=1.3$ 时集聚程度小于 $T=1.1$ 时的情况，如图 5-15 所示。另外，权数 $\rho$ 越小，制造业集聚程度越高。

5. 任意两种商品替代弹性的变化

任意两种商品的替代弹性 $\sigma_1$ 对区域经济差距的影响与交易成本对区域经济差距的影响极为相似：随着替代弹性降低，真实人均收入差距明显地先扩大

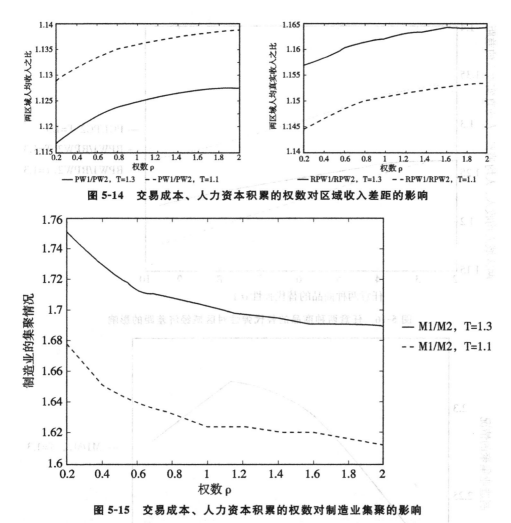

图 5-14 交易成本、人力资本积累的权数对区域收入差距的影响

图 5-15 交易成本、人力资本积累的权数对制造业集聚的影响

再降低，人均收入差距也有类似的趋势，其中真实人均收入差距大于人均收入差距，人均消费差距大于人均收入差距，如图 5-16 所示。其中，人均消费差距大于人均收入差距的原因在于参数中用于下一代人力资本积累的权数大于零，即效用函数中消费的权重较大。现实中，随着经济的发展，消费者越来越倾向于偏好多样化消费，即替代弹性 $\sigma_1$ 有降低的趋势，因此将首先扩大再降低真实人均收入差距，与交易成本因素综合作用将使这种影响更明显。

替代弹性对制造业集聚的影响则是，随着替代弹性降低，制造业集聚程度先提高再降低，如图 5-17 所示。

最后，我们考察一下人力资本只在区域内部可以流动的情况，并与前述拥有高人力资本者可以在区域间流动的情况进行对比（取参数 $\tau 3 = 0.8$，$\tau 4 =$

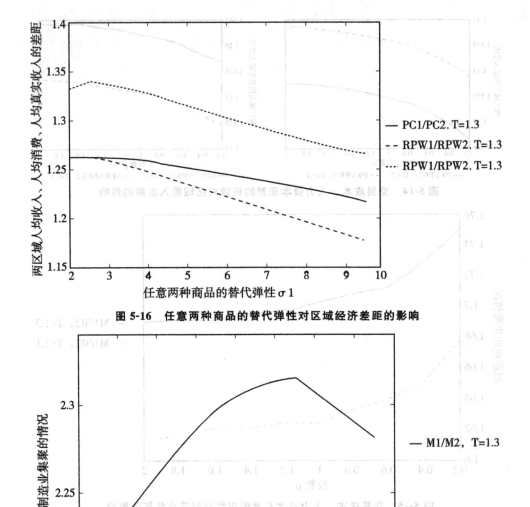

**图5-16　任意两种商品的替代弹性对区域经济差距的影响**

**图5-17　任意两种商品的替代弹性对制造业集聚的影响**

0.7，τ5＝0.9)。如果劳动者在区域间是不可流动的，则在足够低的交易成本时厂商和商品会移动。如果既有产业之间的流动也有区域之间的流动，产业集聚时，可以从其他部门也可以从其他区域吸引劳动者，流动在缩小工资差距的同时强化了厂商集聚的倾向。因此，劳动者的流动和厂商及商品的流动具有一定的替代性。均衡的实现取决于迁移成本和商品交易成本 T 各自改善的情况，在社会发展的不同阶段，两种成本改善的难易程度各不相同，因此，两种成本决定均衡时的人才与厂商的流动与分布情况。

如图 5-18 所示，高人力资本者在区域之间不流动时的区域差距小于可以流动时的区域差距，显然落后区域高人力资本者流出是区域差距扩大的直接原因。

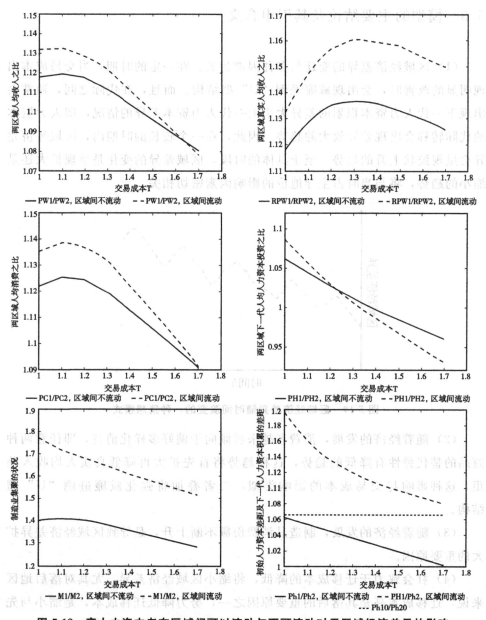

**图 5-18　高人力资本者在区域间可以流动与不可流动对于区域经济差异的影响**

其中，在区域间不能流动时，人力资本投资差异随交易成本的变化比较和缓，而下一代人力资本积累的差异也小于初始的状态。其明显的现实意义是，从落后区域的角度来看，如何留住人才甚至吸引人才是发展的重要途径。

## 5.3 模型的主要结论及其引申含义

（1）区域经济差异的变迁与多种因素相关。在一定的时期，当交易成本出现明显的改善时，会出现威廉逊倒"U"型结构。而且，在代际之间，通常会出现下一代人力资本积累的差异大于上一代人力资本差异的情况，即人力资本的代际转移会出现差异放大的趋势。因此，在一个较长的时期内，区域经济差异会呈现波状上升的趋势。至于具体的时段，区域差异的变化是呈现扩大还是缩小的趋势，将与当时占主导地位的影响因素密切相关。

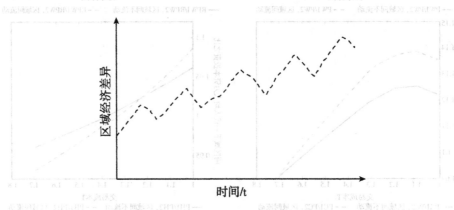

**图 5-19 区域经济差异随时间演变的一种猜想模式**

（2）随着经济的发展，消费者越来越倾向于偏好多样化消费，即任意两种商品的替代弹性有降低的趋势，这种趋势将首先扩大再降低真实人均收入差距，这种影响与交易成本的影响类似，二者叠加将强化威廉逊倒"U"型结构。

（3）随着经济的发展，制造品消费份额不断上升，是导致区域经济差异扩大的重要原因。

（4）社会致力于迁移成本的降低，将缩小区域经济差异。尤其对落后地区来说，迁移成本高是其落后的重要原因之一，努力降低迁移成本，是缩小与先进地区差距的重要途径。

（5）当社会注重人力资本投资时，区域经济差距会缩小，尤其对落后地区来说，留住人才甚至吸引人才是发展的重要途径。

（6）由于人力资本形成中正传递效应的存在，人力资本的代际传递会放大原有的差距，以私人投资为主的教育模式是导致这种放大的主要原因，因此，公共教育将有助于缩小代际差异。另外，当存在完全的资本市场时，幼年期的人力资本投资活动（如上大学）可以通过资本市场进行借贷，这样人力资本投资主体与受益人一致，每一个未成年人无论其父辈人力资本水平如何，都可以得到所需的资金对自己进行人力资本投资，长期来看有利于经济差距的缩小。

最后，我们分析一下现实中区域经济差距如此之大的原因。首先，迁移成本太高以致人们通常很难从农业向制造业转移，而沿海地区迁移成本的改善又快于内地，使得迁移成本的差距越来越大，是导致区域经济差距拉大的重要原因之一。而改革开放以来，区域之间迁移的松动或者说高人力资本者迁移成本的降低，又使得沿海与内地的区域差距有进一步扩大的趋势。其次，制造品消费份额不断提高，而迁移成本居高不下，二者叠加是进一步强化区域经济差距的重要原因。再次，交易成本和消费者多样性偏好的变化对区域经济差距的影响可能正处于促使差距扩大的区间。最后，沿海地区制造业中的平均人力资本水平远高于内地，而教育体制改革之后教育经费的地方财政负责为主的制度又使得这种差距发生代际传递，这是现实中长期来看区域差距不断扩大的最根本的原因。

## 5.4　政策建议

中国现实中巨大的低教育程度人口基数以及高等教育供给小于需求的状况，是低人力资本的劳动者供过于求，而高人力资本的劳动者供不应求的现实表现，这表明政府应更加重视教育投入，尤其是给落后地区提供更多的教育机会，提高落后地区实现发展的能力。

我们的模型建立在一个垄断竞争的市场结构上，因此，降低交易成本是重要的前提。

### 5.4.1 建立统一的商品与货币市场，降低交易成本

根据本模型的结论，交易成本的不断降低，最终将缩小差距。在本模型中，交易成本包含商品运输成本，同时，交易方式、讨价还价、监督等的表征交易效率的成本同样不可忽略。因此，首先，要建立统一的商品与货币市场，尤其是商品流动的地方壁垒需要逐渐打破。同时，需要加强信息的透明化与传播工作，鼓励社会监督。另外，鼓励地方与地方以及人与人之间的交流与合作，鼓励社会诚信机制的建立，也将有利于降低交易成本。最后，社会信息化程度的提高，尤其是电子商务的逐步推广，将大大地降低交易成本。

### 5.4.2 加大对教育的投入，尤其是针对落后地区与贫困家庭教育的援助

在中国，政府的教育支出占整个社会教育支出的绝大部分，在整个 20 世纪 90 年代，中国各级政府的教育支出占 GDP 的比重不足 3%，而在实物上的投资却大约占到 GDP 的 30%。相比之下，美国教育投资和实物投资占 GDP 的比重分别是 5.4% 和 17%。即使是在发展中国家，中国在人力资本上的投资也低于平均水平。2002 年，中国教育支出占 GDP 的比重上升到 3.3%，但实物投资占 GDP 的比重则上升到 45%。在中国，实物资本与人力资本投资的比例比其他大多数国家都要高得多。新近的一项研究表明，如果考虑对社会产出的贡献，而不仅仅是个人收入，中国人力资本投资回报率高达 30%~40%，高于物质资本投资的回报（估计可以高达 20%），也高于美国等发达国家的人力资本投资回报（15%~20%）。[①] 中国较高的人力资本投资回报率表明，中国政府应该加大对人力资本尤其是对教育的投入，即使是通过减少物质资本的投入来加大人力资本投入，也是值得和有效率的。

---

① 詹姆斯·赫克曼、虞立琪，"人力资本投资与物质资本投资同等重要——与 2000 年诺贝尔经济学奖得主詹姆斯·赫克曼谈中国人力资本投资策略改革"，商务周刊，2004.5，第 76~78 页。

### 表 5-1　1952—2000 年中国政府教育投资情况 [①]

| 年　份 | 财政性教育经费 | | | 预算内教育经费 | | |
|---|---|---|---|---|---|---|
| | 总额（亿元） | 占 GNP 比重（%） | 占财政支出比重（%） | 总额（亿元） | 占 GNP 比重（%） | 占财政支出比重（%） |
| 1952 | 11.62 | 1.71 | 6.60 | 11.62 | 1.71 | 6.60 |
| 1953 | 18.98 | 2.30 | 8.62 | 18.98 | 2.30 | 8.62 |
| 1954 | 20.12 | 2.34 | 8.17 | 20.12 | 2.34 | 8.17 |
| 1955 | 19.02 | 2.09 | 7.06 | 19.02 | 2.09 | 7.06 |
| 1956 | 25.75 | 2.5 | 8.42 | 25.75 | 2.5 | 8.42 |
| 1957 | 27.47 | 2.57 | 9.03 | 27.47 | 2.57 | 9.03 |
| 1958 | 25.51 | 1.95 | 6.23 | 25.51 | 1.95 | 6.23 |
| 1959 | 36.71 | 2.55 | 6.64 | 32.48 | 2.26 | 5.87 |
| 1960 | 50.34 | 3.46 | 7.70 | 46.22 | 3.17 | 7.07 |
| 1961 | 37.09 | 3.04 | 10.11 | 33.44 | 2.74 | 9.11 |
| 1962 | 31.33 | 2.73 | 10.26 | 28.01 | 2.44 | 9.18 |
| 1963 | 32.89 | 2.67 | 9.68 | 29.87 | 2.42 | 8.79 |
| 1964 | 38.4 | 2.64 | 9.62 | 34.92 | 2.40 | 8.75 |
| 1965 | 39.57 | 2.31 | 8.49 | 35.90 | 2.09 | 7.70 |
| 1966 | 41.29 | 2.21 | 7.62 | 40.00 | 2.14 | 7.39 |
| 1967 | 36.44 | 2.06 | 8.25 | 36.44 | 2.06 | 8.25 |
| 1968 | 28.16 | 1.63 | 7.83 | 28.16 | 1.63 | 7.83 |
| 1969 | 27.45 | 1.42 | 5.22 | 27.45 | 1.42 | 5.22 |
| 1970 | 28.02 | 1.24 | 4.31 | 28.02 | 1.24 | 4.31 |
| 1971 | 36.16 | 1.49 | 4.94 | 34.57 | 1.42 | 4.72 |
| 1972 | 47.81 | 1.90 | 6.24 | 41.3 | 1.64 | 5.39 |
| 1973 | 54.54 | 2.00 | 6.74 | 46.42 | 1.71 | 5.74 |
| 1974 | 61.56 | 2.21 | 7.79 | 50.81 | 1.82 | 6.43 |
| 1975 | 66.22 | 2.21 | 8.07 | 53.26 | 1.78 | 6.49 |
| 1976 | 72.23 | 2.45 | 8.96 | 57.16 | 1.94 | 7.09 |

[①]　陆根尧，《经济增长中的人力资本效应》，中国计划出版社，2004 年，第 148～149 页。

| 年 份 | 财政性教育经费 | | | 预算内教育经费 | | |
|---|---|---|---|---|---|---|
| | 总额（亿元） | 占 GNP 比重（%） | 占财政支出比重（%） | 总额（亿元） | 占 GNP 比重（%） | 占财政支出比重（%） |
| 1977 | 76.83 | 2.40 | 9.11 | 59.91 | 1.87 | 7.10 |
| 1978 | 94.23 | 2.60 | 8.40 | 76.23 | 2.10 | 6.79 |
| 1979 | 113.03 | 2.80 | 8.82 | 93.16 | 2.31 | 7.27 |
| 1980 | 134.89 | 2.99 | 10.47 | 113.19 | 2.51 | 8.78 |
| 1981 | 132.84 | 2.73 | 11.67 | 122.22 | 2.51 | 10.74 |
| 1982 | 162.32 | 3.06 | 13.20 | 137.2 | 2.59 | 11.15 |
| 1983 | 181.67 | 3.05 | 12.89 | 154.72 | 2.60 | 10.98 |
| 1984 | 215.46 | 2.99 | 12.67 | 180.14 | 2.50 | 10.59 |
| 1985 | 262.9 | 2.92 | 13.12 | 224.89 | 2.50 | 11.22 |
| 1986 | 324.45 | 3.18 | 14.71 | 262 | 2.57 | 11.88 |
| 1987 | 346.7 | 2.90 | 15.33 | 271.56 | 2.27 | 12.00 |
| 1988 | 414.49 | 2.78 | 16.64 | 323.22 | 2.17 | 12.97 |
| 1989 | 518.14 | 3.06 | 18.35 | 413.02 | 2.44 | 14.63 |
| 1990 | 563.99 | 3.03 | 18.29 | 444.02 | 2.39 | 14.40 |
| 1991 | 617.83 | 2.85 | 18.24 | 482.18 | 2.23 | 14.24 |
| 1992 | 728.76 | 2.73 | 19.47 | 564.94 | 2.12 | 15.10 |
| 1993 | 867.76 | 2.52 | 18.69 | 676.61 | 1.96 | 14.57 |
| 1994 | 1174.74 | 2.62 | 20.28 | 931.13 | 2.07 | 16.07 |
| 1995 | 1411.52 | 2.45 | 20.69 | 1092.94 | 1.90 | 16.02 |
| 1996 | 1671.7 | 2.47 | 21.06 | 1288.08 | 1.91 | 16.23 |
| 1997 | 1862.55 | 2.54 | 20.17 | 1441.27 | 1.96 | 15.61 |
| 1998 | 2032.45 | 2.61 | 18.82 | 1654.02 | 2.12 | 15.32 |
| 1999 | 2287.18 | 2.84 | 17.41 | 1911.37 | 2.17 | 14.55 |
| 2000 | 2562.60 | 2.91 | 16.13 | 2191.77 | 2.49 | 13.80 |
| 2001 | 3057.01 | 3.24 | 23.27 | 2705.66 | 2.87 | 14.31 |

同时，根据本模型的结论，人力资本投资尤其是公共教育能够缩小区域差距。中国的教育是以公共教育为主，但这种公共教育是一种区域意义上的公共教育，存在着很大的区域差异。从第4章所列的表4-8和表4-9可见，中国各省区教育投入差别很大，尤其是西部地区普遍教育经费占财政支出比重偏低。这样一种格局如果不加以改变，从长期来看，我国区域差异将呈越来越扩大的发散趋势。因此，政府对区域差异的干预应当从最根本的教育投入入手，缩小各区域的投入差距。中央政府可以采取的行动包括：在现有教育投入的基础上，加大中央财政对教育的支持力度，并重点向落后地区与贫困家庭倾斜，保证没有因贫困而失学的儿童；立法结合各种激励措施，促使各级地方政府扩大教育投资，使教育投入在地方财政支出中的比重不低于某一特定的值；进一步加快教育体制改革，鼓励民间的教育投资，尤其是鼓励民间资本投向落后地区的教育事业；加强各种用于教育的社会救助与捐助基金的监督管理工作，使其发挥更大的作用；进一步促进助学贷款计划的推进，完善资本市场等。

## 5.4.3 消除人口流动的制度障碍，降低迁移成本

现实中，中国的人力资本市场远比模型中假设的更加复杂。中国目前的人力资本市场是相互分离的三大块，远没有形成统一有序的市场体系。其一是国有部门的劳动力市场，其特点是劳动力的社会福利成本较高、流动性较差、下岗失业比率高。其二是农民工市场，其特点是市场主体低技能、低报酬、不享有社会福利和高失业率。其三是专业人才市场，进入市场者年纪轻、学历高、技能高、报酬高、低福利、流动性较强。[①] 就人才市场而言，以我国的高层经营管理人才的市场化程度为例，有调查表明，目前80%以上的国有企业的经营者的现职是由组织任命的。非国有企业的经营者由组织任命的占28.9%。上市公司的经营者由组织任命的占59.2%。人才配置的行政化严重阻碍了现代企业法人制度的落实与职业经理人素质的形成。[②] 虽然短期内我们没法解决人力资本市场分割的状态，但是我们至少可以从增强专业人才市场的市场化程度做起，经过若干代的努力，最终实现基本统一的人力资本市场。

同时，根据本模型的结论，社会致力于迁移成本的降低，将缩小区域经济

---

① 胡鞍钢主编，《中国走向》，杭州：浙江人民出版社，2000年，第73页。
② 韩光耀，"北京人才市场发展中的几个问题"，京萃周刊，2001.5.18。

差异。在本模型中，将伴随着劳动者的产业间和区域间流动涉及的信息搜寻成本、交通成本、基本的培训费用、适应新环境的成本以及制度障碍等广义地定义为迁移成本。现阶段中国的经济中，人口流动的制度障碍仍然是最大的迁移成本，需要进一步降低与消除。而且，对于落后地区的劳动者来说，要实现跨区域的迁移，重要的是有充分的就业信息来源。这完全可以成为公共品，由地方政府来提供，主动的免费信息来源将大大降低工作搜寻成本，从而降低迁移成本。另外，如果政府能提供免费的培训，或者甚至只是培训劳动者用普通话与人交流的能力、在新环境可能遇到的问题的提示、求助的提示，等等，都能降低迁移成本。总之，区域差异问题在相当长的时期内都将是中国经济中一个十分重大的问题，值得政府和社会各界广泛关注，也需要付出巨大的努力。

---

### 附录 1　模型中各参数和变量的含义

A：农产品

C：区域总收入中用于消费的总量

G：价格指数

$H_{A1}$：区域 1 拥有的高人力资本劳动者数量

$H_{AM1}$：代表性厂商雇用的高人力资本劳动力数量

$H_{BN1}$：区域 1 农业部门的低人力资本劳动力数量

ΔH：劳动者迁移的数量

$L_1$、$L_2$：两区域中劳动者的总数

M：制造品的总和

$P_A$：农产品价格

$P_M$：复合制造品的价格

Q：可利用土地面积

T：冰山交易成本

W：消费者工资收入

a：制造业生产函数中的固定投入成本

b：制造业生产函数中的边际投入成本

c：为个人家庭收入中用于消费的量

h′：为个人家庭收入中用于下一代人力资本投资的量

$h_0$：下一代的人力资本投资带来的效用

$h_A$：有较高人力资本的人及其人力资本的含量

$h_B$：有较低人力资本的人及其人力资本的含量

$l_1$，$l_2$：两区域中高人力资本者的比重

$n$：制造品种类数

$p_M$：代表性制造品的价格

$q_M$：代表性制造品的产出

$u$，$u_1$：效用函数中消费者的效用水平

$\mu$：制造品的消费份额

$\theta_1$：代表消费者对不同制造品的种类偏好强度

$\sigma_1 \equiv 1/(1-\theta_1)$：任意两种商品种类之间的替代弹性

$1/\varphi$：区域的人气指数，用区域人口占总人口一半的比重来衡量

$\rho$：效用函数中对下一代人力资本投资的权数

$\alpha_1$：农业生产函数中人力资本的贡献率

$\pi$：制造业代表性厂商的利润

$\beta$：父辈自身人力资本的贡献率

$\gamma$：人力资本投资的贡献率

$\tau$：迁移成本系数

## 附录 2　消费者总效用函数的导出

消费者效用最大化问题为：

$u = \max F(c, h')$

$u(c, h') = \max\left[\frac{1}{\varphi}\left(u_1 + \frac{1}{1+\rho}h_0\right)\right]$，$0 < \varphi < 2$，$\rho > -1$

s.t. $c + h' = W$

其中 $u_1$ 为消费带来的效用，$h_0$ 为下一代的人力资本形成带来的效用。

以下关于消费带来的效用 $u_1$ 部分的推导，参照新地理经济学在迪克里特—斯蒂格利兹垄断竞争模型框架下给出的推导。[1] 我们想象潜在地有非常

---

[1]　Fujita M. , Krugman P. , Venables A. J. , *The Spatial Economy: Cities, regions, and International Trade*, The MIT Press, 1999.

多的多样化的制造品，以至生产空间能被看成连续的，这样我们就能回避产品种类数的整数约束。

效用函数中：

$$u_1 = M^\mu A^{1-\mu}$$

$$M = \left[ \int_0^n m \ (i)^{\theta_1} di \right]^{1/\theta_1}, \ 0 < \theta_1 < 1$$

$\theta_1$ 代表消费者对不同制造品的种类偏好强度，当 $\theta_1$ 接近 1 时，不同的制造品几乎可以完全替代；当 $\theta_1$ 趋近于 0 时，消费者偏好多样化消费。A 代表农产品。M 代表制造品的总和，m (i) 为每一种制造品，n 为制造品种类数，其中 M 定义为由一个不变替代弹性（CES）函数给出。约束条件为：

$$P_A A + \int_0^n p \ (i) \ m \ (i) \ di = c$$

其中 $P_A$ 为农产品价格，p (i) 为每一种制造品的价格。

首先，由最小化问题：

$$\min \int_0^n p \ (i) \ m \ (i) \ di$$

$$s.t. \left[ \int_0^n m \ (i)^{\theta_1} di \right]^{1/\theta_1} = M$$

由最小化问题的一阶条件得：

$$\frac{m \ (i)^{\theta_1-1}}{m \ (j)^{\theta_1-1}} = \frac{p \ (i)}{p \ (j)}$$

即 m (i) ＝m (j) (p (j) /p (i))$^{1/(1-\theta_1)}$，将之代入最小化问题的约束条件，将常数项 m (j) p (j)$^{1/(1-\theta_1)}$ 置于积分符号之外，得：

$$m \ (j) = \frac{p \ (j)^{1/(\theta_1-1)}}{\left[ \int_0^n p \ (i)^{\theta_1/(\theta_1-1)} di \right]^{1/\theta_1}} M$$

此即第 j 种制造品的补偿需求函数。

m (j) p (j) 即为以最小成本获得 M 时花在第 j 种产品上的支出，上式两边同乘 p (j)，再对 j 积分得：

$$\int_0^n p \ (j) \ m \ (j) \ dj = \left[ \int_0^n p \ (i)^{\theta_1/(\theta_1-1)} di \right]^{(\theta_1-1)/\theta_1} M$$

很自然地，可以定义等式右边与 M 相乘的项为价格指数 $P_M$，从而价格指数乘以数量组合等于支出。

由定义有：

$$P_M \equiv \left[\int_0^n p(i)^{\theta_1/(\theta_1-1)} di\right]^{(\theta_1-1)/\theta_1} = \left[\int_0^n p(i)^{1-\sigma_1} di\right]^{1/(1-\sigma_1)}, \quad 0<\theta_1<1, \sigma_1>1$$

其中 $\sigma_1 \equiv 1/(1-\theta_1)$，代表任意两种商品种类之间的替代弹性。价格指数 $P_M$ 代表了购买一单位复合制造品 M 所需的最小成本。正像 M 可以被认为是一个效用函数，$P_M$ 则可以被认为是一个支出函数。对 m（j）的需求现在可以更简洁地表达为：

$$m(j) = \left[\frac{p(j)}{P_M}\right]^{1/(\theta_1-1)} M = \left[\frac{p(j)}{P_M}\right]^{-\sigma_1} M$$

消费者问题的上一层是在农产品和制造品之间分配当期的消费 c，即选择 A 和 M 以最大化当期效用：

$$\max u_1 = M^\mu A^{1-\mu}$$
$$s.t. \ P_M M + P_A A = c$$

求解最大化问题得：

$$M = \mu c / P_M$$
$$A = (1-\mu) c / P_A$$

将两个阶段结合起来，即得到普通需求函数，对农产品而言：

$$A = (1-\mu) c / P_A$$

对每一种制造品而言：

$$m(j) = \mu c \frac{p(j)^{-\sigma_1}}{(P_M)^{-(\sigma_1-1)}}, \quad j \in [0, n]$$

由上式可以看出，当价格指数保持不变时，对每一种制造品需求的价格弹性不变且等于 $\sigma_1$。

至此，可得到由当期消费、农产品价格和制造品价格指数表达的间接效用函数：

$$V_1 = \mu^\mu (1-\mu)^{1-\mu} c (P_M)^{-\mu} (P_A)^{-(1-\mu)}$$

其中 $(P_M)^\mu (P_A)^{(1-\mu)}$ 项是经济中的生活成本指数或者总价格指数。

假设所有的制造品有相同的价格 $p_M$，则复合制造品价格指数 $P_M$ 被简化成如下的形式：

$$P_M = \left[\int_0^n p(i)^{1-\sigma_1} di\right]^{1/(1-\sigma_1)} = p_M n^{1/(1-\sigma_1)}, \quad \sigma_1 > 1$$

则：$\dfrac{dP_M}{dn} = \dfrac{1}{1-\sigma_1} p_M n^{\sigma_1/(1-\sigma_1)} < 0$

由此可知，模型中消费品种类增加会使制造品价格指数减小，而减小的程度依赖于对于消费者而言不同产品的替代弹性 $\sigma_1$，当 $\sigma_1$ 越低，即消费者偏好更多的产品种类，由种类数增多导致的价格指数减小会越多。根据间接效用函数，价格指数的降低会提高消费者的效用水平；同时，根据普通需求函数，价格指数降低会使现有种类商品的普通需求函数曲线下移。

由于内部规模经济，每一种商品只在一个区域生产。假设对于由两个区域组成的经济来说，在一个区域生产的所有商品种类具有对称性，有同样的技术和价格。用 $n_1$、$n_2$ 分别表示在区域 1 和区域 2 生产的产品种类数，用 $p_{M1}$、$p_{M2}$ 分别表示区域 1 和区域 2 任意一种制造品的价格。根据冯·屠能（1826 年）和保罗·萨缪尔森（1952 年）引入的"冰山交易技术"，商品在不同区域之间移动需要付出成本，这不仅包括运输成本，而且包括所有与远距离交易相关的信息获取、谈判等成本。则区域 1 的商品运输到区域 2 后，其价格变为：

$$p_{M12} = p_{M1} T_{M12}, \quad T_{M12} > 1$$

其中 $T_{M12}$ 即为区域 1 的商品运输到区域 2 的冰山交易系数。若令 $T_{M12} = T_{M21} = T_M = T$，即两地之间运输商品的冰山交易系数相同，则异地运输后的商品价格分别为：

$$p_{M12} = p_{M1} T, \quad T > 1$$
$$p_{M21} = p_{M2} T, \quad T > 1$$

据此，两区域的制造品价格指数可以分别表示为：

$$G_{M1} = [n_1 (p_{M1})^{1-\sigma_1} + n_2 (p_{M2} T)^{1-\sigma_1}]^{1/(1-\sigma_1)} = ((P_{M1})^{1-\sigma_1} + (P_{M2} T)^{1-\sigma_1})^{1/(1-\sigma_1)}$$
$$G_{M2} = [n_2 (p_{M2})^{1-\sigma_1} + n_1 (p_{M1} T)^{1-\sigma_1}]^{1/(1-\sigma_1)} = ((P_{M2})^{1-\sigma_1} + (P_{M1} T)^{1-\sigma_1})^{1/(1-\sigma_1)}$$

则区域 1 的一种制造品在区域 2 的消费需求为 $\mu C_2 (p_{M1} T)^{-\sigma_1} G_{M2}^{(\sigma_1-1)}$，从而区域 1 的一种制造品的总需求为：

$$q_{M1} = \mu [C_1 (p_{M1})^{-\sigma_1} G_{M1}^{(\sigma_1-1)} + C_2 (p_{M1} T)^{-\sigma_1} G_{M2}^{(\sigma_1-1)} T]$$

同样，区域 2 的一种制造品的总需求为：

$$q_{M2} = \mu [C_2 (p_{M2})^{-\sigma_1} G_{M2}^{(\sigma_1-1)} + C_1 (p_{M2} T)^{-\sigma_1} G_{M1}^{(\sigma_1-1)} T]$$

其中 $C_1$ 为区域 1 总收入中用于消费的部分，$C_2$ 为区域 2 总收入中用于消费的部分。由上式可知，一种制造品的总需求取决于每个区域用于现期消费的收入、每个区域的价格指数、冰山交易系数和原始价格。由于人力资本的正传递效应，下一代的人力资本形成由父母的人力资本水平（通过家庭教育，为一种跨代际的效应）、区域整体人力资本水平（通过社区人们的相互影响，为一种横向的效应）、区域内不同学生得到的教育支出水平（以个人付费为主的教育）或者区域内每个学生得到的人均教育支出水平（公共教育，与区域的人力资本构成及其决定的人们的收入水平以及税率相关）所决定。

通常在考虑教育或者人力资本的外部效应时，有人可能会认为一个人对周围的个体产生正的外部效应，同时，周围的个体也对他产生外部效应，所以衡量这个人对社会的净外部效应要将二者相减，若个人对周围人的效应大于周围人对他的效应，则认为这个人对社会的净效应才是正的，否则是负的。其实，在人与人的交流中，每一个具有一定人力资本的个体都可能对其周围的人产生正的外部效应，同时，这个个体也受到其周围的人对他产生的正的外部效应，这个个体对周围的人产生外部效应的成本可以忽略不计，这样，综合来看，单个的个体受到来自周围人的正的外部效应，至于外部效应的大小，可以认为具有较高人力资本的人对其他人产生的外部效应较大，因此，可以假设它与周围人的平均人力资本水平成正比。可以说正是由于每个个体都对周围的人有正的外部效应，才导致了个体的总和构成的环境对每一个个体都有正的外部效应。

区域内孩子得到的教育支出水平或者说人力资本投资水平会由于采用不同的决策方式而不同，如果采用个人付费的方式，则父辈之间的人力资本差距会继续传递；如果采取在区域内平均的方式，则区域内下一代人力资本水平会得到一定程度上的平均，但区域间差异将持续下去；如果采取全国平均教育经费的方式，则下一代的人力资本水平的区域差异会缩小。

当教育为私人投资时，区域 1 的消费者下一代的人力资本投资生产函数为：

$$h_{A0} = h_{A1}^{\prime\gamma} h_A^{\beta} \left[ l_1 h_A + (1 - l_1) h_B \right]^{1 - \gamma - \beta}$$

$$h_{B0} = h_{B1}^{\prime\gamma} h_B^{\beta} \left[ l_1 h_A + (1 - l_1) h_B \right]^{1 - \gamma - \beta}$$

至此，消费者总的效用函数可以表示为：

$$u^j(h_i) = \max \frac{1}{\varphi}\left[\mu^\mu (1-\mu)^{(1-\mu)} c_{ij} G_{Mj}^{(-\mu)} (P_A)^{-(1-\mu)} + \frac{1}{1+\rho}h_{ij}^{\prime\gamma}h_i^\beta\right]$$
$$[l_j h_A + (1-l_j) h_B]^{1-\gamma-\beta}, \quad 0<\varphi<2, \quad \rho>-1, \quad i=A, B, \quad j=1, 2$$
$$\text{s. t. } c_{ij} + h_{ij}' = W_{ij}$$

其中 $W_{ij}$ 为消费者工资，本模型中假定消费者工资即为消费者所有可支配收入，$h'$ 为给下一代的人力资本投资，$c$ 为当期消费。$\gamma$ 为人力资本投资的贡献率，$\beta$ 为父辈自身人力资本的贡献率。$\rho$ 为消费者赋予下一代人力资本投资的权数，如果 $\rho>0$，个人赋予消费的权数大于其赋予下一代人力资本投资的权数；如果 $\rho<0$，则出现相反的情况。$\rho>-1$ 这个假定保证了人力资本投资的权数为正。投资于下一代的人力资本的权数会随人力资本投资收益率改变，即人力资本投资收益率或者预期人力资本投资收益率高则权数增大，反之则相反。但是权数的大小又不完全取决于人力资本投资收益率，社会文化中对知识与人才的尊重，以及区域历史文化传统中对教育的重视程度都将影响这个权数。

## 附录 3   均衡条件

讨论拥有高人力资本的劳动者在区域间可以流动的情况。

由附录 2 给出的消费者总效用函数，求解该效用最大化问题，可以得出具有不同收入的消费者用于消费的数量为：

$$c_{AM1} = W_{AM1} - \left[\frac{(\rho+1)\ \mu^\mu\ (1-\mu)^{1-\mu} G_{M1}^{-\mu} G_{A1}^{\mu-1}}{h_A^\beta\ (l_1 h_A + h_B - l_1 h_B)^{1-\gamma-\beta}\gamma}\right]^{\frac{1}{\gamma-1}} \quad [c]$$

$$c_{BN1} = W_{BN1} - \left[\frac{(\rho+1)\ \mu^\mu\ (1-\mu)^{1-\mu} G_{M1}^{-\mu} G_{A1}^{\mu-1}}{h_B^\beta\ (l_1 h_A + h_B - l_1 h_B)^{1-\gamma-\beta}\gamma}\right]^{\frac{1}{\gamma-1}}$$

$$c_{AM2} = W_{AM2} - \left[\frac{(\rho+1)\ \mu^\mu\ (1-\mu)^{1-\mu} G_{M2}^{-\mu} G_{A2}^{\mu-1}}{h_A^\beta\ (l_2 h_A + h_B - l_2 h_B)^{1-\gamma-\beta}\gamma}\right]^{\frac{1}{\gamma-1}}$$

$$c_{BN2} = W_{BN2} - \left[\frac{(\rho+1)\ \mu^\mu\ (1-\mu)^{1-\mu} G_{M2}^{-\mu} G_{A2}^{\mu-1}}{h_B^\beta\ (l_2 h_A + h_B - l_2 h_B)^{1-\gamma-\beta}\gamma}\right]^{\frac{1}{\gamma-1}}$$

类似地，由区域 1 农业部门向制造业部门迁移的劳动者、区域 2 农业部门向制造业部门迁移的劳动者和由区域 2 制造业部门向区域 1 制造业部门迁移的劳动者用于消费的数量分别为：

$$c_{\Delta H3} = \tau_3 W_{AM1} - \left[ \frac{(\rho+1)\ \mu^\mu\ (1-\mu)^{1-\mu}\ G_{M1}^{-\mu}\ G_{A1}^{\mu-1}}{h_A^\beta\ (l_1 h_A + h_B - l_1 h_B)^{1-\gamma-\beta}\ \gamma} \right]^{\frac{1}{\gamma-1}}$$

$$c_{\Delta H4} = \tau_4 W_{AM2} - \left[ \frac{(\rho+1)\ \mu^\mu\ (1-\mu)^{1-\mu}\ G_{M2}^{-\mu}\ G_{A2}^{\mu-1}}{h_A^\beta\ (l_2 h_A + h_B - l_2 h_B)^{1-\gamma-\beta}\ \gamma} \right]^{\frac{1}{\gamma-1}}$$

$$c_{\Delta H5} = \tau_5 W_{AM1} - \left[ \frac{(\rho+1)\ \mu^\mu\ (1-\mu)^{1-\mu}\ G_{M1}^{-\mu}\ G_{A1}^{\mu-1}}{h_A^\beta\ (l_1 h_A + h_B - l_1 h_B)^{1-\gamma-\beta}\ \gamma} \right]^{\frac{1}{\gamma-1}}$$

接下来只列出区域 1 的方程，因为同样的方程可以运用于区域 2。根据附录 2 的推导，消费者对区域 1 生产的一种制造品的总需求由两部分组成：当地需求和区域 2 的需求，即：

$$q_{M1} = \mu \left[ C_1\ (p_{M1})^{-\sigma_1} G_{M1}^{(\sigma_1 - 1)} + C_2\ (p_{M1} T)^{-\sigma_1} G_{M2}^{(\sigma_1 - 1)} T \right] \tag{A.1}$$

其中 $q_{M1}$ 为消费者对区域 1 生产的一种制造品的总需求，$p_{M1}$ 是区域 1 生产的一种典型制造品的价格，$G_{M1}$、$G_{M2}$ 分别为区域 1 和区域 2 的制造品价格指数，$C_1$，$C_2$ 分别为区域 1 和区域 2 的消费者的收入中用于消费的部分。

$$\begin{aligned}
G_{M1} &= \left[ n_1\ (p_{M1})^{1-\sigma_1} + n_2\ (p_{M2} T)^{1-\sigma_1} \right]^{1/(1-\sigma_1)} \\
&= \left[ (P_{M1})^{1-\sigma_1} + (P_{M2} T)^{1-\sigma_1} \right]^{1/(1-\sigma_1)} \qquad [G_M]
\end{aligned}$$

$$\begin{aligned}
G_{M2} &= \left[ n_2\ (p_{M2})^{1-\sigma_1} + n_1\ (p_{M1} T)^{1-\sigma_1} \right]^{1/(1-\sigma_1)} \\
&= \left[ (P_{M2})^{1-\sigma_1} + (P_{M1} T)^{1-\sigma_1} \right]^{1/(1-\sigma_1)} C_1 \\
&= c_{BN1}\ (H_{BN1} - \Delta H_3) + c_{AM1} H_{A1} + c_{\Delta H3} \Delta H_3 + c_{\Delta H5} \Delta H_5 \qquad [C]
\end{aligned}$$

$$C_2 = c_{BN2}\ (H_{BN2} - \Delta H_4) + c_{AM2}\ (H_{A2} - \Delta H_5) + c_{\Delta H4} \Delta H_4$$

制造业代表性厂商的利润函数为：

$$\begin{aligned}
\pi_1 &= p_{M1} q_{M1} - W_{AM1} H_{AM1} \\
&= p_{M1} q_{M1} - W_{AM1}\ (b q_{M1} + a)
\end{aligned}$$

由利润最大化条件以及 $q_{M1}$ 的需求函数（A.1）可得：

$$p_{M1}\ (1 - 1/\sigma_1) = W_{AM1} b \tag{A.2}$$

假定厂商是自由进出的，因此从长期来看，垄断竞争的厂商的利润为零。

$$p_{M1} q_{M1} = W_{AM1} H_{AM1}$$

$$\pi_1 = W_{AM1} \left( \frac{q_{M1} b}{\sigma_1 - 1} - a \right)$$

由零利润条件，典型厂商的产出为：

$$q_{M1}^* = \frac{a\ (\sigma_1 - 1)}{b} \tag{A.3}$$

典型厂商对劳动者的需求为：

$$H_{AM1}^* = a\sigma_1 \qquad (A.4)$$

因此，区域 1 制造业厂商的数量由要素禀赋决定：

$$n_1 = \frac{H_{A1} + \Delta H_3 + \Delta H_5}{H_{AM1}^*} \qquad [n]$$

类似地，区域 2 制造业厂商的数量为：

$$n_2 = \frac{H_{A1} + \Delta H_4 - \Delta H_5}{H_{AM1}^*}$$

由方程（A.1）给出的 $q_{M1}$ 需求的函数，如果需求等于供给，则典型厂商实现上述的产出水平。方程为：

$$q_{M1}^* = \mu[C_1 (p_{M1})^{-\sigma_1} G_{M1}^{(\sigma_1 - 1)} + C_2 (p_{M1} T)^{-\sigma_1} G_{M2}^{(\sigma_1 - 1)} T] \qquad (A.5)$$

令农产品为计价商品，即 $p_A = 1$，且农产品的区域间运送的交易成本等于 1，即农产品价格指数仍然为 1。

由农产品生产函数，有：

$$H_{BN1} = \left(\frac{A_1}{Q_1^{1-\alpha_1}}\right)^{1/\alpha_1} \qquad (A.6)$$

由生产函数，农业为完全竞争的规模报酬不变的产业，农业劳动者的工资收入由以下的式子决定：

$$W_{BN1} H_{BN1} = \alpha_1 P_{A1} A_1 \qquad (A.7)$$

制造业和农业部门都已满足充分就业条件，即劳动者的总和等于生产中所需要的劳动者。

同一区域的农业劳动者向制造业部门流动存在流动成本时，用 $\tau_3$ 表示区域 1 的劳动者城乡流动的迁移成本系数，即区域 1 的农业劳动者流向制造业部门时其工资为 $\tau_3 W_{AM1}$，$0 \leqslant \tau_3 \leqslant 1$，$\tau_3$ 越接近于 1，流动者的工资越接近当地劳动者的工资，表明流动成本越低；当 $\tau_3$ 等于 1 时，表明可以自由流动，流动成本为零。$\tau_3$ 越接近于零，流动者的工资与当地劳动者的差距越大，表明流动成本越高；当 $\tau_3$ 等于零时，表明城乡之间完全不可流动。因此，由 $\tau_3$ 代表的流动成本包括多重含义，既有流动限制因素，也包括迁移成本、工作信息搜寻成本，以及专业转换的培训等人力资本投资的成本，等等。类似地，$\tau_4$ 表示区域 2 的农业劳动者流向制造业的迁移成本系数，$\tau_5$ 表示区域 2 的制造业劳动者流向区域 1 的制造业的迁移成本系数。

另外，效用函数中的 $1/\varphi$ 表示消费者所在区域的人气指数，即人们纷纷前往的区域有较大的发展可能性，或者说有较大发展可能性的区域吸引人们纷纷前往，则 $\varphi$ 定义为：

$$\varphi_1 = (H_{BN1} + H_{A1}) / (H_{BN1} + H_{A1} + \Delta H_5) \qquad [\varphi]$$

$$\varphi_2 = (H_{BN2} + H_{A2}) / (H_{BN2} + H_{A2} - \Delta H_5)$$

均衡时劳动者流动前后效用相等，即

$$V(c_{\Delta H3}, h'_{\Delta H3}) = V(c_{BN1}, h_{BN1}') \qquad (A.8)$$

$$V(c_{\Delta H4}, h'_{\Delta H4}) = V(c_{BN2}, h_{BN2}') \qquad (A.9)$$

$$V(c_{\Delta H5}, h'_{\Delta H5}) = V(c_{AM2}, h_{AM2}') \qquad (A.10)$$

式（A.1）～式（A.7）都有对应于区域2的公式。由这些公式（其中式（A.1）包含于式（A.5）中，式（A.6）需要代入式（A.7）中）加上式（A.8）、式（A.9）、式（A.10），以及前面给出的一些辅助公式如式 [c]、式 $[G_M]$、式 [C]、式 [n]、式 $[\varphi]$，可以求出两个区域两个部门的产出，要素和商品的价格，以及均衡时拥有不同人力资本的劳动者在部门和区域间的分配，在此，有13个正式的公式，13个未知数，包括两区域制造品的价格、产量、农产品的产量（农产品价格被定义为计价单位1）、制造业工资、农业工资、两区域人力资源在农业和制造业之间的流动，以及高人力资本者在区域之间的流动数量。

正式地，在给定的资源禀赋和其他控制参数 $\Pi = \{\pi_1, \pi_2, ..., \pi_m\}$ 条件下，我们定义一个满足上述均衡条件系统 F（X）的由工资、价格、商品产量和人力资源流动数量组成的均衡解集。均衡是由一个满足 X＝F（X，$\Pi$）的固定点组成。因为均衡是一个固定的状态，而系统中商品和要素的数量是有限的，X 是一个 m 维实数有限集（$R^m$）。同样地，由于总的资源禀赋约束，商品数量和每个区域分配给每个部门的劳动者数量是有限的，X 是一个非空的、闭的、有限的凸集。从式（A.1）～式（A.10）我们还可以知道系统中所有的公式都是连续的。运用布劳威尔的固定点定理可以证明，均衡是存在的。本书是运用 Matlab 的数值计算功能来求解的，在我们的模拟中，我们是通过确实找到了一个均衡来获得均衡的存在性的。

因为生产中的规模报酬递增，均衡可能不是唯一的。在我们的数字模拟中确实也出现过多重均衡，但在模拟中，我们只关注稳定的均衡。

# 第 6 章　落后地区人力资本依托型的
# 发展路径——以西部为例

　　根据本书第 5 章模型的结论，从长期来看，落后地区难以改变落后面貌的根本原因在于人力资本的缺乏以及与之相关联的高昂的交易成本和迁移成本。因此，缩小区域差距的主要方法不在于事后的收入再分配，而在于落后地区本身发展能力的不断提高。如果没有政府干预，则个人决策的结果会导致人力资本在发达地区的集聚，包括部分人迁移的目的即为下一代人力资本投资环境的改善。由于低人力资本者较低的流动性，结果将是高工资的人力资本集聚，而低工资的人力资本由于发达地区就业机会的有限，将仍然大量滞留在落后地区，导致区域差距的扩大。关注区域差距问题重点在于关注落后地区的发展问题，因此，笔者以西部地区为例，探讨一个落后地区人力资本依托型的发展框架。

## 6.1　西部人才开发中的问题

### 6.1.1　人力资本投资严重不足

　　人力资本投资不足表现为诸多方面。首先是教育投资不足（从表 4-8 和表 4-9 可以看出，西部地区省份的教育经费占财政支出比重普遍偏低），这是造成西部省区人力资本存量不足的主要原因；其次是培训活动很少，知识老化使西部人力资本贬值严重；另外，西部地区在研究与开发方面的投资也十分贫乏。

　　西部人力资本投资不足的原因是多方面的。

　　首先，较低的经济发展水平限制了西部对人力资本的投资能力，尤其是对于政府和企业投资主体来说，有限的资金总是倾向于物质资本投资，以致形成了一个低水平循环。

其次，原有的重资历、轻能力的工资制度对有较多人力资本的人才不太有利，工资报酬制度事实上使投资收益率低，使个人投资主体对教育投资的积极性不高。而历史遗留下来的人才专业不对口、学非所用普遍存在的现状和这种保留了更多大锅饭色彩的工资报酬制度进一步削弱了人们再学习的欲望和能力。这种现象在国有单位表现尤为明显，而西部省区国有单位从业人员在职工总数中的比重除个别省区以外远高于平均水平。

最后，从人力资本投资本身的特性来看，人力资本投资较强的外部性导致在政府干预不足的情况下出现供给少于需求的状况。同时，人力资本投资回报期较长，一般对人力资本最初投资的收益，需二十年左右才能收回，而人力资本投资又是高风险的投资，受投资决策水平和各种未来不确定因素的限制，投资可能难以回收，这都导致相对保守的西部地区投资主体倾向于回避风险。

## 6.1.2　对外部人才的吸引力较弱

西部目前的经济发展水平和用人环境使得西部对于人才的吸引力远远弱于东部地区，在毕业生和东部技术人才的再就业选择中，这种趋势非常明显。如对于东部地区研发与技术人员来说，东部的工作环境和发展机会使他们很难完全舍弃，除非遇到很大的推力和吸引力，他们不会完全流向西部地区。另外，对于投资者和创业者来说，除非在个别有竞争优势的产业，西部现有的投资与经营环境也很难使他们做出迁移的决策。

总之，对于受贫困和人才匮乏双重困扰的西部地区来说，需要重视营造良好的人才开发环境等基础性工作，更需要有人才开发的战略眼光。

## 6.1.3　人力资本的运用不充分

在现实中，目前的西部地区还存在着毕业生就业难的问题，似乎西部不需要那么多人才。同时，下岗失业的现象也比较严重，而在职的人员大多停留在缓慢的工作节奏中，这表明西部地区对人力资本的运用还很不充分，运用的效率很低。

## 6.2　西部人才开发环境建设

西部人才开发面临的最大问题是长期以来不重视人力资本，投资得不到合理回报。扭曲的投资回报机制反馈到个人和社会的投资决策上必然会出现人力投资严重不足的状况。打破西部人才开发的恶性循环需要政府倡导重视人才，营造人才开发环境，制定鼓励投资于人力资本的政策，构建合理的投资回报机制，则这种信号传达到社会和个人，会激发起投资的积极性，形成良性正反馈。

同时，西部开发是一个长期的过程，而且由于西部地区经济发展水平的限制以及人力资本投资的外部性、长期性和高风险性，西部地区需要政府更加重视教育和培训等人力资本投资活动，提升人力资本投资支出在地方财政支出中的优先序。地方政府还可以考虑以开征地方性教育投资税等方式拓宽资金来源，这对于内部贫富差距很大的西部地区来说，是一种优于私人投资的方式，将更快地积累人力资本。人力资本投资收益有滞后效应，当前的投资一方面为以后的发展积累人力资本，另一方面，也许更重要的是，政府示范行为导致观念更新，使当前更加重视人力资本的使用及其潜能的发挥。而对人力资本的充分使用和潜力挖掘，促进人力资本转化为生产力，促进人的价值的实现，起到引导社会重视人力资本的作用。这是又一个良性循环，对经济的发展将起到不可忽视的推动作用。

另外，给人才流动创造良好的条件，给人才以自由，将有利于西部采取灵活多样的方式引进人才。显然，临时性引进人才（借用、阶段性聘用、兼职、有偿服务等）比永久性调入人才容易操作也有效得多，重要的是这种机制能够流转且持续。而如前面的分析，西部非国有经济比重偏低表明西部缺少真正的企业家，也缺乏市场观念。因此，降低创业门槛，辅之以风险投资基金的支持，给新兴企业家提供适宜的生长土壤，有助于改善西部人才结构，也是一种人才开发环境的培育。

## 6.3　西部人力资本依托型发展路径探讨

西部的发展离不开政府的努力、企业的努力、各种社会团体的努力，更离不开每一个人的努力。

## 6.3.1　重视公共教育

亚当·斯密、约翰·穆勒、埃尔弗雷德·马歇尔很早就认为，教育有助于经济增长。现在，我们甚至认为教育是经济发展的先决条件。教育通过许多渠道刺激经济增长和提高人们的生活水平：增进劳动效率、培养民主意识从而为民主管理创造更好的条件、增进健康、增进平等，等等。

根据第 5 章模型的结论，教育还是导致区域差异扩大的根本原因。因此，西部地区应当重视教育，尤其是重视公共教育。一方面，在落后的贫富差距较大的地区，公共教育有助于人力资本积累；另一方面，公共教育对经济增长的贡献不仅在于其积累了人力资本，而且在于其灌输的公共规范有助于社会凝聚力的提高，而社会凝聚力的提高会减少导致资源浪费的寻租活动。[①] 西部地区是多民族融合区，语言、习惯或信仰等的不同使人们之间容易产生误解，这种误解会破坏生产和交易效率。因此，巩固民族团结，维护社会稳定显得尤其重要。基于共同文化的统一的公共教育会使年青一代置身于更宽广的文化背景，能够促进各民族文化的共同认可，使他们互相学习，互相接受，消除民族间由于历史原因造成的心理隔阂和狭隘的民族利益观念，从而会减少交易成本、产生网络化的外部效应并促进经济活动的顺利进行。

对公共教育的重视，首先需要加大对教育的公共财政支持，这需要地方政府逐步提高教育在公共财政支出中的优先序，保证教育支出不低于一定的比例。其次，还需要加强教育的公共提供和管理。公共教育逐渐灌输共同的文化规范和伦理价值观，有助于降低经济中的交易成本，减少不同人群之间的社会压力和紧张状态，显然，教育的规范的层面要求对公共教育管理系统进行有效控制。另外，区域内良好的公共教育也是吸引人才的途径，是一个能够促进区域长远发展的方式。因此，应为外来人员的子女提供平等的公共教育机会。

对于教育的内容来说，由于市场机制日益完善的社会不再能容忍大而全、小而全的区域的存在，各区域人才的培养应尽力发挥本区域的比较优势。西部的资源禀赋决定了其具有与东部地区不同的潜在比较优势，比较优势的发挥需要在人才开发中同样遵循比较优势原则。因此，不是西部的每一所学校都要追

---

① Mark Gradstein, Moshe Justman, "Human capital, social capital, and public schooling", *European Economic Review* 44 (2000), pp. 879~890.

求学科齐全，而是每一所学校都要尽力个性化，为区域比较优势人才的培养做贡献。对于西部各地区而言，迫切需要培养相应的技术工人和企业家素质。培养大批的技术工人是即将处于起飞阶段的西部所急需的，也是西部最终实现比较优势的努力方向。而企业家素质的形成，则是西部经济最终融入全国统一大市场的必要条件。

除了公共教育之外，要放开教育投资环境，吸引更多的资本投向教育。

### 6.3.2　实现教育投资主体多元化

面对西部地区强大的教育需求，单纯依赖有限的财政性教育经费支出来扩大教育规模，显然是不现实的。为此，财政性教育经费的支出，主要应加大对基础教育投资的力度，而对于非义务教育应逐步建立政府、社会、家庭和个人合理分担的机制，对于高等教育，必须逐步形成政府办学为主与社会各界参与办学相结合的新体制，提倡多种形式的联合办学，优化配置和充分利用现有教育资源。

同时，国家应努力改善教育支出地区不均衡的现状。国家应当加大对中西部地区教育投资政策的倾斜力度，努力改善中西部，尤其是贫困落后地区的教育现状。逐步建立和完善能够促进教育发展的融资体系，发展教育信贷市场。为贫困地区的生源提供信贷支持，可以减少在校大学生对家庭经济的依赖性，给贫困生源独立开拓新人生的机会。在校的大学生毕业后需要还贷，这种压力也鞭策着学生努力学习，增强能力，还可以间接地对其他在校学生起到激励效应。另外，可以通过加大奖学金和助学金制度以及特困生补助力度等来帮助贫困地区尽早改变其教育和经济发展落后的面貌，从而缩小东西部地区经济发展不平衡的状况。

### 6.3.3　降低迁移成本，帮助人们获得在"干中学"中积累人力资本的机会

在市场经济中，当一个行业出现产品过剩，不得不打价格战时，会有部分厂商主动或者被迫退出该行业，退出的厂商还可以转向其他的行业。然而，对于西部的国有企业和广大农村地区的农民来说，这种退出或者转移显得十分困难。国有企业的问题涉及制度和社会生活的方方面面，不在本书研究的范围之内。而对于农民问题——农村剩余劳动力的转移问题，则是学者们和社会各

界一度讨论的焦点问题。笔者认为，农村剩余劳动力转移的最大障碍不仅在于限制人口流动的制度原因，而且在于农村人口信息的闭塞、基本培训的缺乏，这使得大部分农民缺乏转向新产业的能力。西部地区的人民尤其是生活在农村的农民，就像依赖父母的孩童，缺乏基本的技能和信息，视野局限在熟悉的小环境中，对远离土地有一种与生俱来的畏惧感，这显然使他们的迁移难以实现。

因此，政府需要帮助他们提高实现发展的能力（阿马蒂亚·森称之为可行能力[①]），提供基本的培训以及充分的信息，帮助他们获得在"干中学"中积累人力资本的机会。就培训来说，在广大的农村地区，完全可以利用农闲时间给农民提供免费学习的机会，学习普通话、学习农业技术和各种专业技能，培养市场经济的新观念和新思维，等等。就信息的提供来说，应充分利用互联网，让企业和个人有可以便利地发布供需信息的网络平台。在没有互联网的农村地区，政府相关服务部门应将互联网上的信息及时转化为广播、电视等信息。同时支持建立类似工会的区域外出务工者协会，该协会不仅可以提供信息，还可以切实地维护外出就业者利益，增强他们的安全感。

## 6.3.4　提高西部民众参与区域和自身发展决策的权力与能力

为了寻求经济好处而施加政治影响，在我们生活于其中的世界是非常现实的现象。斯密也指出，既得利益集团常常取胜的原因是他们"对其自身利益有更多的知识"（而不是"对公共利益有更多的知识"）。如果允许并促进公开辩论，既得利益集团并没有任何理由必定取胜。甚至在帕累托的著名例子的情况下，可能有 1000 个人的利益会因为一项政策受到少许损害，而一个工商业者会大获其利，一旦公众清楚地看到这幅图景，多数人便会起来反对这种特殊政策。这是对一个议题的正反两个方面进行公众讨论的理想领域，而且经过公开的民主的检验，公共利益很可能有极好的机会战胜既得利益小集团的高调宣传。因此，阿马蒂亚·森认为，一种自由（如政治自由）可以帮助另一种自由

---

① 阿马蒂亚·森认为，为了让人民能够参加社会决策，要重视下述基本的可行能力要素：阅读和写作（通过基本教育），得到充分的信息和通报（通过自由的传播媒体），拥有现实的自由参与机会（通过选举、公决以及公民权利的普遍实施）。从广义上讲，人权也涉及这种实践。阿马蒂亚·森著，任赜、于真译，《以自由看待发展》，北京：中国人民大学出版社，2002 年，第 243 页。

（如经济开放的自由）的实现。<sup>①</sup> 从中国的现实来看，从 1998 年《价格法》首次把听证制度引入价格决策程序，到 2002 年 1 月 12 日，我国历史上第一个公开召开的全国性价格听证会——铁路价格听证会的召开<sup>②</sup>，听证制度终于拉开帷幕。随后，在 2002 年 2 月 10 日，中华人民共和国对外贸易经济合作部就保障措施调查程序中为确定进口产品数量增加及其与损害之间因果关系问题，为保证保障措施调查的公平、公正，维护利害关系方的合法权益，发布了《保障措施调查听证会暂行规则》<sup>③</sup>。同样，为保障反补贴调查的公平、公正，维护利害关系方、利害关系国（地区）政府的合法权益，对外贸易经济合作部在 2002 年 2 月 10 日还制定了《反补贴调查听证会暂行规则》<sup>④</sup>。2001 年 5 月 21 日，杭州市政府发布了《杭州市实施立法听证会制度的规定》<sup>⑤</sup>，规定应当组织立法听证会进行听证的立法事项有：创设审批、收费事项的；涉及企业、公民切身利益的；其他应当听证的事项，表明地方政府已经开始将立法听证制度化。另外，还有诸如城市规划建设项目听证会<sup>⑥</sup>、招生听证会<sup>⑦</sup>等，表明我国在很多领域都开始听取社会意见，让公众知情参政，监督行政权力的行使，我国在引进民主议政机制、推进民主法制建设方面，跨出了重要的一步。在我国，民众广泛的参与权有深刻的根据。首先，从政治民主化的进程看，参与社会事务的管理是社会成员的民主权利。中国的人民代表大会制度是人民当家作主的政治制度，在农村，法律赋予了村民自治的权力。广大民众不仅从政治体制上、法律上，而且从基层社区治理格局上获得了参与政治、经济、社区管理和监督的权利，显然，西部人民具有地区发展的参与权，让其参与拯救自己的经济活动是他们应有的权利。其次，从管理科学的要求来看，处在任何集体中的人都有参与集体事务的意识，让人参与能使其产生责任感，从心理上改变抗拒变革的惯性，并产生积极向上、成功的意愿。参与能使人产生内在的机理，使人得到尊重、成就的满足，同时拓展视野获得经验。<sup>⑧</sup>

① ［印度］阿马蒂亚·森著，任赜、于真译，《以自由看待发展》，北京：中国人民大学出版社，2002 年，第 120～121 页。
② "中国首次全国性价格听证会：三大意义、六大遗憾"，北京晚报，2002 年 1 月 12 日。
③ http://www.mf-law.com/zxflfg/zxflfg.82.htm
④ http://www.com-law.net/fagui/waimao/fanbutia1.htm
⑤ http://www.hznet.gov.cn/zcfg/fzj_fgk/hzssslftzhzdgd6-5.htm
⑥ http://www.dz.sichuan.net.cn/zfgg/citytzhzd.htm
⑦ "北师大：招生先开听证会"，中青在线，http://education.163.com/edit/010413/010413_64428.html，2001 年 4 月 13 日。
⑧ 中国（海南）改革发展研究院《反贫困研究》课题组，《中国反贫困治理结构》，北京：中国经济出版社，1998 年，第 30～31 页。

　　因此，应提高西部人民参与区域和自身发展决策的权力与能力。真正地给予人们参与政策制定过程的权利，这意味着人们可以参与项目或计划的整个流程，包括设计、启动及评估。此时，仅仅依靠对受益者提供咨询和外界项目活动实施是不够的，真正有效的参与要求所有层次，包括地方、地区甚至国家层次上的参与，而且他们应该是所有努力的核心。参与也意味着受益者和涉及者更广泛地卷入发展计划和实施过程，地方政府的授权、非政府组织发挥更大的作用，公私部门间合作的增强，等等。虽然目前民众的参与意识与参与能力在不断增强，但仅以西部大开发、西部教育政策、扶贫政策等为例，中国目前的状况仍然更多的是专家学者和政府部门提出意见和决策，民众的参与还远远不够。

## 6.3.5　关注贫困人口，尤其是母亲和儿童实现发展的能力

　　第 5 章模型中为了简化起见，假设的资源禀赋为两类劳动者，即从事农业劳动的 $h_A$ 型劳动者和从事制造业的 $h_B$ 型劳动者。现实中，农业劳动者和制造业劳动者的人力资本水平是参差不齐的。因此，他们的收入水平和效用水平各不相同。尤其是在广大的农村，存在着部分人力资本很低的贫困人口，他们连基本的生活保障都未能获得，更谈不上对下一代进行人力资本投资。因此，关注落后地区的发展不能不关注落后地区的贫困人口问题。

　　如果把 1994 年确定的 592 个贫困县，8065.5 万贫困人口进行东中西部划分，其中东部有 77 个贫困县，占总数的 13%，贫困人口 1574 万，占全国贫困人口总数的 19.5%；中部地区贫困县 180 个，占总数的 30.4%，贫困人口2508.5 万人，占总数的 31.1%；西部地区贫困县 355 个，占总数的 56.6%，贫困人口 3983 万人，占总数的 49.4%。[①] 到 2000 年，官方统计的农村贫困人口数据下降为 3000 万人。西部地区（包括西南地区和西北地区）的贫困人口，已由 20 世纪 90 年代初的不到全国农村贫困人口总数的一半，上升到了 1996年的超过全国 2/3（约 70%）。中国官方公布的贫困线和国际上每天 1 美元的贫困线都证实了这种贫困人口越来越集中于西部地区的趋势。贫困人口分布的这种变化，是由于东、中部地区贫困发生率的急剧下降，而西部地区缓解贫困

　　① 中国（海南）改革发展研究院《反贫困研究》课题组，《中国反贫困治理结构》，北京：中国经济出版社，1998 年，第 53 页。

的速度相对缓慢造成的。尤其是西北部省区，缓解贫困的速度很慢，因而这些省区的贫困程度也最深。当前绝对贫困人口的教育、健康和营养状况相对来说非常恶劣。据统计，全国257个少数民族国家级贫困县（其中绝大多数在西部地区）的农民群众中，90%以上的农村劳动力没有参加过任何技能培训，农村劳动力文盲、半文盲比例均在30%以上。[①] 在中国大部分最贫穷的村庄，特别是少数民族地区，差不多一半男孩和几乎全部女孩不能入学接收教育。在一些很落后的县里，新生婴儿和产妇的死亡率分别超过了10%和0.3%（至少比全国平均水平高50%到一倍），这个比例在最贫穷的乡镇和村里还要高。[②]

回顾我国的反贫困政策，自新中国成立以来，我国的反贫困政策可分为两个阶段：1980年前，主要采取直接救济的方法，国家每年向贫困地区调拨粮食、衣物等救济物品，通过"输血"维持贫困地区人民最基本的生活水准，目的在于控制极端贫困。20世纪80年代以来，随着改革开放政策的实行，经济体制由计划经济向市场经济过渡，市场和地方政府在配置资源、发展经济中的作用越来越大。适应这种形势，中国的反贫困战略也发生了历史性的转变，由单纯的直接救济向地区经济综合开发的方向转移，对贫困地区实行综合治理与开发并重，建设基础设施和开发项目，以期启动贫困地区的经济发展，由单纯地向贫困地区"输血"向增强贫困地区自身的"造血"功能转变。从目前来说，我国的反贫困工作包括三个层次的内容：一是基本的社会福利救济制度，主要是为丧失自我发展能力的人口提供最基本的生活条件，并为严重自然灾害而带来的生存危机提供紧急援助，属于单纯的救济行为。二是贫困地区基础设施建设，并以贫困人口的短期就业为手段，达到改善外部环境和缓解贫困双重目的的以工代赈政策，是开发性扶贫的方式。三是以支持贫困地区发展生产为目的的政府拨款和优惠信贷政策，是开发性扶贫的主要力量。三方面的努力共同构成政府扶贫工作的主要内容。[③] 到目前为止，我国政府的反贫困行动取得了举世瞩目的成就，农村绝对贫困人口从1979年的2.5亿下降到了2000年的3000万人。在政府扶贫行动中，也不乏成功的例子。如西南劳务输出项目离不开政府的组织和贷款帮助。[④] 该项目从1995年2月至7月18日为"先导工

---

① 冯之浚主编，《西部地区人力资源开发研究》，浙江教育出版社，2002年，第176页。

② 中央扶贫开发工作会议，《中国农村扶贫开发纲要（2001—2010年）》，2001年5月，http://www.acca21.org.cn/news/2002/news04-02.html。

③ 朱凤岐、高天虹、邱天朝、杨青，《中国反贫困研究》，北京：中国计划出版社，1996年，第42～44页。

④ 中国（海南）改革发展研究院《反贫困研究》课题组，《中国反贫困治理结构》，北京：中国经济出版社，1998年，第82～83页。

程"阶段，从 1995 年 7 月 19 日至 12 月 31 日为调整阶段，1996 年开始为全面启动阶段。第一阶段主要是借助行政力量，打开市场，摸索经验。第二阶段则开始向市场机制转换，形成新的激励机制、约束机制和管理机制。第三阶段则开始稳步向前推进。据中国西部人力资源开发中心提供的资料，自 1995 年 3 月 18 日至 12 月 31 日，西南项目共组织输出了项目区贫困劳力 18645 人。其中跨省（区）6938 人，占 37.2%；省内输出 11707 人，占 62.8%。1996 年以来，输出速度加快，1~5 月跨省（区）输出已达到 1.5 万多人，加上省内输出，总量近 3 万人。输出的劳动力就业分布为：国营农场占 37.1%，轻纺业占 29.8%，电子业占 17.6%，建筑材料业占 11%，化工机电业占 3.9%，重工业占 0.7%。根据对先导工程期间跨省区输出的劳务人员中 2628 名劳务人员的调查材料分析，劳务人员 1994 年家庭人均纯收入低于 200 元的占 20%，200~300 元的占 29%，300~350 元的占 15%，350~500 元的占 10%，超过 500 元的占 26%，表明项目所输出的基本是赤贫人口。

随着反贫困工作的深入进行，贫困人口的分布日趋分散，反贫困的难度也越来越大。此时的贫困人口常常文化素质低，缺乏改变自身贫困状况的能力，他们无法分享到区域发展带来的好处。因此，在这个反贫困的纵深阶段，我们更应当关注贫困的家庭与个体，帮助贫困者提高发展自身的能力。关键在于对贫困的成人尤其是母亲进行一定的培训，让其获得基本的劳动技能和教育子女的能力。对贫困儿童的义务教育进行资助，确保没有因贫困而失学的儿童。这样的关注与资助，有三大好处：第一，它直接有利于人们的福利；第二，它创造了机会均等的基础；第三，它有助于创造一个对发展带来的利益的更均等的分配。因此，需要我们的政府、企业和各种社会团体长期坚持不懈地努力。

## 6.3.6　引进人才、留住人才、用好人才

根据本书模型的结果，落后地区高人力资本者的流失是导致与先进地区差距拉大的重要原因。因此，西部地区尤其应当重视引进人才、留住人才，同时，西部还需要加强人力资本管理，让人才有效地发挥作用。可以采取以下方式。

### 1. 让在校大学生成为西部的人才库

在校大学生是一个特殊的人才群体，一方面，就业市场的激烈竞争和用人

单位对应届毕业生实践经验的较高要求使得在校大学生有在读期间参与实践的强烈需求；另一方面，上述西部在吸引人才方面的弱势对在校大学生来说是无关紧要的，相反，了解西部、了解社会的渴望将深深地吸引大学生们，学生们的激情和创造力也使得他们能够为西部的发展贡献自己的聪明才智，而这样一个常新的群体本身对于西部人民的影响力也是巨大的，其产生的外部效应可能远远超过他们所实际从事的工作实践的价值。

在建立和运用这个人才库的时候，西部的地方政府和企业还应认识到这不仅是西部在给大学生提供实践的机会，而且也是西部吸引人才、引进人才的时机。要知道，人力资源开发与管理中仅有经济学常常是不够的，受中国传统文化中"重情重义"观念的深厚影响，在这种文化氛围中长大的新一代大学生比较重感情，加上新一代多出的一点叛逆的气质，使得人力资源管理中重视"情与义"和尊重人与被人尊重所发挥的效应要远远好于强制命令或者惩罚。因此，让大学生在宽松、充满尊重和呵护的氛围中了解西部发展的现状，以对待自己孩子般的心态关心大学生的发展，重视学生们发现的问题和提出的建议，这将和西部淳朴的民风一起深深地打动和吸引大学生们。同时，将尊重知识、尊重人才，给人才以真正的来去自由等信息传达给大学生之后，强烈的使命感将吸引一部分热爱家乡的有志向的大学生回到西部家乡，为家乡发展做贡献，即使是离开的学生，也将继续关注西部的发展，直接或间接为西部做贡献。当西部拥有一批又一批心系西部、时刻关注西部发展的优秀人才的时候，他们将是推动西部发展的最宝贵的财富。

建立西部人才库可以采用暑期支教、社会调查、企业实习、机关事业单位实习等方式。

### 2. 为从西部走出的人才提供服务西部的舞台

政府部门组织建立当地在中部、东部、国外工作和学习的人才以及在西部参加过实践的人才的信息网络，鼓励他们直接或间接参加当地的经济和社会发展工作，为他们提供发挥作用的舞台。这对于充分调动各种资源促进当地经济和社会发展有着不可估量的重要作用。

### 3. 以项目合作等形式暂时性引入东部优秀人才

美国学者喀兹通过对科研组织老化过程的研究，提出的喀兹曲线表明，项目组的科研人员在一起不足 1.5 年和大于 5 年，信息交流水平低，成果少；

1.5～5 年内集体研究的效果最佳。因此，要解决人员相处时间过长而导致的低信息交换、成果少的问题，一个有效的途径就是让人才流动起来。对于西部而言，以项目招标的形式，公开向国内招聘将成为可行且有效的操作方式，重要的是这种机制能够流转且持续。以项目的方式开展合作，还将使优秀人才在合作的过程中了解西部、增强为西部发展做贡献的使命感。

### 4. 通过网络共享东部的优秀人才

网络的便利为人才和信息的共享提供了条件。充分利用网络资源，将网络作为信息交流工具，将使东部的优秀人才与专家不必身在西部也能长期为西部发展出谋划策，甚至排解具体的技术难题。

### 5. 吸引从西部流出的本土人员回乡创业

可以说，西部最缺少的人才是企业家，最缺少的观念是市场观念。根据美国经济学家阿罗的观点，技术进步或生产率提高是资本积累的副产品，即新投资有溢出效应。表现为不仅进行投资的厂商可以通过积累生产经验而提高其生产率，其他厂商也可以通过"学习"而提高其生产率。因此，降低创业门槛，辅之以风险投资基金的支持，给新兴企业家提供适宜的生长土壤，将吸引一批从西部流出的本土人员回乡创业，也可能吸引一批东中部企业家来西部发展，从而通过示范效应大大丰富西部的企业家素质和人们的市场观念。

另外，还可采取其他灵活多样的方式引进人才。显然，临时性引进智力（借用、阶段性聘用、兼职、有偿服务等）比永久性调入人才容易操作也有效得多。尤其重要的是，这种流动和交流，有利于打破西部人传统的保守和封闭观念，培养西部人的创新意识和开放意识，其发生作用的过程有时是很微妙的，难以言喻的，然而却是真实的。

虽然目前西部自身人才短缺，但西部用人的视野可以更加广阔。在"唯才是用"的用人原则下，一方面，通过现代的人力资本管理方式利用好西部现有的人才，发掘人才的潜力和创造力，最大限度地提高企事业单位中人力资本投资回报率；另一方面，对人才采取宽松的政策，用灵活多样的方式吸引各方人才为西部服务，则西部的人才将取之不尽、用之不竭。

## 案例一：西部支教者和他的学生们的故事

在本书即将出版的过程中，笔者在天涯社区看到了南湖居士以"两所乡村小学和一个支教者"为题发的帖子。笔者深深地感觉到，数字和理论模型在这种真实的叙述面前其实显得很苍白，远不如南湖居士充满感情的独特叙述来得真实和有说服力。非常钦佩徐本禹老师勇敢的奉献，非常感谢华中农业大学的彭光芒老师，感谢他以亲身所感告诉大家这样感人的故事，也感谢他欣然同意笔者引用这个感人故事的请求。关于徐本禹老师和他的学生们的照片和故事在天涯网上有非常详尽感人的帖子，关注的读者可以登录该网站浏览。笔者在此也希望互联网能够成为一个珍贵的博物馆，不断记载徐本禹们和贫困地区的孩子们走过的艰难而又坚实的步伐。

---

[新闻纪实] 两所乡村小学和一个支教者

引自天涯社区，http://article.tianyaclub.com/2004/20040907001.htm

作者：南湖居士　提交日期：2004-7-11 9：54：00

编辑注：鉴于本帖太长，并有大量图片，打开不容易，所以现在将本帖收藏于此：http://article.tianyaclub.com/2004/20040907001.htm（有大量的回复和作者后来补充的图片）。以下则为本帖的开头部分。感谢帖主，也感谢网友对此事的关注。

我们于2004年6月26日至7月2日赴贵州省大方县进行了为期一周的实地考察，知道了两所乡村小学和一个支教者的故事。我们有一个强烈的冲动，这就是让天涯社区的朋友们知道这个故事。我们保证文字和照片的原创性和纪实性。在你们读到这篇文字和看到这些照片的同时，我们已经开始行动——为山区孩子和这个支教志愿者而行动。

大方县位于贵州省西北部的乌蒙山区，隶属毕节地区，距贵阳200多公里。全县人口90万，除汉族外，还有彝、苗、白、仡佬、蒙古、布依、满等少数民族。全县面积3500多平方公里，辖10个镇、8个乡、18个民族乡，县府驻大方镇。农业主产玉米、油菜、马铃薯、水稻等，特产有生漆、皱椒、烤烟。区域经济落后，交通、通信、能源等基础设施薄弱，农民生活非常贫困。猫场镇位于大方县西部，距县城 51 公里，公路路况很差。全镇总人口 3.2 万多人，苗、彝族等少数民族占三分之二；耕地面积 1.7 万多亩，农业主产水稻、玉米、小麦、大豆、柑桔、花生等。2003 年上报全镇农业总产值 4000 多万元，实际仅 2000 余万元；上报农民人均纯收入 1400 元，实际仅 600 余元。

我们要讲的第一所小学就在猫场镇狗吊岩村。狗吊岩村位于该镇西端，属于喀斯特地貌，没有成片的可耕地。村子距镇上 18 公里，是崎岖陡峭的机耕便道，不通班车。全村 2004 年 3 月才通电，且供电不能保证。至今不通有线电话。

狗吊岩村有一所小学，2003 年以前一直在这个岩洞里。（照片略）

2002 年暑期，一个大四学生从千里之外的武汉来到这里搞社会调查，他走进了岩洞，给孩子们讲了许多大山之外的事情。他的名字叫徐本禹，当时是华中农业大学农业经济专业的学生。当暑期结束返校时，孩子们一直把他送到好几公里外。每个孩子都流下了眼泪。一个孩子仰着头问道："大哥哥，你还要来吗？"徐本禹噙着眼泪，点了点头。他没有告诉孩子们，他正在准备考研究生。徐本禹以 372 分的优异成绩考取了研究生，他的导师是华中农业大学经济贸易学院院长王雅鹏教授。同时，他因为学业优秀获得 6000 元国家奖学金。但当天晚上，他彻夜未眠，猫场镇狗吊岩村孩子们的眼光一直在他脑海中闪现。

徐本禹出生在山东聊城一个贫困农民家里。他到华中农业大学上学时，甚至没有一件御寒的冬衣，是同寝室一个学生的母亲给了他一件夹衣。这是他第一次得到别人的温暖。今天回想起来，他说，是这件夹衣改变了他的价值观。当时他只有一个念头：别人帮助了我，我一定要帮助别人。

就在那个无法入眠的夜晚，徐本禹做出了一生中最重要的一个决定：回到猫场镇狗吊岩村帮助那些孩子。当他把这个决定通过电话告诉父亲时，电话的那一端，父亲哭了。长久的啜泣之后，父亲用发颤的声音说："全家尊重你的选择，孩子，你去吧，我们没有意见……"当他把这个决定告诉学院领导时，大家沉默了，都不敢正视他的眼睛。华中农业大学研究生处反复讨论，做出了一个决定：支持并为他保留两年的研究生学籍。

　　徐本禹比别人更能体会到贫困对一个孩子成长的影响。他在华中农业大学读书期间获得过特困生补助、特困生自强奖等，受社会恩泽，他便回报社会，大学四年里，小徐用勤工俭学挣来的钱和自己的奖学金共资助了5名和自己一样的贫困学生。刚上大学不久，他参加了学校安排的第一次勤工助学活动，打扫学生公寓的楼道，打扫了一个月，得到了50元钱。他把这笔勤工俭学所得的钱捐给了山东费县一个叫孙姗姗的贫困小学生。大二时，他得到了学校发的400元特困补助。他把其中200元钱捐给了保护母亲河绿色希望工程活动，还把100元钱捐给了在聊城师范学院读书的一个贫困生……从2001年到现在，徐本禹一直没有间断地资助湖北沙市的一名春蕾女童——孤儿许星星。原来学校每个月发给他22元钱的生活补助，他留出2元钱做班费，其余20元钱都给她寄去。有奖学金、生活补助以及家里给他寄生活费的时候，他就多给她寄一些，有时寄50元，有时寄100元、200元……

　　当华中农业大学决定为徐本禹保留研究生学籍后，徐本禹感动得流下了眼泪。在他看来，这是母校又一次帮助了他。几天后，他回到了猫场镇狗吊岩村，向村长报到。

　　他的事迹感动了许多人，也吸引了许多追随者。可是，狗吊岩村实在太穷太苦了。不仅物质文化生活极度贫乏，而且这里是一个封闭的信息孤岛，不通公路，不通电话，晚上靠油灯照明，连寄一封信也要走18公里崎岖的山路才能找到邮所。而文化背景的巨大差距造成的心理和话语障碍又使他们久久不能融入这个环境。追随他的志愿者一个一个地离去。

　　2004年4月，他回到母校华中农业大学做了一场报告。谁也没料到他在台上讲的第一句话是："我很孤独，很寂寞，内心十分痛苦，有几次在深夜醒来，泪水打湿了枕头，我快坚持不住了……"本来以为会听到激昂的豪言壮语的学生们惊呆了，沉默了。许多人的眼泪夺眶而出。报告会后，他又返回了狗吊岩村，每天沿着那崎岖的山路，去给孩子们上课。

　　徐本禹倍感孤独的背后，还有一段鲜为人知的隐情。作为义务支教的先行者，徐本禹的行为属于自发的"个人行为"，因此，他并没有被列入团中央的西部志愿者行动计划，只是一个"体制外"的志愿者，这就意味着徐本禹得不到体制内西部志愿者的生活补助，成为一个完全没有生活来源的人。他的行动也不可能被主流媒体进行宣传报道。换句话说，他很难得到社会的关注。这使他注定成为一个孤独的志愿者。幸亏共青团贵州省委、大方县委组织部、大方团县委和华中农业大学给了他援助和支持。贵州团省委后来将他补入本省志愿者名单，每个月发给他 500 元生活补助（列入团中央的每月 800 元），这才将他从衣食无着的困境中解脱出来。徐本禹每月节衣缩食，将这 500 元钱节省出大半，用来资助山区的孩子上学。仅在猫场镇中学，他就资助了 32 位贫困学生。为了能与外界联系，他买了一个旧手机（爱立信 T17），但只用来发短信，从不拨打和接听电话。他付不起更多的手机费。

他就这样默默地在大山的重围中履行着他在阳光下的诺言。

他想用自己的激情照亮贫困山乡孩子们的心灵，他把知识分子的社会良知外化为具体而琐碎的行动。他带有山东口音的普通话在山谷中回响："你们不比别人差！"他伸手擦去鼻尖上的汗水，眼里闪过一丝复杂的神色。（很多感人的照片，略）他没有告诉孩子们，另外两名同他一道在这里支教的志愿者两天后就要离开。而他自己也会在最近转到另一个更加艰苦的村寨。另外两名志愿者是半年前由贵州团省委派来的，团省委此举是为了让徐本禹不至于太孤单。半年来，他们三人在这极其偏僻的大山中体验着自己人生最沉重的履历。徐本禹至今没有谈恋爱。曾有不少仰慕他的女大学生追随而来，最终悄然而去。而徐本禹却在这志愿者小屋中抒写他对贫困孩子们博大的爱。

徐本禹想转去的另一个乡，叫大水乡。大水彝族苗族布依族乡是 2001年新建的民族乡，位于大方县东部，距县城 67 公里。全乡总人口 12600 多人，其中少数民族占 76%。全乡耕地面积 12300 多亩，平均海拔近 1600米，属喀斯特地貌。农业主产玉米、马铃薯、大豆、烤烟。该乡经济十分落后，乡党委书记介绍，2003 年全乡人均收入上报为 1200 元，实际只有500 元。全乡 2004 年 5 月基本通电。除乡政府外，各村至今不通电话。2002年以前没有通往县城的公路，现虽然通了公路，但路况极差，属于机耕便道。大水乡共有 14 所小学，其中公办小学 3 所，村办小学 11 所，私办小学 4 所。全乡在校小学生 2340 人，教师 103 人，其中正式教师仅 54 人，而初中或高中学历的正式教师占了 40%。代课教师以初中生为主。每个小学生每年交纳学费、杂费、书本费 140 元，但仍有不少农户无力交纳，致使孩子辍学。

代课教师主要靠微薄杂费维持收入，每人每月工资110元。如果学生欠费，则工资难以保障。

从下学期起，徐本禹将转到大水乡的大石村支教一年。大石村距乡政府所在地18公里，至今未通公路。全村村民主要是彝族，另有两户布依族。通过深入走访农户，我们了解到2003年全村人均收入仅300元，村民辛勤劳作一年，收获粮食仅够吃半年，不足部分靠政府救济。村民主要种植玉米和马铃薯作为口粮。现金收入主要靠养鸡（每户养鸡只有五六只）和去小煤窑背煤。村长和村支书月工资70元，由乡财政补助。

在大水乡，辍学儿童随处可见。并不是当地人不重视教育，而实实在在是因为太穷。其实，大石村历来有尊师重教的人文传统。徐本禹要来的大石小学，建于1943年，原名国立大石小学，至今已有60余年历史。大石小学唯一的教学楼就建于20世纪40年代，如今已摇摇欲坠。大石小学属于村办小学，国家没有投资。教师只有初中学历，每月工资110元。但因不少学生拖欠学费，这110元只是一个政策数字。大石小学王校长，彝族，高中学历。他同其他教师一样，每天都要同学生们一道走过漫长的乡间小道，来到学校。最远的学生每天摸黑出门，步行两小时才能到校上课。教师生活十分清贫，但他们以自己微弱的力量，日复一日，年复一年，将文明星火悄悄播撒在这寂静的山乡。让我们向这些默默无闻的播火者致敬！

我们总会找到一条路，走向光明之路。徐本禹已经在走，我们能听见他的足音。同贫困进行殊死搏斗的山民们在走，我们也能感受到他们的呼吸。

明天，7月12日，徐本禹将率领华中农业大学6个学生奔赴大水乡大石村。他们的行动一直没有停止。需要同我们联系的朋友，请发信至：penggm@mail. hzau. edu. cn。

感谢天涯的网友耐心读完这篇冗长的帖子。天涯是最具人文关怀的社区，我们深有所感。

图 6-1　孩子们就是在这样的教室里上课，而这个扶着门框的少年早已辍学，
　　　　但他还是常来学校玩耍。他最喜欢的地方就是学校

图 6-2　这个孩子只有 10 岁，他身旁跟他差不多高的背篓，是他每天的劳动工具。
　　　　他说他很想上学，可是家里没有钱交纳每年 140 元的学杂费。现在，他在
　　　　一天天长大，他必须用这个背篓来证明自己活着的价值——他没有白活

**图 6-3 大水乡的民居，这家人算是比较"富裕"的**

南湖居士共选出了 100 幅在贵州大方县拍的照片发到了天涯网上。接下来仅仅几个小时，存放照片的服务器就因为访问量过大而发生堵塞。几天时间，这篇帖子被 100 多家网站转发，点击总数超过百万次。跟帖的数量也急剧增加，网友们纷纷发帖表达自己的感触和评论，评论大体上可以归为以下几类。

（1）无数的帖子表达了深深的感动和钦佩。

（2）表示愿意追随志愿者的行动或者支持自己的子女参与志愿者行动。

（3）不仅仅是感动，更多的是震撼、心痛。

（4）愿意尽自己的力量捐助贫困儿童。

（5）觉得所看到的只是一小部分，还有很多更需要帮助的地方，希望能有更多的资料提供给大家，让大家去了解。

（6）建议以此为契机，成立"网络爱心基金会"。

（7）不看好这样的资助行动，觉得这样的行动确实能改变个别人的情况，甚至是命运，但对这一群体（或阶层）起不了什么作用。

（8）质疑如何监控捐款的去向以避免滋生腐败。

（9）认为一个普通知识分子的道德追求，往往显得无助，更无助的是他们的内心世界。

（10）从人文关怀的高度，深深认同并赞赏徐本禹的浪漫主义行为。认为他身上体现出来的正是绵延几千年的中国传统，知识分子"以天下为己任"的责任自觉和道义承当。

## 对案例的思考

　　网上的留言代表了大众对贫困地区教育的思考和关注，其中的诸多方面也引起了笔者强烈的共鸣。事实上，在大方县，贫困与教育匮乏已经互为因果，徐本禹看到了，南湖居士看到了，他们在行动，也用他们的行动将所看到的一切记录下来，展示在大众面前，撞击着大众的灵魂，让大众真实地感受到贫困的存在，感受到贫困对孩子的侵蚀。对比一下，记忆中笔者在 20 世纪 70 年代的中部乡村小学上学时，作文中出现的也是"我们的教室宽敞明亮"之类的描述，而当年的平房也早在 20 世纪 90 年代初期通过集资募捐建校的方式改建成了二层的教学楼。可见，在最贫困的西部山区，孩子们受教育的环境即使是与中部地区相比也落后了超过 30 年。抛开枯燥乏味的统计数字，抛开"理性人"假说，当我们亲眼目睹贫困地区的孩子在受教育时面临的困境，而且深知这种困境将使他们父辈面临的贫困在他们身上传递和重演，我们需要反思什么？我们能做什么？笔者认为：

　　（1）动员所有的力量——给贫困山区的孩子基本的生存和受教育权。

　　同样可爱的孩子，有着同样渴求知识的目光，他们有权利得到基本的生存和受教育权。我尽力以浓墨重彩大声呼喊，呼吁我们的社会成员静下心来对这一观点进行深入思考。无论效率优先的原则多么重要，无论我们的公共支出经费多么紧张，无论有多少公共事业在等待优先排序，我们都不能不重视贫困山区孩子渴求知识的需求。在满足孩子受教育的需求上，我们的政府有责任，我们每一个受过教育的人有责任，我们的企业和企业家也有责任。事实上，对于企业来说，将支持教育尤其是资助贫困地区孩子受教育作为重要的价值理念，不仅给孩子本身带来福利，也可能为将来培养出最优秀的员工，而且，在这个越来越充满人文关怀的社会中，这样的理念对企业美誉度的增强效果将比广告更加真实，更加久远。因此，我们的政府、我们的企业、我们千千万万的个人，只要我们关注，我们行动，我们就能改变。

　　（2）关注可贵的支教者的成长，使支教活动得以持续运转。

　　2003 年，共青团中央、教育部、财政部、人事部联合发起了"大学生志愿服务西部计划"。2005 年参加西部计划的志愿者总数为 1.13 万,除 2004 年招募的 2 年期志愿者外,将新招募 8621 名高校应届毕业生,到西部 12 省(区、市)以及湖北恩施、湖南湘西两个自治州及海南部分地区贫困县的乡镇一级从事为期 1～2 年的志愿服务工作。因此,徐本禹是一个先行者,像他一样可贵的支教者还会有很多。事实上,有些更早的支教者一生都默默地留守在贫困的山村小学,与清贫和各种困境进行着斗争,最后像蜡烛一样将自己燃烧殆尽。

从历史的角度来看,我们的支教活动不会是一个短期的行动,支教的目的也不是让支教者陷入贫困、永远奉献在边远的山区,而是通过知识火种的传播带领更多的孩子走出大山,走出贫困。这需要支教制度不断完善,支教活动不应只成为支教者人生中难忘的经历,更要关注他们自身今后的成长道路,给予他们实现人生价值的舞台,让他们成为西部教育永远的支持者。

同时,支教的方式可以灵活多样,比如调整贫困地区的假期,让更多的大学生可以在暑期奔赴贫困地区支教,对于大学生,这是他们成长过程中的一个考验和锻炼,对于贫困地区,这样的"星星之火"可以燎原。

(3) 从制度着手加强对教育捐助资金的监督和管理。

希望工程腐败事件给大众造成的心理影响非常大,因此,从制度着手,保持教育捐助资金的透明运行,将捐助资金的运行成果及时地反馈给社会,让大众感受到自己参与捐助的成就感,对于捐助资金的筹集,对于贫困地区孩子的成长非常重要。

最后,最重要的是,我们需要行动起来,在行动中发现问题,解决问题。

## 案例二:北京市延庆县山区的生态移民与生态补偿问题

笔者 2004 年 5 月与同行的老师和学生一起在延庆县进行了为期一周的考察。

延庆县位于北京市西北部,县城距北京市区 74 公里,是北京市 18 个区县中仅有的两个县中的一个。全县土地总面积为 1992.5 平方公里,其中山地占76%,盆地占 24%。2002 年延庆户籍总人口 273507 人,其中农业人口197452 人,占 72.2%,高于全国农村人口占 62%的比例。

延庆是首都的生态屏障,因此,发展受到限制,有污染的工业项目不能开发。虽然数据表明,延庆的产业结构自 2000 年开始第二、三产业加速增长,

2002 年已经是二、三、一的产业结构。但是，从计算的 2002 年延庆县各行业相对北京市的区位商来看，农林牧渔业及其服务业区位商分别高达 9.17 和 6.62，而教育、文化艺术及广播电影电视业，科学研究和综合技术服务业的区位商分别为 0.68 和 0.03。表明延庆还是一个农业大县，教育科研还非常薄弱。虽然从统计数据来看，中小学教育的各项指标都已达到较高的标准，但是，我们在考察过程中也遇到了辍学的孩童。

其中一个男孩已经辍学一年，辍学原因是父亲投资失败负债，和同学在一起玩耍仍然是他最开心的时刻。在这些孩子中，有超过半数的孩子还从未去过74 公里以外的北京城区，没有去过早在图片上见过的天安门广场。孩子们在这莽莽苍苍的大山里奔跑、欢笑，陡峭的山路上，孩子们健步如飞，热情友好地争着搀扶我们同行的大学生，让我们的大学生感到汗颜。孩子们也欣然接受了老师们的环保倡议，纷纷拾起地上的塑料袋。

**图 6-4　笔者在考察中遇到的延庆莲花山区的孩子们**

延庆境内有非常好的旅游资源，不仅有闻名海内外的八达岭长城，还有残长城、龙庆峡、松山国家级自然保护区、国家地质公园、玉渡山、古崖居、康西草原、野鸭湖等，旅游开发潜力较大。

我们走过了延庆的诸多景点，也走过了许多乡镇，最让我印象深刻，最让我感动且感慨不已的却是千家店镇。

千家店镇位于延庆县东北部，距县城 60 公里，是延庆乃至全市边远的山区大镇。全镇总面积 371 平方公里，占全县总面积的近六分之一。黑白河流经境内，最后汇入密云县的密云水库，而密云水库是北京市的饮用水源。全镇山多地少，人口居住分散。辖区内 19 个行政村，83 个自然村，总户数 3799 户，总人口 11341 人，其中农业人口 10196 人，非农业人口 1145 人。现有耕地面积 19137.6 亩，人均约 1.7 亩。主要产业为旅游业、林果业、畜牧养殖业、玉米与谷类种植等。2002 年开始发展旅游业，主要旅游资源有硅化木国家地质公园、滴水壶、乌龙峡、燕山天池、云龙山等，旅游方式以民俗旅游为主，现已建成 4 个民俗村，100 个民俗户。2002 年年底，人均收入 3960 元。

**图 6-5　北京市延庆县境内的一段残长城**

从延庆县城出发，多数时间汽车都行走在苍茫的燕山山脉。进入曲折的盘山公路后，同行的蔡老师手中的 GPS 定位仪显示的路径随时在变化，一路上，我们遇到了几辆车，几个人。在燕山天池稍作停留，我们下山前往千家店镇，见到了废弃的农户住宅，见到了缓缓流淌的白河。

据镇长介绍，1984 年，修建白河堡水库用来调节水量。修成后，只保住 4000 亩稻田，小麦没法种了，玉米也减少了。2000 年实行退耕还林政策，林区开始禁牧、禁伐，全镇 4 万只绒山羊被禁止放养，被迫卖掉。护林养林的林业工人，生存状态困窘。目前，全镇年收入低于 900 元的还有 2000 多人。从

2003 年开始，为了供应北京市区的水源，不能种水稻，千家店人得到的补偿是每亩水稻 680 元，远不能弥补损失。由于千家店只是密云水库的上游，取水的费用千家店只得到非常微薄的补贴。

千家店镇有些地段是泥石流易发区，生存条件差，靠天吃饭的贫困人口实行了生态移民。1993 年、1994 年，移民享有川区老百姓同样待遇，可以分得土地，共有 6 个行政村，3000 多人计约 1000 户搬迁到了旧县镇。现在，土地承包实行 30 年不变的政策，移民土地不能确保。按计划 2004 年移民 1200 人，他们获得 1.4 万元的补助，其中市民政局补助 1 万元，县里补助 4000 元。其中的 80％用于生活安置，20％用于基础设施和人员培训……

由于已是正午，我们在千家店吃了一顿难忘的午餐，千家店媳妇做的农家饭。千家店媳妇的热情开朗，老镇长的乐观坚毅，都给我留下了太深的印象。

离开的时候，我心中升起一种特别的歉疚，觉得自己是那么的渺小无力，无法帮助这块土地上热情而又乐观的人们。

**图 6-6　延庆县山区搬迁农户的住宅，搬迁的原因是缺水**

### 对案例的思考

如果第一个案例讲述的是贫困地区孩子的教育问题，那么本案例虽然也遇到孩子的教育问题，但更严重的却是生态移民和生态补偿的问题。在中国，生存环境恶劣或者大型水库建设等原因，都牵涉到移民的问题。三峡库区建设有移民问题，笔者在湖南郴州考察时也曾遇到移民问题，而在延庆县千家店镇我再一次亲眼目睹了移民问题，目睹了废弃的农户住宅。如果说本书的模型中讨论的迁移是一种主动的迁移，那么此处的生态移民在很大程度上是一种被动的迁移，是一种无可奈何的选择。难以想象，当他们背着行囊，离开熟悉的家时，是一种怎样不舍的心态，是怎样的彷徨与无助，那样的场景又是何等的苍凉。离开了土地，他们大多没有其他的技能，来到陌生的环境，他们该怎样生存。生态移民该接受怎样的培训？该怎样提高在新环境中生存的能力？他们的孩子怎样才能不受迁移的影响？这都是我们的政府需要思考、需要努力解决的问题。

　　而另一个问题是，移民离开了，那么留下来的呢？作为生态屏障的延庆，作为北京市饮用水源地的千家店镇该获得怎样的生态补偿呢？在国内，关于生态补偿的研究还比较少，但是，我们不能否认问题确实存在。除了资金，北京市应该可以在知识、人才、技术等更多的方面进行补偿和援助，为了实现公平的理想，我们应该可以进行更多的尝试。

　　希望我们的未来更加美好！希望我们的后代有着更加平等的发展机会！

# 参 考 文 献

[1] Adam Smith, *An inquiry into the nature and causes of the wealth of nations*, general editors R. H. Campbell and A. S. Skinner, textual editor W. B. Todd, Oxford: Clarendon Press; New York: Oxford University Press, 1976.

[2] Barro Robert J. and X. Sala-i-Martin, *Economic Growth*, New York: McGraw-Hill, 1995.

[3] Barro Robert J., *Determinants of Economic Growth: A Cross-Country Empirical Study*, Cambrige, Massachusetts, London, England: The MIT Press, 1998.

[4] Baumol, William J., "Productivity Growth, Convergence, and Welfare: What the Long-Run Data Show", *American Economic Review*, Vol. 76, No. 5 (Dec., 1986), pp. 1072~1085.

[5] C. P. 金德尔伯格、B. 赫里克,《经济发展》, 上海: 上海译文出版社, 1986 年, 第 173 页。

[6] D. Gale Johnson, "1978 以来, 中国的城乡收入差距拉大了吗?", 经济学 (季刊), 2002. 4, 第 553~562 页。

[7] Dapeng Hu, "Trade, rural-urban migration, and regional income disparity in developing countries: a spatial general equilibrium model inspired by the case of China", *Regional Science and Urban Economics* 32 (2002), pp. 311~338.

[8] David Ricardo, *On The Principles of Political Economy and Taxation* (1817), Cambridge: At the University Press, 1953.

[9] Diego Puga, "The rise and fall of regional inequalities", *European Economic Review*, 43 (1999), pp. 303~334.

[10] E. S. Brezis, Krugman, P. R., Tsiddon, D., "Leapfrogging in International Competition: A Theory of Cycles in National Technological Leadership", *American Economic Review*, 83 (1993), pp. 1211~1219.

[11] E. M. Hoover, F. Giarratam, An Introduction to Regional Econimics, 1984, 转引自: 韦伟,《中国经济发展中的区域差异与区域协调》, 合肥: 安徽人民出版社, 1995 年, 第 19~20 页。

［12］ G. Myrdal，*Economic Theory and Underdeveloped Regions*，London：Duckworth，1957，p. 26.

［13］ Gary Becker and Kevin Murphy. "The Division of Labor，Coordination Costs，and Knowledge"，*Quarterly Journal of Economics*，vol. CVII，No. 4（November 1992），pp. 1137～1160.

［14］ Gary Becker，K. Murphy，and R. Tenure，"Human Capital，Fertility and Economic Growth"，*Journal of Political Economy*，vol，98，No，5（part 2. October 1990），pp. S12～S37.

［15］ http：//article. tianyaclub. com/2004/20040907001. htm

［16］ http：//education. 163. com/edit/010413/010413＿64428. htm

［17］ http：//www. com-law. net/fagui/waimao/fanbutia1. htm

［18］ http：//www. dz. sichuan. net. cn/zfgg/citytzhzd. htm

［19］ http：//www. hznet. gov. cn/zcfg/fzj＿fgk/hzssslftzhzdgd6-5. htm

［20］ http：//www. mf-law. com/zxflfg/zxflfg. 82. htm

［21］ J. G. Williamson，"Regional Inequality and the Process of National Development：A Description of the Patterns"，*Economic Development and Cultural Change*，vol113，Iss14，1965.

［22］ J. Mincer，"Investment in Human Capital and Personal Income Distribution"，*The Journal of Political Economy*，Vol. LXVI，No. 4（Aug. 1958），pp. 281～302.

［23］ Keith Griffin and Terry Mckinley，*Implementing a Human Development Strategy*，First published 1994 by Macmilian Press Ltd，p. 3.

［24］ Kenneth J. Arrow，"The Economic Implications of Learning by Doing"，*The Review of Economic Studies*，Volume 29，Issue 3（Jun. 1962a），pp. 155～173.

［25］ Kevin Sylwester，"Can Education Expenditures Reduce Income Inequality?"，*Economics of Education Review* 21（2002），pp. 43～52.

［26］ Klaus Desmet，"A Perfect Foresight Model of Regional Development and Skill Specialization"，*Regional Science and Urban Economics*，30（2000），pp. 221～242.

［27］ Lucas Robert E. Jr.，"Why Doesn't Capital Flow from Rich to Poor Countries?"，*American Economic Review* 80（May 1990a），pp. 92～96.

［28］ Lucas Robert E. Jr.，"On the Mechanics of Economic Development"，*Journal of Monetary Economics* 22（July 1988），pp. 3～42.

［29］ M. Fujita，Krugman P.，Venables A. J.，*The Spatial Economy：Cities，regions，and International Trade*，The MIT Press，1999.

［30］ M. P. 托达罗著，于同申等译，《第三世界的经济发展》（上），北京：中国人民大学出版社，1988 年，第 104 页。

[31] Mark Gradstein，Moshe Justman，"Human capital，social capital，and public school-ing"，*European Economic Review* 44 （2000），pp. 879～890.

[32] Nichalas Kaldar，*Further Essays on Economic Theory and Policy*，Gerald Duckworth & Co. Ltd，1989，pp. 201～203.

[33] Paul M. Romer，"Capital，Labor and Productivity"，Brookings Papers on Economic Activity. *Microeconomics*，Volume 1990 （1990），pp. 337～367.

[34] Paul M. Romer，"Endogenous Technological Change"，*Journal of Political Economy*，vol. 98，no. 5，pt. 2，1990，pp. 71～102.

[35] Paul M. Romer，"Increasing Returns and Long-Run Growth"，*Journal of Political Economy*，vol 94 （October 1986），pp. 1002～1037.

[36] Ron Martin，Peter Sunley，"Paul Krugman 'Geographical Economics and It' Implica-tions for Regional Development Theory：A Critical Assessment"，*Economic Geogra-phy*，72 （Jul.，1996）.

[37] T. W. Schultz，"Investment in man：An Economist' s View"，*Social Service Review*，33 （1959），pp. 109～117.

[38] T. W. Schultz，*The Economic Value of Education*，NewYork：Columbia University Press，1963.

[39] Uzawa Hirofumi，"Optimum Technical Change in an Aggregative Model of Economic Growth"，*International Economic Review*，vol 6 （January 1965），pp. 18～31.

[40] W. A. 刘易斯著，施炜等译，《二元经济论》，北京：北京经济学院出版社，1989 年，第 10 页。

[41] Wilfred J. Ethier，"National and International Returns to Scale in the Modern Theory of International Trade"，*The American Economic Review*，Volume 72，Issue 3 （Jun.，1982），p. 389.

[42] Yang，X. and Rice，R.，"An Equilibrium Model Endogenizing the Emergence of a Dual Structure between the Urban and Rural Sectors"，*Journal of Urban Economics*，25 （1994），pp. 346～368.

[43] 阿马蒂亚·森著，任赜、于真译，《以自由看待发展》，北京：中国人民大学出版社，2002 年。

[44] 保罗·克鲁格曼，《发展、地理学与经济理论》，北京：北京大学出版社、中国人民大学出版社，2000 年，第 3、6 页。

[45] 北京晚报，"中国首次全国性价格听证会：三大意义、六大遗憾"，2002 年 1 月 12 日。

[46] 边雅静、沈利生，"人力资本对我国东西部经济增长影响的实证分析"，数量经济技术经济研究，2004.12，第 19～24 页。

[47] 蔡昉、都阳，"区域差距、趋同与西部开发"，中国工业经济，2001.2，第 48～54 页。

[48] 蔡昉等，《制度、趋同与人文发展——区域发展和西部开发战略思考》，中国人民大学出版社，2002 年。

[49] 蔡昉，《中国的二元经济与劳动力转移——理论分析与政策建议》，北京：中国人民大学出版社，1990 年，第 4 页。

[50] 陈成文、谭日辉，"人力资本与大学毕业生就业的关系——基于 2003、2004 届大学毕业生的实证研究"，高等教育研究，2004.6，第 31～35 页。

[51] 陈成文、王修晓，"人力资本、社会资本对城市农民工就业的影响——来自长沙市的一项实证研究"，学海，2004.6，第 70～75 页。

[52] 陈雯、吴楚材、张为斌，"中国经济地区差异的特点及其演变趋势"，经济地理，1993 年第 1 期，第 16～21 页。

[53] 陈玉宇、王志刚、魏众，"中国城镇居民 20 世纪 90 年代收入不平等及其变化——地区因素、人力资本在其中的作用"，经济科学，2004.6，第 16～25 页。

[54] 陈钊、陆铭、金煜，"中国人力资本和教育发展的区域差异：对于面板数据的估算"，世界经济，2004.12，第 25～31 页。

[55] 陈志刚、王青，"教育与区域经济发展差异——基于江苏和江西的实证分析"，中国人口·资源与环境，2004.4，第 80～83 页。

[56] 陈宗胜、周云波，"城镇居民收入差别及制约其变动的某些因素——就天津市城镇居民家户特征的影响进行的一些讨论"，经济学（季刊），2002.4，第 563～573 页。

[57] 陈宗胜主编，《发展经济学——从贫困走向富裕》，上海：复旦大学出版社，2000 年。

[58] 戴维·罗默著，苏剑、罗涛译，《高级宏观经济学》，北京：商务印书馆，1999 年。

[59] 多马，《经济增长理论》，北京：商务印书馆，1983 年。

[60] 樊明，"不同经济制度条件下的区域差异"，经济经纬，2004（1），第 60～63 页。

[61] 冯之浚主编，《西部地区人力资源开发研究》，浙江教育出版社，2002 年，第 176 页。

[62] 国务院发展研究中心课题组，《中国区域协调发展战略》，北京：中国经济出版社，1994 年。

[63] 哈罗德，《动态经济学》，北京：商务印书馆，1999 年。

[64] 韩光耀，"北京人才市场发展中的几个问题"，京萃周刊，2001.5.18。

[65] 郝寿义、安虎森，《区域经济学》，北京：经济科学出版社，2001 年，第 16～17 页。

[66] 侯鲜明，"论人力资本产权与公司治理改革"，经济师，2004.10，第 26～27 页。

[67] 胡鞍钢、王绍光、康晓光，《中国地区差距报告》，沈阳：辽宁人民出版社，1995 年。

[68] 胡鞍钢主编，《中国走向》，杭州：浙江人民出版社，2000 年，第 73 页。

[69] 胡大源，"转轨经济中的地区差距——对'地区差距扩大论'的质疑"，战略与管理，1998.1，第 35～41 页。

[70] 胡永远，《中国居民人力资本投资研究》，长沙：湖南人民出版社，2003 年。

[71] 蒋清海，"区域协调发展论"，博士学位论文，1995 年。

[72] 焦斌龙，《中国企业家人力资本：形成、定价与配置》，北京：经济科学出版社，2000年，第39～40页。

[73] 阚祥才，"人力资本与城市家庭贫困的关系研究——对湖北省仙桃市城市贫困家庭的实证考察"，广州广播电视大学学报，2004.2，第42～46页。

[74] 勒希斌主编，《从滞后到超前——20世纪人力资本学说·教育经济学》，山东教育出版社，1995年，第65～89页。

[75] 李航星，"区域经济差异分析理论的发展对西部大开发的启示"，经济体制改革，2003.5，第151～154页。

[76] 李京文、张国初等，《现代人力资源经济分析——理论·模型·应用》，北京：社会科学文献出版社，1997年，第74页。

[77] 李坤望，《经济增长理论与经济增长的差异性》，太原：山西经济出版社，1998年，第18～20页。

[78] 李清泉，《中国区域协调发展战略》，福州：福建人民出版社，2000年。

[79] 李涛，"我国35个大中城市人力资本投资实证分析"，中国管理科学，2004.4，第124～129页。

[80] 李忠民，《人力资本：一个理论框架及其对中国一些问题的解释》，北京：经济科学出版社，1999年。

[81] 林毅夫、蔡昉、李周，"中国经济转轨时期的地区差距分析"，经济研究，1998.6。

[82] 林毅夫、蔡昉、李周，《中国的奇迹：发展战略与经济改革》，上海：上海人民出版社，1994年。

[83] 刘纯阳，"农民收入区域差异及其原因分析"，科技导报，2004.5，第28～30页。

[84] 刘华、鄢圣鹏，"财政性教育投入对人力资本形成的实证分析"，财贸经济，2004.9，第65～67页。

[85] 刘建国，"论区域差异衡量指标体系的完善"，上海经济研究，2004.9，第42～48页。

[86] 刘伟、蔡志洲，"区域差异——我国经济持续高速增长的重要资源"，中国党政干部论坛，2004年（3）、（4），第35～37页，第45～48页。

[87] 陆大道等，《中国工业布局的理论与实践》，北京：科学出版社，1990年；《区域发展及其空间结构》，科学出版社，1995年；《中国区域发展报告》，北京：商务印书馆，1997年。

[88] 陆根尧，《经济增长中的人力资本效应》，中国计划出版社，2004年。

[89] 罗良针、张莹，"教育人力资本投资对农民增收效应的实证分析——以江西省为例"，企业经济，2005.1，第112～114页。

[90] 罗良针、张莹，"经济增长中人力资本驱动作用辨析"，江西社会科学，2005.1，第145～148页。

[91] 马克思、恩格斯，《共产党宣言》，北京：人民出版社，1959年，第51页。

[92] 孟晓晨、李捷萍，"中国区域知识创新能力与区域发展差异研究"，地理学与国土研究，2002.4，第79～82页。

[93] 莫志宏，《人力资本的经济学分析》，经济管理出版社，2004年，第47页。

[94] 秦琦，"开放政策、经济增长和禀赋比较优势"，北京大学中国经济研究中心硕士毕业论文，1997年。

[95] 秦兴方，《人力资本与收入分配机制》，北京：经济科学出版社，2003年，第102页。

[96] 权锡鉴、刘静，"人力资源与人力资本的区分"，经济师，2004.10，第139～140页。

[97] 邵云飞、唐小我，"论人力资源向人力资本的转变"，软科学，2004.4，第78～81页。

[98] 沈体雁，"基于知识的区域发展"，北京大学博士学位论文，2000年，第14～15页。

[99] 宋德勇，"我国区域差异的现状与对策研究"，华中理工大学学报（社会科学版），1998.1，第21～23页。

[100] 宋冬林，"我国现阶段收入分配问题分析及其理论思考"，财经问题研究，1995.8，第12～18页。

[101] 宋栋，《中国区域经济转型发展的实证研究——以珠江三角洲为例》，北京：经济科学出版社，2000年，第17～18页。

[102] 覃成林，《中国区域经济差异研究》，北京：中国经济出版社，1997年，第54～108页。

[103] 唐·埃思里奇，《应用经济学研究方法论》，北京：经济科学出版社，1998年。

[104] 腾玉成、周萍婉，"人力资源与人力资本"，山东大学学报（哲学社会科学版），2004.6，第82～86页。

[105] 王辑慈等，《创新的空间——产业集群与区域发展》，北京：北京大学出版社，2002年。

[106] 王世忠、王一涛，"对人力资本理论的一个验证——湖北省Y县'职教兴农模式'的调查与思考"，教育与职业，2004.31，第21～23页。

[107] 王伟、任利刚，"人力资源与人力资本的比较分析"，石家庄经济学院学报，2004.3，第293～295页。

[108] 王宇、焦建玲，"人力资本与经济增长之间关系研究"，管理科学，2005.1，第31～39页。

[109] 韦伟，《中国经济发展中的区域差异与区域协调》，合肥：安徽人民出版社，1995年。

[110] 魏后凯，"论我国经济发展中的区域收入差异"，经济科学，1990.2，第10～16页。

[111] 魏后凯，"论我国际收入差异的变动格局"，经济研究，1992（4），第61～65页。

[112] 魏后凯，"外商直接投资对中国区域经济增长的影响"，经济研究，2002.4，第19～26页。

[113] 魏后凯、刘楷、周民良、杨大利、胡武贤，《中国地区发展——经济增长、制度变迁

与地区差异》，北京：经济管理出版社，1997 年。

[114] 吴殿廷，"试论中国经济增长的南北差异"，地理研究，2001.2，第 238～246 页。

[115] 吴殿廷，"中国三大地带经济增长差异的系统分析"，地域研究与开发，2001.2，第 10～15 页。

[116] 武剑，"外国直接投资的区域分布及其经济增长效应"，经济研究，2002.4，第 27～35 页。

[117] 西奥多·W. 舒尔茨著，吴珠华等译，《论人力资本投资》，北京：北京经济学院出版社，1990 年。

[118] 夏永祥，"我国区域发展差距原因分析"，中国工业经济研究，1994.11，第 57～61 页。

[119] 薛新伟，"人力资本形成的理论模型探讨"，科学管理研究，2005.1，第 100～104 页。

[120] 雅克·菲兹-恩兹著，尤以丁译，《人力资本的投资回报》，上海人民出版社，2003 年。

[121] 杨开忠，"区域结构：理论与应用——中国区域结构的系统研究"，中国社会科学院经济所博士学位论文，1988 年。

[122] 杨开忠，"区域经济研究的回顾与前瞻"，经济研究资料，1989.3，第 1～13 页。

[123] 杨开忠，"中国区域经济差异变动研究"，经济研究，1994.12，第 28～33 页。

[124] 杨开忠，《中国区域发展研究》，北京：海洋出版社，1989 年，第 1～16 页。

[125] 杨开忠等，《中国西部大开发战略》，广州：广东教育出版社，2001 年，第 91～117 页。

[126] 杨柳新，《人力资本与中国现代化——中国人力资本成长模式研究》，济南：山东大学出版社，2003 年。

[127] 杨伟民，"地区间收入差距变动的实证分析"，经济研究，1992（1），第 70～74 页。

[128] 杨吾扬、梁进社，《高等经济地理学》，北京：北京大学出版社，1997 年，第 322 页。

[129] 杨小凯，《经济学原理》，北京：中国社会科学出版社，1998 年，第 319～320 页。

[130] 叶翔、陈晓剑，"人力资本对我国经济产出作用的测度"，价值工程，2004.6，第 4～8 页。

[131] 游宏炳，《中国收入分配差距研究》，北京：中国经济出版社，1998 年，第 70 页。

[132] 余明江，"人力资本能否分享企业剩余？"，经济学家，2004.5，第 125～126 页。

[133] 詹姆士·J. 海克曼著，曾湘泉等译，《提升人力资本投资的政策》，复旦大学出版社，2003 年，第 5 页。

[134] 詹姆斯·J. 赫克曼、虞立琪，"人力资本投资与物质资本投资同等重要——与 2000 年诺贝尔经济学奖得主詹姆斯·赫克曼谈中国人力资本投资策略改革"，商务周刊，2004.5，第 76～78 页。

[135] 张维迎，《企业的企业家——契约理论》，上海：上海人民出版社、上海三联书店，1995 年。

[136] 赵秋成，《人力资源开发研究》，大连：东北财经大学出版社，2001 年，第 279～285 页。

[137] 中国（海南）改革发展研究院《反贫困研究》课题组，《中国反贫困治理结构》，北京：中国经济出版社，1998 年。

[138] 中兼和津次，"中国地区差异的结构及其机制"，管理世界，1994.5，第 171～176 页。

[139] 中央扶贫开发工作会议，《中国农村扶贫开发纲要（2001—2010 年）》，2001 年 5 月，http://www.acca21.org.cn/news/2002/news04-02.html。

[140] 周国富，《中国经济发展中的地区差距问题研究》，大连：东北财经大学出版社，2001 年，第 85～129 页。

[141] 周民良，"论我国的区域差异与区域政策"，管理世界，1997.1，第 174～184 页。

[142] 周其仁，"市场里的企业——一个人力资本和非人力资本的特别和约"，经济研究，1996.6。

[143] 朱凤岐、高天虹、邱天朝、杨青，《中国反贫困研究》，北京：中国计划出版社，1996 年，第 42～44 页。

[144] 朱勇，《新增长理论》，北京：商务印书馆，1999 年，第 29～31 页。